本书由台商研究中心（2017ZSJD022）、苏北社区治理现代化研究中心、创新创业研究中心（2018ZDJD-B013）、创新创业与苏北高质量发展研究团队、苏北发展与社会治理研究团队（2017ZSTD018）、苏北发展研究院智库建设专项资助。

苏北发展研究丛书

苏北高质量发展路径的探索与实践：产业发展

主　编　史修松

副主编　张　璟　汪倩倩

中国矿业大学出版社

·徐州·

图书在版编目(CIP)数据

苏北高质量发展路径的探索与实践. 产业发展 / 史修松主编. —徐州 ：中国矿业大学出版社，2020.12
ISBN 978-7-5646-4867-1

Ⅰ. ①苏… Ⅱ. ①史… Ⅲ. ①区域经济发展—产业发展—研究—苏北地区 Ⅳ. ①F127.53

中国版本图书馆CIP数据核字(2020)第270088号

书　　名　苏北高质量发展路径的探索与实践:产业发展
主　　编　史修松
责任编辑　史凤萍
出版发行　中国矿业大学出版社有限责任公司
（江苏省徐州市解放南路　邮编221008）
营销热线　(0516)83884103　83885105
出版服务　(0516)83995789　83884920
网　　址　http://www.cumtp.com　**E-mail**:cumtpvip@cumtp.com
印　　刷　徐州中矿大印发科技有限公司
开　　本　710 mm×1000 mm　1/16　**印张**13.25　**字数**238千字
版次印次　2020年12月第1版　2020年12月第1次印刷
定　　价　48.00元

目　录

江苏乡村产业振兴模式创新与案例研究

主持人：孙爱武（淮阴工学院）
课题组：史修松　汪倩倩　刘海健　张　璟

内容提要：在江苏乡村产业振兴的实践中，各种新业态大量涌现，乡村创新创业环境不断改善，不断涌现出乡村产业振兴的生动实践和典型案例。为总结江苏乡村产业发展的典型经验，并对乡村产业振兴的路径进行进一步探索，本课题归纳了江苏乡村产业振兴的五种典型模式，即从“无”到“有”的沙集模式、从“废旧之困”到“生态转型”的耿车模式、从“施河制造”到“施河智造”的施河模式、从“花木之乡”到“花木电商”的颜集模式、从“外部扶持”到“内生发展”的刘老庄模式。本课题通过对江苏乡村产业振兴典型案例的深度剖析，抽象出乡村产业振兴的“江苏经验”，以期为全国其他地区的乡村产业振兴提供可资借鉴的思路。

第一节　绪　　论

一、问题的提出

党的十九大报告从全局和战略高度提出了乡村振兴战略，明确了“产业兴旺、生态宜居、乡风文明、治理有效、生活富裕”的总要求。其中，“产业兴旺”是乡村振兴的重点，是实现农民增收、农业发展和农村繁荣的基础，是解决农村一切问题的前提。江苏自然条件优越，农耕文明历史悠久，是全国的农业主产区和粮食主产省。近年来，江苏积极贯彻落实乡村振兴战略，紧紧抓住产业兴旺这个“牛鼻子”，把大力发展农村生产力放在突出位置，围绕产业兴旺下功夫，各种新业态大量涌现，创新创业环境不断改善，乡村产业发展取得了积极成效。

然而在大力发展乡村产业的实践中，一些地区对乡村主导产业的定位不明晰、特色资源挖掘不深以及乡村产业准入门槛较低等因素，导致乡村产业的发展出现了同质化、产业类型单一等现象。还有一些地区超越了本土文化和自然条件的界限，在产业发展中盲目攀比，盲目跟风，急于求成扩大产业规模，造成资源的极大浪费。

因资源禀赋、区域位置、历史文化等因素的不同，省域各乡村之间存在着较大的差异性。为此，如何把中央文件和地方实际结合起来，因地制宜推进乡村产业振兴，是当前摆在我们面前的一项亟待解决的重大理论和现实问题。基于此认识，本课题组走访调研了江苏省 15 个镇(村)，包括坚持发扬红色精神，以党建引领发展的淮安市刘老庄村；通过电商销售家具而获得“最佳网商沃土奖”的徐州市沙集镇；深挖传统优势产业，并将传统与科技相结合发展的“花木之乡”宿迁市颜集镇；将传统教具加工高端化、集群化的淮安市施河镇；坚持生态发展的宿迁市耿车镇；推动传统农业走向现代高效农业的泰兴市祁巷村；深度挖掘自然资源，推动特色乡村旅游产业的常州市仙姑村；等等。课题组有针对性地与村镇干部、企业主管、当地村民等群体进行交流，共计访谈 100 余人次，整理出内容翔实的访谈记录。课题组通过丰富的田野调查和资料分析，对江苏乡村产业振兴的典型案例进行了深度剖析；同时，抽象出具有一定可推广性的产业振兴的新模式，为其他地区乡村产业振兴提供可资借鉴的思路。

二、研究综述

(1) 关于乡村产业振兴研究。产业振兴是乡村振兴的首要任务，也是乡村振兴的基础和重要保障。曾福生、蔡保忠(2018)指出，产业兴旺的主要内容包括发展现代农业、发展新业态、推动三次产业融合。傅光明、傅文(2017)认为，产业兴旺的具体方向是因地制宜，发展特色产业，并与城市市场相连接。陈诗波、李伟、陈亚军(2018)提出，应创新利益分配机制，推动农村一、二、三产业链各环节价值融合。吕岩威、刘洋(2017)提出，应从产业渗透、产业交叉、产业重组三个方面来促进农村一、二、三产业融合。张红宇(2018)提出，应从分层化、规模化、专业化、协同化等角度完善农业新型经营体系。

(2) 关于乡村产业振兴模式研究。赵华、于静(2015)对乡村旅游和文化创意产业融合进行研究，提出以农家乐、古村镇和传统民间手工艺术推动乡村旅游的发展模式。李巧灵(2015)对创意农业的发展模式进行研究，提出了以农业种植业为主导，以农副产品加工业和农业文化创意产业为辅助和支撑的“一心两翼产业融合”发展模式。梁立华(2016)通过对农村地区三次产业融合的研究,分析认为乡村产业振兴的主要模式包括交叉性融合模式和重构性融合模式。戴紫芸(2017)提出,农村产业融合的纵向一体化模式以精深加工、电子商务、产业链增值为主要驱动力和表现形态,农村产业融合的横向一体化模式以科技创新、农业多功能拓展、农村社会化服务为主要驱动力和表现形态。

(3)关于乡村产业振兴典型案例研究。近年来,乡村经济社会不断发展,乡村产业振兴典型案例不断涌现。如江苏省张家港市南丰镇永联村,积极利用原有产业优势,使农业生产聚集化、规模化,产业链不断延伸,初步形成了集苏州江南农耕文化园、鲜切花基地、苗木公司、现代粮食基地、特种水产养殖基地、垂钓中心于一体的休闲观光农业产业链。浙江省安吉县山川乡高家堂村,在保护生态环境的基础上,充分利用环境优势,把生态环境优势转变为经济优势,以生态农业、生态旅游为特色发展生态经济。全村已形成竹产业生态、生态型观光型高效竹林基地、竹林鸡养殖规模、富有浓厚乡村气息的农家生态旅游等生态经济。

综上所述,关于乡村产业振兴的研究已取得了丰硕的成果,部分乡村根据自身特点、优劣势比较以及对应的风险评估采用合适的发展模式,并取得了一定的成效。但由于各个省份与地区具体情况不同,不能简单地复制,而是要因地制宜推进乡村产业振兴,本课题将立足于江苏乡村产业发展的现实基础,总结产业振兴的“江苏经验”,为全国作出示范引领。

三、研究理论基础

1. 城乡融合发展理论

城乡融合最早是由马克思、恩格斯以资本主义社会的发展和主线提出的,他们分析了城乡分离和相对的必然性,提出消灭城乡对立是一个历史过程,城乡关系最终融为一体具有必然性。恩格斯在《共产主义原理》中最先阐述了城乡融合理论,即要通过融合城市与乡村,使工人和农民之间的阶级差别和人口分布不均衡现象消失。刘易斯提出的二元经济理论引发了发展经济学革命,他提出经济发展的实质就是增强城市工业力量,为传统农业部分的剩余劳动力提供就业。当前我国城乡生产力得到了快速发展,城乡融合发展是历史发展的必然。虽然城乡融合发展的体制机制还未完全建立,但是随着市场改革的逐步深化,城市和乡村的经济社会发展机制必将融为一体。以往的“城乡统筹”更多的是依托政府和政策力量,重视宏观调控资源配置等,目前城乡融合旨在通过市场调节使得城乡成为一个有机整体。从“统筹城乡发展”到“城乡一体化发展”，再到“城乡融合发展”，是从国家宏观经济整体的高度出发，为从根本上解决“三农”问题提供了新的视角。从我国发展实际来看，只有城镇化和农村农业现代化协调发展，才能推进城乡融合发展。城乡融合发展一是要发展农村内部的农业部分，这样才能有效提高农民收入水平，或者是刘易斯提出的只有城市不断吸收农村的剩余劳动力，才能在提高农业劳动生产效率的同时提高农民收入；二是要实现社会、文化等层面的协调发展，在发展经济的同时注重社会发展，注重农民幸福感的提升。城乡融合理论为乡村产业振兴提供了理论支持。

2. 经济增长理论

经济学家亚当·斯密在《国富论》中提出劳动分工可以提高社会生产率，从而促进经济的发展。以亚当·斯密和大卫·李嘉图为代表的古典经济学家认为资本和劳动力是决定经济增长的关键要素。马歇尔在《经济学原理》中提到资本家的投资和企业家的经营活动促进经济增长，熊彼特着重从创新的角度提出了人力资本中企业家精神对经济增长的作用。在古典经济增长理论的基础上，20 世纪 50 年代，新古典经济增长模型认为除了资本和劳动力外，人力要素和技术进步也会促进经济增长。新经济增长理论强调了知识积累和技术进步的关键作用，从要素投入角度深刻论述了生产要素如何作用于经济发展、提高经济产出。通过以上研究理论，可以归纳得出经济增长的要素有劳动力、资本积累、技术进步等，同时生产率的提高是经济增长的重要因素。乡村产业的发展也离不开土地、资金、人力等要素的供给，因此如何合理运用现有的土地、资金、人力等要素，从而实现农村地区的经济增长，也是本课题要研究的重点。

3. 规模经济理论

规模经济理论围绕成本展开，是指可以通过扩大经营规模降低平均成本，从而提高产出水平，代表性学者有马歇尔、张伯伦等。马歇尔在《经济学原理》中提到，大工厂的有利之处在于专门机构的使用和改革、专门技术和经营管理工作的进一步划分，他将规模经济分为内部规模经济和外部规模经济。萨缪尔森提出，企业内部组织生产的动力来自大规模生产的经济性，随着企业规模的扩大，企业的生产成本将不断下降。科斯从市场交易的角度出发对规模经济做了补充研究，他提出如果依靠企业，并且以企业内部的行政管理为手段，通过交易内部化就能节约市场的交易成本。规模经济理论为本课题研究提供了理论指导。

四、研究方法

本课题以典型案例法为基础，以理想类型为分析工具，较多地采用文献法、田野调查法，实现理论分析与田野调查相结合。

1. 以典型案例法为基础

费孝通在回答个别与一般的关系时明确指出从个别出发是可以接近整体的，他认为将一个农村看作全国的典型，用它来代表所有的中国农村，那是错误的；但是将一个农村看成是一切都与众不同，自成一格，也是不对的。由此，本研究选择了5个乡村产业振兴的典型案例，以了解乡村产业发展的历史轨迹，提炼、归纳出一种具有可推广性的产业发展经验。

2. 以理想类型为分析工具

"理想类型"是德国社会学家马克斯·韦伯提出的一种研究社会和解释现实的概念工具。理想类型来源于经验事实，具有高度的概括性和抽象性，因而不同于经验事实，它更多的是对诸多经验进行分析整理，突出具有共性或者规律性的东西，使其成为典型的形式。韦伯解释说，在所有情况下，理想类型都具有使自己离开现实而又以此起到认识现实的作用。理想类型体现着一种"时代兴趣"，体现着某个时代特定社会现象的内在逻辑结构与规律，它不是假设，但是却为假设的建构提供指导；它不是现实的描述，但是却试图为这种描述提供一种明确的表达手段。在本研究中，我们就把研究的根基建立在"理想类型"的基础上，试图建构出一种具有江苏地域特色和普遍解释力的乡村产业发展的理想模式。

3. 理论分析与田野调查相结合

本研究对大量的文献资料，尤其是近年来的乡村产业发展的研究资料，进行了详细的梳理分析，获得了大量有价值的信息，同时还整理了一些相关研究文献，努力建立理论框架。为了深刻了解当地社会结构和社会生活，我们还采用了人类学的田野调查方法，深入到乡村，运用实地观察、个案访谈等多种社会调查形式，力求从村落文化、乡风民俗、社会交往、群众意识等多个方面来了解乡村产业发展的现状，以及乡村产业发展给乡村带来的各个方面的影响。

第二节　从"无"到"有"——沙集模式

沙集镇位于徐州市睢宁县东部。随着近年来电子商务产业的快速发展，沙集镇区域物流业、配套加工业也快速发展起来，圆通速递苏北总部基地、意大利维龙电商物流园等项目成功引入，沙集镇已成为我国农村电商产业发展的一面旗帜，也成为乡村产业振兴的一种典型模式。沙集模式起源于沙集镇东风村，该村传统农业产值较低，本属于相对贫困村。2006 年，在返乡大学生孙寒的带动下，东风村网店从无到有，从小到大，逐步探索出了商品设计、网上销售、网下加工、物流配送一整套成熟的商业运作模式。从 2008 年开始，网店模式在沙集镇快速扩展，呈现爆发式增长，出现了一批全国有名的“淘宝村”。沙集模式体现了自发式产生、包容性增长的特点。

一、沙集镇电商产业发展概况

(1) 全镇“淘宝村”数量呈井喷式增长。2010 年，沙集镇东风村在全国第一批三个“淘宝村”占得一席之地。2016 年，睢宁县以 5 个“淘宝镇”、40 个“淘宝村”的数量位列江苏省首位，“淘宝村”数量在全国位列第五。目前，沙集镇实现“淘宝村”17 个行政村全覆盖。

从东风村青年农民“三剑客”网络创业，到全县拥有网商 2.5 万户、网店 3.6 万家，呈现出裂变式倍数增长，在阿里系平台创业的网商，约占睢宁县域网商总数的 82%。至 2017 年年底，睢宁县的“淘宝镇”“淘宝村”数量均居全省第一。

(2) 电商从业人员剧增，年龄结构年轻化。2006 年睢宁县从事电商的仅有 3 人，2013 年 3 000 多户，2014 年 4 600 户，2019 年攀升至 7 000 多户。目前，直接从业人数超过 8.5 万人，间接带动就业超过 15 万人，其中外地在睢宁从事电子商务行业的有 2 万余人。睢宁从事网络销售行业群体的年龄约 70% 为 18 至 35 周岁，20% 为 40 岁左右，青年成为网上创业的主体，青年网商占适龄创业就业青年人群的 20%。因此，相比苏北众多的“空心村”，沙集镇的人口与产业生态显得更具活力。

(3) 产业规模不断扩大，网络销售呈现爆发增长态势。2016 年，沙集镇网销额 66 亿元，同比增长 40.6%；物流快递营业额突破 10 亿元，同比增长 60.2%。以程怀宝、孙寒、段亮、王赛甫、徐松、单万里、沙甫等企业主为代表的电商企业年销售额都在 5 000 万元以上。网商品牌达到 906 个，网销家具单品达到 2 000 个，同比增长 30%，55%左右的电商销售板式家具，45%左右的电商销售实木家具。从电商交易平台分类来看，78%的网商在淘宝商城开设旗舰店、专营店、淘宝 C 店、1688 店铺等；20%的网商在京东开设商城、小店或直接为京东供货，在苏宁易购、1号店等平台经营的占2%。

(4) 区域经济和农民收入水平极大提升。2006年，睢宁县地区生产总值在全省位列第46位，公共财政预算收入位列第48位，县域经济竞争力在全国排第402名。2017年，睢宁县入围全国中心城市投资潜力百强县、创新创业百强县，其中电子商务交易额完成216亿元，同比增长40.7%。2006年，睢宁县农民人均纯收入3 046元；2017年，睢宁县农民人均纯收入达到15 130元，其中沙集镇超过20 000元，明显高于全县水平。2015年，农民从事电商收入对收入均值的贡献度，占全县农民人均纯收入增量的40%。电商行业每年带动就业3.08万人，其中外来务工人员8 000余人。以徐州怡然居家具有限公司为例，从2014年到2016年，打包、打磨工人工资水平由70元/天上升到90元/天，木工工资水平由150元/天上升到185元/天，大工(排钻工/开锯工)工资水平由190元/天上升到230元/天，客服人员工资水平由60元/天上升到70元/天，喷漆工人工资水平由180元/天上升到220元/天。通过徐州怡然居家具有限公司的个案可以看出，不同工种需要的技能水平不同，技术含量高的工种相应工资水平较高，各类型工人工资水平均呈上涨趋势。再以徐州金多喜家具有限公司为例，其2010年雇用工人数量为6人，2016年上升到150人，用工数量是2010年的25倍；2010年工人平均工资水平为1 800元/月左右，到2016年翻了一番，为3 600元/月左右，就业人数和工资水平均呈上涨趋势。电商行业的发展提供了大量创业、就业岗位，促进了群众收入的增加。

二、沙集镇产业转型特点

在沙集模式诞生之前，除传统种植业和外出务工外，沙集镇主体产业经历了传统养猪业、废旧塑料回收加工业、网店销售及加工业三个阶段的演变。

1. 传统养猪业(1982年起)

在农村联产承包责任制实施后，东风村出现了生猪养殖户。生猪养殖给农民带来了种田以外的额外收入。行情最佳时，每头肥猪的利润可以达到400～500元。至1995年，养猪业发展到最高峰，全村养殖户300余户，当年出栏肥猪达150头，全村每户平均养猪达到10头以上。然而，1998年的东南亚金融危机让生猪价格一路下滑，更由于生产能力持续扩张，供过于求，生猪价格从6元/斤跌至1元/斤，养猪业的利润变得越来越小，甚至赔本。于是，东风村养猪业开始萎缩。

2. 废旧塑料回收加工业(1995 年起)

从 1995 年开始,东风村部分农户受邻近耿车镇影响,开始从事废旧塑料回收加工业务。他们到全国各地,特别是到南方比较发达的地区回收废旧塑料。从 2000 年起,农户们纷纷转型从事废旧塑料回收和加工业务。塑料回收再加工后,作为工业材料用于制造业,然后用于成品出口。到 2005 年,全村塑料回收加工业达到最高峰,全村从事该产业农户达到 250 户,年产值达到 5 000 万元,利润率达到 10%～20%。然而,2008 年的国际金融危机使得废旧塑料回收加工陷入低谷。国际金融危机影响外贸而导致需求急剧萎缩,东风村的废品收购业受到直接影响,塑料价格从每斤 4 元多跌到了 2 元。东风村废旧塑料回收加工业务出现大规模亏损,且废旧塑料回收加工导致环境污染严重,政策风险越来越大,很多废旧塑料回收加工企业面临减产甚至停产的困境。

3. 网店销售及加工业(2006 年起)

2006 年,村里的年轻人孙寒开起了第一家网店,从事简易拼装家具的网络销售及加工。经过 4 年时间,村内网店生意从无到有,网店模式被更多村民成功复制。东风村的家具因为物美价廉,远销北京、上海等全国各地,甚至韩国、日本的订单也源源不断。网络销售及加工同时带动了板材生产加工、五金配件、物流、快递等业务的崛起和发展。农民通过开设网店,不仅提高了收入,还解决了就业和创业难题。曾经外出务工的年轻人大都已返乡,而且村里还出现大量的劳动力缺口,一些外地人也来此创业就业。由于家家户户都忙着网店生意,村里没有闲人,几年来全村几乎没有出现过治安问题。

三、沙集模式的经验与启示

1. 恰当的网销产品选择

沙集镇电商创业者选择了简易家具这种技术门槛低、资金需求低、产业资源整合难度低的产品,使其推广复制变得更加容易。事实证明,以这种产品切入市场是最佳选择:需求容量大,市场进入的门槛低,能够掌握产业链关键环节,产品适合储存和长途运输,产品拓展空间大。家具的品种多样,有板材的、实木的,低档的、高档的,这就使家具销售行业的发展具备了很强的容纳性和快速扩张的条件。简易拼装家具满足了普通工薪家庭和中低收入者的需求,市场需求大。拼装家具功能多、体积小,能合理利用空间又适合搬运,设计风格简洁时尚,既能满足消费群体的功能需要,又有价格实惠的优势。

网销拼装家具门槛低,生产和交易流程简单易学。沙集镇网店经营包括设计、生产、网销、配送、收款几个环节，对于没有生产能力的网商，只要跟踪供应商的产品更新，进行网销、拿货、配送、收款流程即可。而家具生产加工过程也相对简单，只需要锯板、封边、钻孔三道核心工序。生产所需设备成本较低，处于农民可接受范围内。另外，拼装家具体积较小、不易损毁，适合远途运输。而且，简易拼装家具也满足了用户动手组装的乐趣，极易引起年轻人的兴趣。

2. 年轻人的创业探索精神

沙集模式的成功与富有开创精神的年轻人密不可分。沙集镇新一代创业型农民成为沙集网销萌芽、复制、快速成长的关键力量。

(1) 对网销事业的勤奋和执着。沙集网销业的辉煌，归功于农民网商执着的学习和拼搏精神。沙集镇网商工作到凌晨2点成为一种常态。创业之初，为了找到质优价廉的木材，孙寒等几位年轻人跑遍了全国各地木材产地，有时为了节约成本，甚至在木材厂的棺材里躺着过夜。一些农民网商文化水平低，不会双手输入键盘，他们就用一个手指开始练习，虽然打字姿势不标准，但是经过勤学苦练，实现了与用户的顺畅交流。

(2) 开放和共享的精神。沙集模式能够快速复制传播，与网商们具有开放、共享的精神密不可分。起初的年轻创业者在网销实践中发现，中国家具网销市场特别大，单靠几个人的力量是无法做大的。但是，如果当地的家具网销业形成规模，对提高品牌效应、降低物流和供货商价格会极为有利。于是，创业者义务承担起了培训的职责。从2009年开始，东风村的网销业呈爆发式发展。

(3) 服务和诚信精神。针对沙集网商的调研发现，在当地网销业成功的因素中，78.3%的网商认为是产品质量过硬，63.3%的网商认为是客户服务至上，43.3%的网商认为是口碑经营。为了赢得消费者的信赖，沙集镇网销从业人员重视诚信经营，在网页显著位置贴出木质家具的检验报告等质量和安全信息，对出现质量问题的商品予以妥善赔偿处理，赢得了网购群体的信赖。

(4) 具有前瞻性的事业发展规划。在沙集镇网店遍地开花、知名度日益高涨之际，网商们并没有满足，他们正在考虑电商未来的发展方向。很多沙集网商表示，他们要把东风村建设成为“苏北电子商务第一村”，在村里建设4个中心：产品展示中心、物流中心、木材交易中心、培训中心。沙集网商极为重视品牌化经营，在下一步的运营中，将把主要精力投入到品牌建设中，以提升网销产品的品牌价值。更为重要的是，沙集网商也极为重视经营创新，包括产品创新、品牌创新、管理创新、营销创新等。比如，部分网商开始了钢构家具研发。从工艺上，推出烤漆、雕花等工艺；从款式上，推出自主设计产品，还聘请了设计师创新家具设计。总之,年轻人的创新创业精神成为沙集模式得以成功和迅速推广的重要精神力量。

3. 有力的政策支持

沙集模式的快速发展,与地方党委政府的政策支持有很大关系。沙集网销业是自发式发起、裂变式生长的,但市场的力量并不是万能的,土地、规划、资金等需求还需要党委政府的支持和引导。

(1) 强有力的组织制度保障。

沙集镇率先成立电商办,全面服务电商发展。继成立电商办后,沙集镇又成立综合执法局,着重围绕安全生产、消防管理、产品质量、品牌创建、诚信建设、放心消费和行业管理等方面,加强电商规范化经营。沙集镇多次组织镇村干部和企业骨干外出学习,平均每个月都会有专题学习。沙集镇组织成立公共品牌中心,推广使用“沙集网事”集体品牌;投资建设国家级家具木检中心。当地党委政府积极吸收网商参与相关决策。县镇两级政府在制定相关政策时,特别注意听取网商的意见和建议;县商务局在出台鼓励网商发展的政策文件前,主动就草案向网商征求意见。

(2) 解决电商发展的人才、资金、土地需求等问题。

沙集镇党委政府编制了农村电子商务培训计划,提供免费专题培训;对接金融部门,开发出“网商助力贷”等低息或免息贷款;牵头协调土地指标,建设高标准厂房;成立家具设计研发院,聘请南京林业大学、西安交通大学等 7 家高校的教授为网商设计家具,提升了家具品质。

(3) 以沙集电商小镇为平台促进产业转型升级。

沙集电商小镇于 2017 年获批进入江苏省首批特色小镇创建名单,是集产、城、生态于一体的特色小镇,是以创意创业特色电商家具产业为产业基础,融合一、二、三产业协同发展的特色小镇。沙集电商小镇致力于推进产业升级,全面推进沙集模式的转型升级。一方面科学编制特色镇规划,将镇区划分为“精品商贸居住区、电商创业区、创意创新区”三大功能板块,并确立“一城一带两园两区”的产业布局,形成具有沙集特色的电商生态圈。另一方面,制定《电商产业发展规划》,打造以 1 个电商创业园为龙头,5 个省电商示范村为中坚力量,12 个“淘宝村”为支撑,即“1+5+12”的发展格局,引领睢宁东部网销家具产业板块快速发展。同时,依托同一乡镇范围内村庄建设用地布局调整,加快魏集村整村推进以及三丁村、丁陈村等工矿废地复垦和土地增减挂钩项目,力争新增土地超 1 000 亩,不断拓展“产城融合”发展空间。

总之，沙集模式的成功，为我国乡村产业振兴提供了一个绝佳的范本。并无传统产业优势的沙集镇，在年轻人的创新创业精神的带动下，经过多年发展，不仅改变了贫穷落后的面貌，而且一跃成为中国农村电商的典型代表。这表明，乡村产业振兴的路径是多元的，但无论走哪种路径，都要将创新创业精神、恰当的产业选择与政府政策支持进行有机结合，走产业振兴的特色之路。

第三节　从“废旧之困”到“生态转型”——耿车模式

一、耿车镇产业发展概况

20世纪80年代，耿车是苏北地区的一个贫穷乡，更是历史上有名的“讨饭乡”。改革开放以后，为了摆脱贫困，当地农民根据农村实际情况发展农村产业，后来被称为“耿车模式”。由于受资源条件限制，他们主要从事没有太多技术含量且主要依靠大量劳动力投入和以家庭作坊式生产为主要形式的废旧塑料回收加工业。1984年，耿车乡办、村办企业26个，户办、联户办企业2 548个，1986年分别达到59个和4 567个，企业产值也由1984年的2 111万元上升到1986年的4 691万元。在当时，耿车发展成了华东地区重要的废旧塑料回收加工集散地，这为当地农村产业发展打下了基础。

然而随着时间的推移，耿车废旧塑料回收加工业却导致越来越严重的资源浪费和环境污染，使得昔日的“耿车模式”逐渐演变为“耿车困境”。耿车模式是在特定发展阶段、特殊历史背景下产生的推动区域经济发展的一种行之有效的经济方式，是耿车镇千家万户致富的重要手段和渠道，其地位、价值和作用不可忽视。耿车废旧塑料加工体量较大，生产经营分散，加工生产遍地开花，生产经营缺乏规范，集聚集约发展水平较低。2015年，仅耿车镇从事废旧塑料回收加工经营的加工点2 000余户，产业从业人员占全镇人口的比重达到70%，吸引外来务工人员近万人。截至2015年，耿车镇每年再生塑料交易量150余万吨，成交额达30亿元，大多集中在清洗、破碎、造粒等能耗高、污染重的上游产业链；年耗水量达450万吨，相当于市区居民3个月的用水量；全镇因堆放垃圾废料而被占用的农用地多达2 000亩。这些企业中，固定资产500万元以上企业只有37户，规模以上塑料加工企业仅7户，有合法工商营业执照的只有149家，其中大部分都有超范围经营情况，有合法的环保手续的仅有10家左右。这种乡村产业发展方式造成土地资源的严重污染与浪费，环境污染严重影响了当地及周边居民的生活和人身健康。

二、耿车模式的特点

乡村振兴背景下，耿车模式转型升级迫在眉睫。耿车镇提出原产业向绿色转型，创业向科技转型的发展新模式。政府提出依靠互联网，大力发展农村电商产业，到2018年，全镇所有村都成了“淘宝村”，耿车镇成了“淘宝镇”。到2018年，全镇家具家居、塑料制品、多肉园艺网店已有2 759家，电商销售额达50亿元。冲破以牺牲环境为代价的传统增长模式，耿车驶入了绿色转型路。耿车镇由过去的“垃圾村”变成了现在的“田园村”，粉墙黛瓦，小桥流水。在耿车镇的红卫村、大众村，一派古色古香的田园风光让人很难和“垃圾村”画上等号，村口两台锈迹斑斑的塑料造粒机和破碎机却无声地告诉了人们这里的过去。耿车现在的发展方式可以称为“新耿车模式”，开启了乡村产业振兴的新时代。课题组从以下几点梳理总结耿车镇转型发展的成功经验。

1. 统一规划产业入园

耿车镇编制了《生态经济示范镇总体规划》，以美丽乡村三年行动计划为引领，编制宿迁西高速出入口规划、西片区区域产业发展规划、耿车镇域总体规划和镇区控制性详细规划，以及电子商务产业园、循环经济产业园、特色农业产业园、现代物流产业园等4个园区建设规划，以徐淮路为产业发展轴，打造徐淮路和九支渠绿色生态走廊，着力建设生态富民创业园、生态农业示范园、生态环保工业园和生态宜居新家园。

2. 筑牢电商致富方舟

构建镇、村两级“创客空间”平台。以乡镇为主体，建立电商产业园和电商物流园；以村居为延伸，依托村居党群服务中心，建立一个汇聚“创客”的村级创业孵化室，打通电商服务最后一公里。电商产业园集电商文化展示、产品生产、家具研发、电商服务配套、生活服务配套等5大功能于一体。电商物流园汇集质量检测中心、配送管理中心、市场营销中心等功能，开通了国内直达线路24条，成为覆盖周边地区的大型快递枢纽转运中心。全镇9个村居实现了电商全覆盖，村居电商孵化室、京东商城合作店、镇级电商一条街、大众物流一条街、家具配套大市场、淘宝大学等相继建成投入使用，国内所有主流物流品牌全部落户耿车。

3. 配强党建富民舵手

头雁领飞，雁自成行。2016年，村级党组织换届期间，镇党委探索实施了

“3399”工程。即新当选的村级党组织领导班子有 1/3 以上书记能讲电商课，1/3 以上书记有电商致富项目，9 个村居都有 1 名副书记分管党建和网络创业，9 个村居都有 1 个党员电商创业者进入村居“两委”班子，使村级党组织领导班子始终在电商发展上保持引领性。同时，镇党委还牵头组建了耿车电商商会，深度整合行业资源，为会员搭建合作平台；成立了电商商会党支部，注重从电商中培养入党积极分子，充分发挥党组织核心作用，促进电子商务产业的快速健康发展。2014—2015 年，耿车镇将 260 名党员培养成电商达人，将 28 名电商达人培养成入党积极分子。

4. 确定新目标定位，建设生态宜居美丽新耿车

为进一步巩固转型发展成效，探索绿色发展之路，2016 年年底，宿迁市将耿车镇列入全市 8 个生态经济示范镇建设规划。“鸡毛换糖再出发”，耿车再一次站在转型发展的岔路口上，围绕生态经济示范镇建设目标和要求，确定了打造全国知名电商镇、绿色发展新耿车的目标，明确要坚持“四化同步”推进，坚持生产、生活、生态“三生融合”，努力实现生态、形象、内涵、人气四大提升，致力于把耿车打造成生态环境优良、人居环境优美、经济发展优质、社会治理优异的绿色产业基地、低碳宜居家园和美丽环境小镇。

5. 开展全面整治

围绕“深呼吸、看绿化、见清水”标准，深化环境治理，构筑生态耿车。常态化开展废旧物资防反弹工作，对 9 个村居 8 000 多户居民进行拉网式排查，坚决防止反弹回潮。持续改善镇村生态环境，在大众、刘圩、大同等村推进美丽乡村建设试点，在其他村居按照二类村庄标准开展环境综合整治，建立健全镇村垃圾集中收运体系。开展水体治理和大气污染防治，引入分布式污水处理设施，把好招商准入关口，杜绝引入污染项目。大力推进公园广场和绿化建设，形成绿树成荫的生态之美。

6. 弘扬耿车文化

创业文化是根植于耿车人灵魂深处的精神特质。通过树立创业典型、培育身边创业榜样、营造浓厚创业氛围、落实创业扶持政策、举办创业文化节等系列活动，大力弘扬创业文化，让创业成为耿车人永恒的追求。在各村居建设“乡愁”主题广场，保留记忆中的乡愁元素。在大众美丽乡村试点建设文化礼堂，倡导文明新风。组建环保志愿者队伍，筹建环保展厅，宣传生态文化、环保文化。推进绿色环保宣传教育工作，开展环保周、环保月、环保摄影大赛等活动。

三、耿车转型发展的启示

2016年8月，耿车镇成为全国三个“淘宝村”全覆盖的“淘宝镇”之一。从全面启动废旧物资回收加工综合整治，到顺利完成该项工作，耿车镇仅用时6个月。仅从时间维度，耿车转型的速度便可以用“奇迹”加以表述，究其原因，从以下几个方面对其总结分析。

1. 突出生态优先绿色发展的鲜明导向

党的十八届五中全会明确提出坚持绿色发展的理念，国家“十三五”规划(2016—2020)指出绿色是永续发展的必要条件和人民对美好生活追求的重要体现。绿色是发展的底色，生态是乡村的招牌。耿车将绿色发展作为鲜明导向，“刮骨疗毒”走上生态转型、绿色发展的新路，就是践行绿色发展理念的生动实践者。理念是行动的先导，只有思想转变，认识提高，才能带来付诸实践的行动。为破解“耿车问题”，推动废旧塑料回收加工产业转型发展，耿车镇注重下好转变发展理念“先手棋”，把“绿色作为耿车发展的鲜明底色”意识植入耿车人的脑海，把“绿水青山就是金山银山”“既要金山银山更要绿水青山”“要赚钱更要健康”等观念传播到每一个耿车人的心里。

2. 发挥基层党组织战斗堡垒作用

办好农村的事情，关键在党。耿车在推动转型发展中，注重发挥基层党组织战斗堡垒作用和党员先锋模范作用，基层党组织和广大党员始终走在前面、干在实处，出现了“支部挥挥手，群众跟着走”的喜人局面，实现“支部＋电商”党建富民，群众对镇村干部平均满意率达95%以上。在综合整治过程中，全镇各个村第一个关掉颗粒粉碎机、第一个卖掉颗粒粉碎机、第一个拆除简易厂房的都是党员。新华村支部书记周壁从事废旧塑料加工10年，年收入30万元左右，在整治中第一个放弃多年辛苦经营的产业，用他的话来说，就是“行动就是最好的证明，最佳的示范”，体现出较强的大局意识、担当意识和执行意识。

3. 依法治理贯穿综合整治全过程

在综合整治前，市、区两级公安、国土、环保、水务等部门以及乡镇干部对照环境保护法、土地管理法、治安管理处罚法等法律法规，深入研究，对可能发生纠纷的节点提前进行预警，对加工户违法经营行为提前进行宣传，营造出“人人知法、人人守法”的氛围。在综合整治过程中，将公安、环保、水利、交通、城管、国土等执法力量进行整合，打破部门壁垒，联合执法，最大限度地减少因部门力量缺失导致的查处难情况的发生。如废旧塑料运输环节，由公安、交通部门设卡拦截；垃圾焚烧治理方面，由环保部门现场查处；随意堆砌造成的“脏乱差”问题，由城管部门查处；等等。针对拒不整改的加工大户，采取约谈提醒、强行取缔和依法处置等方式，先后约谈加工大户 50 余家，下达责令停止排污决定书 70 多份，强行取缔 32 家，立案处罚 5 家，特别是对公然抗拒执法的 5 户加工户依法采取了行政拘留措施，对其他加工户起到了较强的震慑作用，有效推进了整治进度。

4. 培育新动能促进城乡融合发展

当前，“互联网＋”成为不可阻挡的时代潮流，在重塑创新体系、激发创新活力、培育新兴业态和创新公共服务模式等方面展现了强大的驱动力。耿车选择发展农村电子商务，通过打造电子商务产业园，推动创业创新，促进农村三产融合发展，形成依托“互联网＋”培育新动能、驱动城乡融合发展的生动局面。实施乡村振兴战略，要充分利用“互联网＋”、大数据、云计算、人工智能等新技术，培育农业农村发展新动能，发展农业新产业新业态新模式，提升农业生产、经营、管理和服务水平，发挥其在优化农业产业结构、推动农村经济转型、促进农民增收致富等方面的重要作用，促进城乡融合发展。

5. 优化提升硬件设施和软实力建设

从耿车模式到耿车转型，良好的硬件环境是重要支撑，与之相应的软实力也不可或缺。在推动转型发展中，耿车镇政府各部门坚持把好产业导向，着力打造创业平台，积极优化创业环境，确立建设生态经济示范镇的发展目标，并加紧建设循环经济产业园、电子商务产业园和生态农业示范园等一批平台，还逐步完善道路、厂房、电信以及物流、金融、人才、文化等服务体系建设。实施乡村振兴战略，推进农业供给侧结构性改革，转变发展方式实现转型升级，从政府层面来看，不仅要完善农业产业发展相关的路沟渠等硬件设施，而且更重要的是改善农业农村发展环境，提升人才、技术、文化、意识等乡村振兴软实力。

第四节　从“施河制造”到“施河智造”——施河模式

一、施河镇教具产业发展概况

施河镇位于淮安市淮安区东南是苏北典型的鱼米之乡。施河镇地处苏北，区位优势不足，但施河人敢想、敢干、敢拼。20 世纪 50 年代末，施河人就勇敢走出家门，从走南闯北销售河虾、韭菜籽、雪花膏开始，积累了创业的第一桶金。

20 世纪 90 年代初,施河人开始生产三角板、直尺等简单教具,进而从手工作坊、小工厂成长起来一批行业龙头企业,形成了爱心、锡光、共创、长城等公司为龙头,其他教育装备企业为支撑,部分私营企业同步发展的格局,走上教育装备加工为主的产业发展道路。

经过 20 余年的实践与探索,施河镇已成为全国较大的教具生产、销售基地。截至 2018 年,全镇拥有教具企业 180 家,集中区 1 800 亩,标准化厂房 60 万平方米,生产型企业 78 家,就业岗位万余个,形成了多媒体、数字一体机、智能实验室设备、大型幼儿玩具、校园软件开发系统及校园后勤装备等 6 大类 2 000 多个品种的产品体系,年产值超百亿元、税收近 3 亿元,成为区级经济增长新的活力板块。施河镇还建有教具交易展示平台——施河教具城。规划建筑面积 50 万平方米,一期、二期、三期工程已完成,四期、五期工程正在积极推进之中。建成后的施河教具城将打造成中国教育装备产业产品的集中展示、采购交易、新品研发、上下游行业分工协作、技术服务交流的首要平台,是全国最大的科技型、开放型国家级教具生产和研发基地。

施河镇的教具产业从无到有,从弱到强,实现了从粗放型和低成本型到集约型、差异型竞争的重要转变,经济综合实力在全市处于领先位置。施河镇先后获得"全国文明镇""全国小城镇综合改革试点镇""全国乡镇企业示范区""全国科普示范基地""全国生态镇""全国卫生镇"等荣誉,根据《2019 年中国中小城市高质量发展指数研究成果》,江苏省淮安区施河镇入列 2019 年度全国综合实力千强镇。

二、施河模式的特点

1. 科学合理布局,优化乡村产业空间结构

为推动产业集群发展,施河镇聘请国内外专家,高标准编制《施河镇教具产业中长期发展规划》《工业集中区和小城镇建设总体规划》,确保引进的城建项目和工业项目严格按照规划布局落地,建一片成一片。

为了适应教育体育装备产业的发展,施河镇将集镇总体规划从 4.2 平方公里调整到 12 平方公里,产业园面积从 2.2 平方公里调整到 7 平方公里。该镇将产业园区建设与城市综合体、农村文化旅游项目、农业生态园、城镇建设紧密结合起来,着力在规划衔接、资源整合、招商引资、项目建设等方面统筹兼顾、协同推进,注重产业规划、产业布局规划与集镇土地利用总体规划相融合。

施河镇按照“市场运作、多方融资，谁投资、谁经营、谁受益”的原则，利用河济公司存量资产，建成标准化厂房 120 万平方米。通过订单、统包、自建等方式，共计投入资金 7.8 亿元，建成了较为完善的水、电、路、雨污排水、通讯等基础设施，先后整理土地 3 400 多亩，建设园区主次干道 30 多公里，完成绿化 6 万平方米，实施路灯亮化 400 盏，铺设给排水、污水管道 42 公里，新建 110 千伏输变电站 1 座、桥梁 4 座，建设框架全面拉开，发展空间进一步拓展。

产业发展空间拓展优化之后，产业园的产业集聚效应已经形成。截至 2017 年年底，园区现代教育装备产业集聚度达 90%以上，现代教育装备产业已被列为全市“十三五”工业发展规划的五大主导产业之一。以奇乐娃、新起点等为龙头的大型幼儿玩具制造产业集群，以共创、盛达、经纬等为依托的体育装备产业集群，以齐龙电子、乾坤科教等为支撑的教学设备产业集群，占据着教育装备产业的不同市场领域。截至 2018 年 4 月，园区共有教具企业 246 家，其中生产型教具企业 131 家，规模以上工业企业 31 家，拥有电教装备、实验室装备、体育装备、教室装备、数字化校园等 9 大类 4 000 多个品种；从业人员 2.6 万名，其中近 5 000 名供销员遍布全国各地。

2. 实施品牌战略，提高知名度

品牌建设能够有效提高产业经营水平和利润空间，是解决产业集群持续发展的重要手段。教育装备产业所涉及的产品种类十分庞杂，小到笔墨纸、文具盒、学具盒，大到黑板桌椅、实验室台桌、篮球架、健身器材，既涉及液晶投影机、投影仪、视频展示台、多媒体控制系统、语言放音座、各种类型投影幕等高科技多媒体设备，又涉及温度计、湿度计、气压计、大气采样器、氧气测定仪、计数器、多功能离心机、酸度计、电子天平等多种规格的物理、化学、生物实验室设备。施河镇充分认识到实施品牌战略的积极作用，针对教具产品众多以及企业在发展过程中客观存在的“一家一把号，各吹各的调”单打独斗的经营格局，充分发挥引领协调功能，在明确责权利的基础上对 56 家生产型企业和 61 家销售企业，按松散层和紧密层进行科学整合，将品牌创建作为提升教育装备产业的重点来抓，建立教育装备产业研发中心和检测中心，打造体育装备的新产业名片，加大“教具城”和“智教乐享特色小镇”两个地域标识的推广力度，引导施河企业在产品包装、对外宣传中统一使用。以特色小镇为载体参加中国教育装备展，提升施河品牌标识知名度和品牌影响力。

3. 产城融合，推进产业转型升级

施河镇积极践行新型城镇化发展理念，因地制宜加快以产镇融合为核心内容、以全国小城镇综合改革试点为引领的特色小镇发展新格局,产业园与施河镇基础设施融为一体、互动发展,道路、给排水、通讯、供电、污水处理等基础设施共享共用;东方明珠、城市花园、中央豪庭等配套小区先后建成;医院、学校、商务中心、便民服务中心等公共服务较为齐全;产业园自建安置小区,园区内已建成标准化厂房 75 万平方米,生产生活配套设施不断完善,产城一体化进程不断加快。

随着教育装备产业链的拉长,施河镇从事教育装备产业的生产型企业的工艺设备也逐渐实现更新换代、工艺流程不断改进、产品质量不断提高,在国内外市场上的竞争为不断增强。施河镇以"高端制造""智教装备"为切入点,打造中国的智教装备产业高地。围绕"智教乐享特色小镇"创建,全力动员本土企业家参与小镇建设,新上一批创新驱动力强的产业类项目,提升数字校园、人工智能、软件开发等智慧教育产品的核心竞争力,建成乾坤、华辰、奇乐娃等 12 个省高新技术企业,锡光教学、航天光电等 21 个市高新技术企业,爱心、兴特等 4 个市工程技术研究中心。投入资金 1 100 万元,设立教育装备产业产学研项目 16 项,授权专利 11 件,打造了 15 个著名商标,申请国家发明专利超 200 件,创建了教具文化创意产业园、省级教具产品优质示范区、省级特色产业园。园区企业申请国家专利 800 多个,进入教育部产品目录的有 2 000 多个;入驻创新创业平台 7 个,高新企业 7 个,拥有专利 414 件,国家专利产品 60 个,市级以上名牌产品 30 个,省级名牌产品 10 个。

施河镇还积极构建包括产业服务中心、协同创新中心、人才引培平台、品牌推广平台、众创孵化平台、电商物流平台的"2+4"产业服务体系,加大企业科技创新能力的提升引导,加强与中科院、南京大学、江苏电子信息职业学院(原淮安信息职业技术学院)等院校的深度合作,设立校企研发中心和服务平台,培育高新技术企业。

三、施河模式的经验与启示

施河镇虽地处苏北,产业基础较为薄弱,但施河人敢想、敢干、敢拼,硬是走出了一条特色鲜明、创新驱动、配套完备的高质量发展之路,成为乡村产业振兴的典范。施河镇的成功转型对于苏北乡村产业振兴意义非凡,更具推广复制性价值。

1. 突出优势特色,培育壮大乡村产业

施河镇早在 20 世纪 90 年代便已开始以来料加工家庭作坊的方式,走上教育装备加工为主的发展道路，形成教育装备产业的发展维形。与国内同行相比，施河教育装备产业集群在产业成长历史、生产规模上具有比较优势。施河教育装备产业已有20余年的发展历史，拥有丰富的生产技术经验和产业链集成能力，建立了广泛的供应商网络和遍布全国的营销网络，拥有庞大的客户群资源，这些都是施河产业发展的基础，也是施河教育装备产业发展的核心以及竞争力所在。此外，与浙江、广东、苏南等地比较，施河在土地使用成本、水电成本及本土劳动力成本等要素成本上，也具有明显竞争优势。因此，施河镇立足自身的资源优势，建立工业园区，引导教育装备产业向规模化、集约化方向发展，具有明显规模优势和竞争优势的教育装备产业集群浮现，施河教育装备产业成为施河发展的主导产业。

2. 以龙头企业为引领，实施创新驱动

从施河教育装备产业实际情况看，小企业普遍存在规模小、管理水平低的问题，并且小企业由于自身"技术边界"与"能力边界"的不对称及技术创新外部经济性，创新动力不足，多数小企业倾向于采取模仿跟随战略，整体创新能力不足，竞争力无法得到提升。因此，施河镇积极培育和扶持关联性大、带动性强的骨干龙头企业，发挥其在研发、设计、营销等方面的带动、辐射、示范作用和创新扩散、信息传递、品牌营销等方面的产业龙头作用。从财政、税收、土地、融资、公共服务等方面重点扶持共创、锡光、荣佳、爱必、龙华、长城等一批龙头企业，帮助他们做大做强，提高他们的自主研发创新能力，发挥他们的龙头带动作用，实现产业的转型升级。

3. 筑巢引凤，充分发挥人才资源优势

乡村振兴，人才为要。人才是乡村产业发展的核心竞争力。施河镇的产业发展首先是有一支敢打敢拼的企业家队伍，他们会经营，懂管理，把企业从家庭作坊式小企业经过几年的发展变成产值超亿元，产品走向国际大市场的大企业。比如江苏共创公司2002年才开始投资人造草坪项目，2003年推广草坪产品，每年销售额以80%的速度增长，到2014年销售额达13亿元。其次，有一批市场意识强、肯吃苦、头脑灵活的营销队伍。施河镇现有专业营销人员万余人，正是这批营销人员的努力工作使施河教育装备产业驰名海内外，产品销往大江南北。此外，施河镇相关企业加强与南京工业大学、江苏海洋大学（原淮海工学院）等国内外高校合作，建立人才定向培养和人才储备库。结合淮安市、淮安区人才引进计划，制订"十百千"引进优秀人才计划，额外提供交通、配偶就业、子女入学等优惠，让人才能留得住。施河镇已有92家生产型企业与40多家国内外高校院所建立合作关系，有 7 家省级以上高新技术企业，专业研发人员超过 600 名。江苏共创公司以 100 万元年薪聘请行业领军人物赵春贵担任首席技术官，爱心智能公司引进了数十名博士后、博士、硕士，组建了庞大的研发团队。施河镇注重对企业家的培训，引入职业经理人制度，改变以往家族式管理，引导企业规范化经营，助推教具产业做大做强。

总之，施河镇在促进乡村产业振兴的实践中注重发挥自身特色，选择了恰当的产品、产业，使教育装备产业成为施河发展的主导产业。而且，施河镇以龙头企业为引领，大力实施创新驱动战略，取得了突出成效。施河镇能着力培育、扶持骨干龙头企业，发挥其典型带动作用，重点扶持龙头企业，并以政策支持企业提升自主研发能力，从而实现产业的转型升级。此外，施河镇注重人才引进和培育，为产业振兴提供了重要的人力资源支撑。由此可见，乡村产业振兴的重要依托就是品牌打造、人才开发和创新意识，这也是“施河智造”的成功实践对乡村产业振兴路径探索提供的重要启发。

第五节 从“花木之乡”到“花木电商”——颜集模式

一、沭阳电商产业发展概况

颜集镇花木电商的发展得益于沭阳县电商整体发展的带动作用。沭阳县从苏北贫困大县到连续 6 年跻身“全国百强县”，从依靠传统、单一的农业生产模式到连续 3 年入选“全国工业百强县”，从名不见经传的投资洼地到成立苏北唯一一家落户县级城市的国家级经济技术开发区。回溯沭阳县的发展轨迹，在沭阳县富民建设中，电商无疑是其发展重点。

1. 发展初期

沭阳县的电子商务发展可追溯至 2001 年。少部分农民接触到互联网后，开始利用贴吧、论坛在网上推销自己农田里种植的花木。这是最原始的电子商务形式，只有信息发布和信息获取功能，因此对沭阳花木交易的实质性帮助还十分有限。但是，在互联网还没有被广泛进行商业应用的这个时期，沭阳县农户对接互联网的积极尝试体现了他们敢为人先的创业精神。

2. 探索阶段

2006 年，一些苗木农户又开始积极探索使用淘宝、1688 等第三方电商平台开展线上营销，由此掀开了沭阳县电子商务发展新的序幕。随着政府的合理引导和有效作为，越来越多的花木农户陆续加入电商创业的行列之中。2013 年，首批中国“淘宝村”名单揭晓，颜集镇堰下村成功入选，标志着沭阳县电子商务进入了一个新的发展阶段。2014 年，新河镇的周圈村和颜集镇的堰下村入围第二批中国“淘宝村”。阿里研究院发布的《阿里农产品电子商务白皮书(2014)》显示，沭阳在阿里零售平台农产品交易额的县域排名中位居全国第三。2015 年，新河镇、庙头镇、颜集镇共 22 个村入围第三批中国“淘宝村”，并且 3 个乡镇入围中国“淘宝镇”。阿里研究院发布的《阿里农产品电子商务白皮书(2015)》中，沭阳连续两年在阿里零售平台农产品交易额的县域排名中稳居前三位；这一年，沭阳县还荣获“国家电子商务进农村综合示范县”称号。

3. 规模化发展阶段

2016 年，新河镇、庙头镇、颜集镇和扎下镇共 31 个村入围第四批中国“淘宝村”，沭阳县不仅是全国最大的农产品“淘宝村”集群，也是全国十大“淘宝村”集群之一。截至 2016 年上半年，沭阳县网商数量达到 3 万余家，其中约有 80%从事花卉苗木类商品的销售，淘宝上约 40%的花卉苗木销售集中在沭阳。阿里研究院发布的《阿里农产品电子商务白皮书(2016)》显示，沭阳在农产品电商 50 强县中排名全国第三。如今，沭阳已形成了一个拥有较大电商发展规模、优质产业基础、完善电商生态、良好发展前景的特色花卉苗木类电子商务产业集群，同沭阳特色花木产业集群相辅相成，共同促进沭阳县域的经济社会发展。沭阳县“淘宝村”集群的形成促进了农民的就业和创业，提高了土地的利用率和产出率，增强了花木产业竞争力，促进一、二、三产业融合发展，激发农村经济发展活力，推进城镇化、乡村现代化和新农村建设。

进入新时代，电子商务的巨大能量正影响着沭阳大地。沭阳县政府自 2017 年起，对工业、网络、家庭农场、物流寄递等创业项目进行资金扶持，并对网络创业扶持政策及其配套进一步细化，营造农村电商氛围。2017 年，沭阳县网络交易总额超过了 185 亿元，快递发货量达 1.2 亿件，平均每秒就有 3.85 件快递从沭阳发往世界各地。2017 年 1 月至 5 月，该县完成电子商务交易额约 105 亿元，其中农产品(含农资)网络销售约占网络销售总额的 58%。通过大力推进农村电子商务，乡村振兴的美好愿景逐渐变为现实。

二、颜集模式的特点

2013 年阿里研究院公布了 20 个“淘宝村”，颜集镇是首批拥有“淘宝村”的乡镇之一。颜集镇电商模式实际上是一种“互联网＋三农”县域电商发展模式。

从电商经济发展的产业基础来看，颜集镇乃至沭阳是基于自身传统的花木产业集群发展而成的，这对于许多中等发展水平的县城具有一定的借鉴意义。其他像沭阳这样成长于 20 世纪 90 年代的中国农业产业集群，都曾面临严峻的转型升级问题，因此"互联网＋三农"也更能为拥有农业产业集群地区的电商发展提供有价值的经验参考。

1. 充分挖掘花木资源基础

颜集镇是花木之乡沭阳花木种植的发源地。得益于得天独厚的地质和气候，颜集镇所属的沭阳县地处鲁南丘陵与江淮平原的过渡带，形成以混合土和淤土为主的地质条件，受暖温带半湿润性季风气候的影响，光照充足、雨量适中，因此逐渐成为我国南花北移、北木南迁的优质驯化过渡地带，自古就享有"花木之乡"的美誉。

20 世纪 80 年代末，颜集镇政府不断引导农民以种植苗木等经济作物替代农业作物生产。由于农户对于花木种植知识和经验的缺乏，政府在实施此政策过程中并不顺利，为了引导部分农户先行先试，政府甚至以"拔除粮苗"的方式大力推进。由于花木种植的收益高、见效快，先行农民很快成为当地学习的楷模，花木产业也就此在当地和全县得以推广。随着花木产业的发展，当地农民逐渐分化出花木种植、花木经纪人和园林工程三种新角色，并形成比较稳定的"农户＋市场"的产业组织结构。其中，花木种植由一家一户的分散性种植，逐渐向规模化、种植大户的方向发展，也形成了从镇内向镇外扩展的发展趋势；花木经纪人作为分销商，借助农村播放广播的"大喇叭"将产品需求信息发布出去，以"散收整批"的形式卖到市场；园林工程位于花木产业链的高端，具有较高的附加值，利润空间最大。

经过多年的发展，颜集镇实现家家种花、户户播绿，其中种花大户 8 000 余家，花卉品种达 2 000 余种，建成 100 亩以上的花木精品园 50 个，成为全国最大的花木基地镇。总的来看，颜集镇规模化的种植、良好的政策导向以及完善的产业组织结构等要素，都为当地派生出电子商务提供了先决条件。

2. "熟人"带动效应呈现规模化

传统农业交易主要采用"面对面"现货交易方式，市场形态级别低、规模小，且受到时间、地域限制。而颜集镇花木电商模式将线上销售与线下花木培育有效结合，打破了时空限制，对接全国市场，极大扩展了销售空间，提高了交易效率，催生出上下游产业链，提高产业集聚。

在"淘宝村"形成初期，先锋示范是"淘宝村"形成的一项重要因素。在"淘宝村”形成过程中，村内带头人或先发者成功的经验示范，通常使村民更易接受新的经营思维和习得新的经营方法。颜集镇农民自发通过花木电商创新创业，跟随者模仿进入。2005 年，当地花农胡义春尝试在网上开店，将电子商务带入花木销售市场。但由于农村网络建设、物流等基础设施相对不发达，从开始网上销售到产生经济效益花费了 3 年时间，才获得较高的收益。由于农村“乡里乡亲”这种非正式组织关系的存在，村民很快开始效仿和学习。加之电子商务初期的进入门槛并不高，到 2009 年，颜集镇就出现 100 余家电商。在此过程中，大部分网商的身份还是农民兼业，他们发展花木电商是受到电子商务市场的引导和“领先者”进入的内生驱动，属于典型意义的自发型创业。

淘宝花卉批发市场等专业化批发市场以及物流和宽带等配套服务的形成，成为当地网商规模化发展的直接动力。2009 年以前，颜集镇的周圈花卉市场，规模偏小、功能不配套、市场和基地难以对接，造成大部分花卉来源于本地、品种单一，尤其缺少花卉交易、展销的配套场所。此外，当地以种植、批发和零售花卉为主，对外地花卉品种缺乏需求。2009 年之后，由于电商农户的产品需求逐渐多样化和规模化，周圈市场经营范围扩大，开始销售来自广东、山东、云南等多地的产品。

与颜集镇相邻的新河镇出现了专供网店的“淘宝花卉批发市场”，产品资源丰富、品类多样、批发方式灵活。市场主要批发来自广东、山东、云南及当地的花卉品种，拥有苗木交易区、盆景交易区和服务功能区等；并提供“一件批发、小额混批”的批发方式，更为灵活的是，当地批发商还允许“先赊账后销账”的按月结算方式。由于花木产品的特殊性，其库存成本和维护成本相对较高，农民进入电商的风险较大，因此，大规模扩张受到限制。批发市场这种第三方组织为网商开设了一种“网上接单—(批发市场)赊账拿货—月后结账”的新模式。此外，批发商还承担着维护花木产品质量、判断产品等级等功能。由此可见，这种批发市场几乎为农民提供了经营网店“零库存”和“零风险”的重要保障，大大降低了网商的进入门槛，从而使得规模迅速扩大。另外，颜集镇还积极把快递公司引入镇内村内，方便花农开展网络销售业务，已入驻物流快递公司 22 家。可见，由于“淘宝花卉批发市场”等专业化批发市场以及物流及宽带等配套服务的形成，为当地网商快速规模化提供了重要的支撑，电子商务的蓬勃发展大大改变了乡村面貌。

以专业培训和组团学习为基础，促进“农民网商”向“新农人”的转型升级。在沭阳县网上创业工程的推动下，颜集镇把 2012 年定为“花木提质增效年”，并围绕《沭阳县"网上创业"工程行动计划》，充分利用网络优势，着力培育"农民网商"向"新农人"转变。为了多渠道解决农民卖花难题，政府成立网络创业工作领导小组、大学生村官网上创业先锋队和网络创业孵化中心等机构，采取办班培训、大学生村官指导、党员干部结对帮扶等措施。该镇还专门在文化中心设立青年网络创业培训基地，定期邀请淘宝大学、咨询公司等进行销售等培训，解决网商在网络创业、发展、升级过程中的问题，提升其销售能力。

3. 电子商务提供资金支持

颜集镇堰下村被评为全国首批20家"淘宝村"之一，凭借的不仅是独特的产业优势经营模式，还有灵活有利的金融支持。包括颜集镇在内的沭阳县金融机构为了支持花木电商发展，对于小额贷款，在进行信用评级的基础上，以信用贷款的方式发放，满足其小、频、急的生产特点；对于额度大、创业风险大的贷款采取担保公司担保、农业龙头企业订单担保等各种适用的贷款担保方式。为了激励更多青年投身到电商创业主体中，沭阳县相继出台了《关于推进农村青年创业小额贷款工作的实施意见》等，方便创业青年贷款。

颜集镇大部分花农采用"网店＋基地＋农户"的销售经营模式。沭阳当地的金融机构针对网络创业成本低、风险小、收益高等优势，制定出台网络创业扶持政策，全力推动电子商务产业快速发展，对电商经营户采取联保、担保、抵押以及信用等不同方式，给予贷款支持。针对颜集镇所需的网上转账、支付结算等问题，金融机构推出"支付宝卡通""网上银行"等业务，方便颜集镇农户结算以及融资。

4. "支部＋电商＋产业"引导电商发展

农村变不变，基础在党建；群众富不富，关键看支部。随着网络购物在农村逐渐普及，在我国互联网电商蓬勃发展的机遇期，沭阳县决定在全县范围内鼓励和引导村民开展网络创业。该县专门出台鼓励扶持电子商务发展的指导意见，在全县范围内推行"支部＋电商＋产业"的发展模式，帮助村民增收致富。

全县电商发展离不开党员的模范带头作用。沭阳县基层党支部党员带头开店，并挨家逐户做工作，带领群众共同致富。除此以外，党支部在村里设立电商服务站，为电商经营者提供力所能及的服务。同时，党支部还负责协调安装宽带、供电等设备保障和技术指导，积极帮助有网络愿望的村民解决难题。为了照顾村里的低收入户，党支部为村里的贫困户免费提供场地并协调申请贷款。

网店数量增长带来了恶性竞争。有的新卖家为了提升销量，聚集人气，甚至不要利润，这种竞争引起很多老卖家的不满。不仅如此，农民大多没有经过系统培训，营销观念落后，缺乏对高端品牌的培育、策划、包装和宣传能力，产品设计创新性不足、网店装饰粗糙、图片模糊不清等现象非常普遍。针对这些问题，沭阳县各党支部组织人员参加电商培训。同时，县里成立电商协会，规范商家价格经营，方便全国各地网购顾客投诉。

党建为根，富民为本。沭阳县各基层党支部坚持"支部＋电商＋产业"深度融合，充分挖掘农村产业发展潜力，推进一、二、三产业融合发展，扎实推进"支部＋电商"等党建富民工程，实现基层党建与富民行动深度融合，带动群众致富。

三、颜集模式的经验与启示

颜集镇早在2000年就被授予首批"中国花木之乡"荣誉称号，也是江苏省首批105个农业特色小镇之一，还被授予江苏省"花木电商小镇"称号，是沭阳唯一一个农业特色小镇。

经过多年探索发展，颜集镇初步形成了"互联网＋花木"的发展模式，2015年、2016年连续两年获评中国"淘宝镇"，先后获得全国"一村一品示范镇"、江苏省"农村电子商务示范镇"、江苏省"农村信息化应用示范基地"、江苏省"农业电子商务示范镇"等13项省级以上荣誉称号。现在的颜集镇以花木种植为主导产业，有花木种植面积5万亩，花木品种2 000余个，花木种植户1.2万户，花木从业人员达3.6万人，花木年销售额近20亿元，建成了淘宝集聚区，主要以花木集散、快递物流、淘宝集聚为主。探究其成功经验，或可归纳为以下三点：

(1) 专业化的花木市场为颜集镇形成"淘宝村"奠定了基础。

颜集具备花木种植的悠久历史以及厚实的产业基础，具备"一村一品"的典型特征，即已经基本形成了花木产业的种植规模、鉴别能力、地区声誉、产业集群以及配套专业市场。而这种专业化的生产、销售和运营也成为农户自发进入网络市场的关键前提。

对于跟随者而言，专业市场所带来的市场规模也为其快速进入市场提供了便利条件，几乎所有产品都可以通过农户间或网店间默契协作解决。通常，每家只种植自己最擅长的品种，遇到消费者下单其他产品的时候，就很方便地从其他家拿货。由此可见，专业化所带来的产业集群是颜集镇电子商务规模快速扩张的重要保障。

(2) 淘宝花卉市场作为中介组织，为农民经营网店提供"零风险"模式，是当地形成“淘宝村”的重要保障。

在距离颜集镇堰下村不到3公里的新河镇,近年来新出现的新河周圈市场逐渐演变为网商批发市场,成为连接淘宝卖家需求和传统销售市场的重要中介组织。其价值体现在:一方面,以多品种、少数量的灵活方式为网商提供产品,适合网络销售本身的特点;另一方面,对于花木这种典型的农产品而言,商品储存是保障质量的重要环节,批发市场的存在降低了网商的经营难度和风险,可谓“流动的仓库”。最为通常的情况是,淘宝网商以“上午接单,下午到市场批货”的形势经营,甚至可以实现“零风险”交易,这已成为颜集“淘宝村”发展过程中的关键性保障。

(3) 自发出现农民网商创业成功的“熟人模式”,是当地“淘宝村”成功的先决条件。

受到中国农村“熟人社会”非正规组织的影响,“淘宝村”的发展更易于形成经验分享机制。最先创业成功的农户不单纯考虑经济机会和利益,而是以“乡里乡亲”的姿态建立学习网络与合作网络,这使得其他农户很容易成为市场的跟随者甚至复制者,而这一举动恰恰迅速提高了颜集镇从事花木电子商务的农民数量,利于形成新的产业集群。也就是说,领导者、示范者以分享、创新的精神建立良好的学习机制或根据“乡里乡亲”的非正规组织关系组织联盟等,这将成为影响当地农民进入该领域并进行提升的先决条件。

第六节 从“外部扶持”到“内生发展”——刘老庄模式

一、刘老庄村产业发展概况

刘老庄村位于江苏省淮安市西北28公里处,东接326省道,西邻205国道,距淮安涟水机场12公里。村党总支下设3个党支部,共有54名党员,村“两委”班子成员8名。刘老庄村是新四军八十二壮士浴血奋战、英勇殉国的地方。2009年,“刘老庄连”作为先进集体入选“100位为新中国成立作出突出贡献的英雄模范人物”,被称为“中国人民不畏强暴、英勇抗争的杰出代表”。改革开放40多年来,特别是近十年来,江苏省委省政府、淮安市委市政府认真贯彻中央的“三农”政策,在政策、资金、项目等方面对刘老庄发展给予大力支持。刘老庄村不断解放思想,发挥自身优势,充分借助各项政策支持,走出了一条特色明显的产业振兴之路,从省定经济薄弱村发展成为文明富裕村。该村先后获得全国创先争优先进基层党组织、全国文明村、全国民主法治示范村、全国人口和计划生育示范村居、江苏省最美乡村等荣誉称号，成为江苏乡村产业振兴的典型。

2009年之前，刘老庄村属省定经济薄弱村。近年来，该村在各级党委政府的大力支持下，通过土地规模化经营发展高效农业，招引创办正雄制衣刘老庄分厂、光伏太阳能发电厂和天元建设工程有限公司等企业。2017年，村集体经济收入超过230万元，农民人均纯收入达19 800元。村里通过城乡土地增减挂钩政策筹集资金，完成了高标准的农民集中居住项目——红色家园小区，村民居住条件大幅改善。

二、刘老庄村产业发展的特点

1. 果蔬采摘园形成规模

刘老庄村高效农业示范园（果蔬采摘园）成为刘老庄绿色发展的一抹亮色。目前，果蔬采摘园以水果采摘为主，配套建设餐饮、休闲娱乐项目，功能齐全、环境优美。共有精品水果采摘区、垂钓区、生态餐饮区、休闲区四大功能区，采摘区主要种植葡萄、水蜜桃、草莓和山核桃等。园区内各类水果蔬菜产品远销广东、山西、河北等地，实现年产值5 000万元，解决本村和周边乡镇300余人就业，人均月增加收入1 000元。其中，香园农庄葡萄园项目总投资500万元，成为淮阴区第一个标准化农产品生产基地。村里的土地流转和招商引资吸引了不少人才来村里发展高效农业，形成了农业、旅游等产业的融合发展格局，进一步提升了刘老庄村的知名度和美誉度。

2. 食用菌产业园发展迅速

刘老庄村于2011年起发展食用菌产业，建起了占地200亩的食用菌产业园。刘老庄村引进了淮安市闽丰食用菌有限公司，总投资5 000万元，一期建设规模为日产20 000袋工厂化海鲜菇生产线，二期建设规模为日产5 000公斤杏鲍菇生产线和2 000平方米秀珍菇厂，解决了当地300多名低收入群众的就业问题，每年为刘老庄村增加集体经济收入30万元。园区采取“公司—基地—农户”的运作模式，免费提供技术培训，培养一批技术人才，为进一步推进刘老庄食用菌产业发展奠定基础。食用菌生产过程采用“秸秆＋废菌渣＋有机肥”循环再生利用模式，有效降低生产成本，提高产品附加值。食用菌产业园产品销往上海、南京等大城市，产品年产值超亿元，吸纳本村及周边乡镇村民500余人就业。

3. 精品苗木园效益初显

刘老庄村凭借自身特有的适合苗木生长的土壤和气候特点,以较为优惠的土地租金对外招商引资,成功引进南京等地苗木投资商来村投资,共吸引投资额5 000多万元,于2011年建成占地1 000多亩的精品苗木园,解决了当地100余名农民的就业问题。由于绿化苗木生长周期长、见效慢,在苗木尚未上市的6年间,刘老庄村给予了大力扶持,暂缓收取土地租金。目前,部分苗木已经上市,初显效益。精品苗木园不仅带动了当地经济发展,还契合了刘老庄村“生态优先、绿色发展”的理念,全村绿化率达到80%。从目前市场来看,苗木园的产品需求旺盛,投资方计划继续追加苗木园投资,苗木园发展前景良好。

4. 旅游经济彰显特色

作为著名的革命老区,刘老庄村继承革命传统,发扬红色精神,支持建设国家AAAA级红色旅游景区——新四军刘老庄连纪念园,并借助这一优势,招引建成了省四星级乡村旅游点“当年农家”。该旅游点位于淮阴区西北28公里处,刘老庄红色大道北侧,紧邻新四军刘老庄连纪念园,占地300亩,建有“当年农家”主题庭院、大户人家民俗体验馆、大型迷宫、儿童乐园、种植养殖园、有机果蔬采摘园、射箭中心、垂钓中心、摸鱼池、书画院、老街、素质拓展训练基地等休闲娱乐体验项目,是集观光体验、影视拍摄、餐饮住宿、休闲娱乐等功能于一体的旅游区,带动了当地旅游业发展,增加了村民收入。2017年,以该景区为重要组成部分的“民宿文化小镇”成功入选淮安市特色小镇建设点。

5. 其他产业稳步发展

一是发展服装加工业。集面料开发、生产、设计为一身的香港独资大型服装企业正雄制衣在刘老庄村建立了分厂,现有员工200余名,吸纳了周边村镇的剩余劳动力,为农户增加了稳定的收入来源。二是成立天元建设工程有限公司。该公司是刘老庄村第一家村办企业,由村党总支书记朱林牵头组织成立。为使村集体经济快速发展,朱林利用在泰州从事建筑工程的经验和资源,与村里部分党员干部共同垫资成立了天元建筑工程有限公司刘老庄分公司。公司成立之后,一年便还清了借款,次年开始每年为村里创造利润超100万元,为村集体经济振兴作出了重要贡献。

6. 农民收入水平大幅提高

近十年来,随着刘老庄村集体经济收入大幅提升,村民的生计更加稳定,共有“四金”来保障收入,即土地拿租金、上班拿薪金、国家有补金、合作社里有股金。2017年村民人均纯收入达到19 800元,比2008年的3 000元增加了5倍多。村民的消费能力也不断提高，很多村民在淮安市区购买了商品房，半数以上农户购买了小汽车。

7. 住房条件根本改善

刘老庄村村民生活的最大变化之一便是集中上楼居住。2009年，经村“两委”和议事会全体成员充分讨论，决定通过城乡建设用地增减挂钩项目争取资金，采取市场化运作方式，以整村推进的方式建设红色家园小区。拆除所有老庄台，填平所有废沟废塘，共新增耕地1 200亩，以此为基础争取土地增减城乡挂钩项目资金，建设红色家园小区。至2011年底，红色家园小区20栋5层标准化住宅楼全部交付使用，人均居住面积超过30平方米。通过红色家园建设，村容村貌发生了根本性变化，村民的居住条件得到根本改善。

8. 交通设施不断完善

交通是制约刘老庄村经济发展和村民出行的重要因素。为改变落后的交通状况，刘老庄村争取到省交通厅等部门的支持，修建了红色大道。红色大道起于刘老庄迎宾大道，向西与205国道相交，呈东西走向，总投资6 100万元，按一级路标准建设，全长4.8公里，路基宽24.5米，双向四车道沥青混凝土路面。红色大道对拉动刘老庄片区经济发展和红色旅游资源开发发挥了积极作用。同时，村庄内部道路全部实现硬化，交通条件得到了极大的改善，很大程度上促进了村内产业发展，方便了村民出行。村里还通过积极向交通部门争取，获准在京沪高速公路刘老庄段设置出入道口，这将为刘老庄村未来发展带来更多机遇。

三、刘老庄模式的经验与启示

1. 将红色基因转化为产业振兴的动力

刘老庄八十二壮士铸就的以“服从大局、严守纪律、顽强拼搏、勇于牺牲，生命不息、战斗不止”为主要内容的刘老庄红色精神，激励刘老庄村民在脱贫道路上不断奋进，砥砺前行。在红色精神的感召和引领下，刘老庄村坚持做好红色遗迹保护、文化传承、资源利用三篇文章。

（1）以集体主义精神引领村庄整体发展。

刘老庄村无论党员还是普通群众都从村庄发展大局出发，少数服从多数，个人服从集体，稳定有序推进刘老庄村产业振兴。例如，刘老庄村在土地流转、红色家园建设换房过程中，没有产生一例纠纷，零上访、零强拆、零协议；在新四军刘老庄连纪念园扩建过程中，刘老庄村民不计个人得失，给予了大力支持，使土地征用顺利完成。

(2) 以顽强拼搏精神引领村庄快速发展。

“刘老庄连”的顽强拼搏精神,激发了刘老庄人把革命老区建设好的历史责任感。面对过去一穷二白的基础,刘老庄人仅仅用了大约十年的时间,就将一个负债7.8万元的偏远落后村,发展成为一个村集体年收入达230多万元的富裕村。

(3) 以创新创业精神引领村庄特色发展。

刘老庄村在村领导班子的带领下,面对诸多现实的困难和未知的风险,敢于尝试、勇于创新,通过土地流转、项目招引和村办企业建设,走出了一条特色发展之路。

2. 内外合力促进产业振兴

有效利用上级党委政府的“输血”,提升内部“造血”功能,成为刘老庄村实现产业振兴的重要动力。

(1) 积极争取上级党委政府的政策支持。

刘老庄村作为全省6个重点扶贫开发区域之一,一直以来都受到省委省政府的高度重视。省政府办公厅牵头对刘老庄进行重点帮扶,创新实施“处村挂钩”工作机制,与刘老庄村建立了结对帮扶关系,省直有关部门也给予了大力支持,有力地推动了刘老庄村实现脱贫摘帽。例如,由省政府办公厅筹集500万元帮建的红色家园屋顶光伏项目,项目收益的60%以上通过设置公益岗位、直接发放救助款等形式反馈给低收入农户,解决了弱劳动力或没有劳动力农户的实际困难。从2010年起,淮安市委、市政府制定了每年为刘老庄办一批事,推进刘老庄三年大变样的工作目标。市委、市政府分别安排了20多个市直部门,帮助刘老庄实施了数十个帮扶项目。同时,刘老庄村坚持规划引领,集聚有限资源,打造融资平台,发展村级经济,促进可持续发展。刘老庄村的经济实力、村容村貌、群众收入等方面均迈上新台阶。

(2) 挖掘内生发展动力。

近年来,刘老庄村深入贯彻落实上级政府实施的帮扶政策,抢抓扶贫开发的大好机遇,充分发挥主观能动性,立足自身解决实际问题,通过团结拼搏、扎实苦干赢得发展的主动。始终把农村工业化作为加快发展的重要突破口,扩大农村经济总量、吸纳本地农民创业就业。大力发展开放型农业,突出抓好吉美生态园等现代农业园建设,借助高端资源提升农业发展质效。鼓励和支持龙头企业、农村能人大户和基层部门牵头领办各类合作组织,提高农民组织化程度。

挖掘红色旅游潜力，充分发挥“刘老庄连”品牌优势，积极申报国家级烈士陵园和爱国主义教育基地，使其成为全省乃至全国红色旅游的一大亮点。

3. 处理好产业振兴与改善民生的辩证关系

刘老庄村实现迅速脱贫和特色发展，有赖于刘老庄村“两委”认真贯彻上级党委政府的各项农村发展方针政策，把村富和民富结合起来，把改善民生作为产业振兴的出发点和落脚点。

(1) 大刀阔斧实施产业富民。

产业振兴的根本目的在于改善民生。刘老庄村通过土地流转促进集体经济的发展，以村富带动民富，以发展高效农业为引领实施产业富民。为促进农民生计水平的根本提升，自 2010 年开始，刘老庄村干部和群众代表多次赶赴山东、福建招引客商，逐步将全村的 3 400 余亩土地流转出去，将农民的土地承包权折成股份分给农民。刘老庄的土地流转带来了全村高效农业的迅速发展，农民本地就业成为上班族，使刘老庄村真正从低效的分散经营走上了高效的规模化经营之路，土地经营效益大幅提高。刘老庄村注册成立了 6 个合作社，1 个春茂合作联社，建成食用菌厂、影视基地和跑马场等项目，580 多名村民实现本地就业，实现了农民变工人、村民变市民。村民的收入来源更加多元化：一是土地租金，村民将土地集中给大户经营，以每亩 850 斤水稻价值作为土地租金收入；二是工资收入，村民在村内企业上班赚取工资；三是参加村里合作社带来的分红收益。

(2) 从根本上改善村民居住条件。

与产业振兴同步进行的是居住条件的改善。刘老庄村采用市场化方式，通过城乡建设用地增减挂钩政策筹集资金建起了高标准的集中居住小区——红色家园。该小区由江苏建基建设有限公司垫资 1 亿元开发兴建。红色家园的建成，不仅从根本上改善了村民的居住条件，使村民有了市民般的居住体验，还腾出 1 200 亩土地，为高效农业的发展和村民就业提供了有力保障。

(3) 高标准改造农村社区环境。

随着村集体收入的增加，刘老庄村先后筹资 1 亿元建设刘老庄红色大道以及污水处理厂、管网、垃圾中转站等环卫设施，大力实施路灯、绿化等美化亮化工程和农桥改造，为村民提供了优质的公共服务设施。经过精细化建设和治理，刘老庄的村容村貌发生根本变化，村庄人居环境得到根本改善。为提高服务质量，刘老庄村还建成了全新的社区服务中心，现代化的一站式服务使村民在村内便可办理医疗、养老等多项业务。

4. 以有效的乡村治理助力产业振兴

(1) 健全管理制度。

村内的大小事务均按照村委会组织法等规定,召开村民会议和村民代表会议商议决定。在土地流转、住房分配等重大事项上,村“两委”严格按照村民自治的要求按程序征集村民意见,使土地流转及住房分配等重大事项上没有出现一例纠纷。在财务管理上,村“两委”形成了“民主理财、民主管财”模式。村“两委”组织选举了德高望重的老党员和群众代表,成立了村民主理财小组、议事小组等五个专门小组,并授权他们参与监管村中一切事务。村里的财务支出,须经民主理财小组审批,所有账务发票由五个党小组组长共同签字方能报销。

(2) 着力做好民生保障。

村“两委”在扶危济困等方面采取了若干举措,使村民的幸福感、获得感、满足感不断增强。近年来,村“两委”形成了“三个一律”:村民子女考上大学的,村干部一律上门给予 2 000 元以上的奖励,并跟踪帮扶,直至顺利毕业,本村籍大学生毕业返乡创业并解决 20 个以上本村村民就业的,大学期间培养费由村集体承担;村民生病到区以上医院住院的,村干部一律到床前看望,并根据实际情况给予 500～12 000 元不等的大病救助金,或开展募捐活动,直至其康复出院;村干部的年终奖金,一律用于困难户救助和慰问。2011 年,村里一位姑娘因交通事故双腿受伤严重,村“两委”在了解情况后,根据村里的救助政策给予其 1 万余元的救助金,从而使其得到了精心治疗,最终恢复了健康。

(3) 提高公共服务水平。

随着村集体经济水平的提高,刘老庄社区服务中心、卫生室、幼儿园等公共基础设施不断完善,农民休闲广场、商城、亮化、绿化工程已于 2012 年相继完成,村庄社区环境不断得到改善。村里幼儿园保育费、小区物业费、村民新农保、合作医疗等费用全部由村集体支付。刘老庄村社区服务中心还建成了一站式服务大厅,简化了服务流程、提高了服务效率,公共服务水平不断提高。

5. 以党的建设保障产业振兴

刘老庄村通过扎实有效的党建工作带动了产业提质增效,把基层党组织优势转化为发展优势,实现乡村产业振兴、民生改善。

(1) 加强村级党组织建设。

刘老庄村深入贯彻执行上级党组织的工作要求,狠抓基层党组织建设。一是每年通过上党课以及观看八十二烈士英雄事迹图片展等形式加强党员的思想教育,激发党员的担当意识,转化为村庄产业振兴的动力。二是完善激励制度。通过举办“五星党员户”的动态评选活动，激励党员的上进意识，让五星党员带动普通党员，让普通党员带动群众。三是建立义工队。刘老庄村建立了“5＋3”义工队，每位党员每年5个义务工，分片负责小区内一棵风景树栽培与管理，负责一个单元10户村民的卫生、治安监督与邻里矛盾调解，联系一户低收入农户，帮助他们制订发展计划、联系工作，解决实际困难。通过加强基层党组织建设，凝聚了脱贫攻坚力量，用党建带动扶贫，以扶贫促进党建。在这一系列激励措施中，“五星党员户”的动态评选充分调动了党员的参与积极性，确保公平公正，选出的党员户具有典型性、示范性和引领性，更能激发党员乃至党员家庭的模范带头作用。

(2) 发挥带头人先锋模范作用。

刘老庄村党总支严格贯彻落实上级党组织的各项要求，将强信念、严纪律和建队伍落到实处，建成了一支忠诚、干净、有担当的干部队伍。村领导班子带领村民招商引资，共同筹资成立了天元建设工程有限公司。从2010年开始，村干部和群众代表北上山东、南下福建，先后引进了果蔬采摘园、精品苗木园、光伏太阳能发电厂、闽丰食用菌、大阳生态园、正雄制衣等项目，将农民的土地承包权折成股份，同时利用企业带动全村734名劳动力全部实现就业，绝大部分外出打工的村民也陆续返乡就业或自主创业。

淮安市刘老庄村实现产业振兴的关键在于，有效地把红色基因传承、完善党的建设和夯实乡村治理结合起来，将以上几个方面作为一个有机整体，共同推动了本村招商引资、土地流转、集中居住、交通建设、环境治理和民生建设等高质量发展。由此可见，对一个村庄来说，产业振兴不是一个孤立的经济现象和结果，并不能仅靠外力支持就可实现，而要将多方力量有效结合起来。

第七节　结论与启示

本研究基于江苏省产业振兴的现状分析，以徐州市沙集镇、宿迁市耿车镇、淮安市施河镇、宿迁市颜集镇和淮安市刘老庄村等五个典型案例为切入点，呈现了五类乡村产业振兴模式。刘老庄村以红色基因为引领，充分发挥基层党建和带头人队伍建设，成为乡村产业振兴的重要组织与精神支撑；沙集镇在年轻人创业创新精神的带动下，选择了恰当的网销产品，使家具网销成燎原之势；颜集镇发挥传统的花卉种植技术优势，充分利用乡村社会网络，打造出了区域电商品牌；施河镇则充分发挥龙头企业的带动作用，重视政策创新和人力资源开发，提升了品牌价值，终成远近闻名的教具小镇；耿车镇在发展乡村产业同时，打造生态绿色发展模式。通过以上五个典型案例可以看出，必须要从区域实际出发，充分发掘资源、市场、人才和政策等方面的优势，形成各具特色的乡村产业振兴模式。基于上述典型经验的分析，可从做好顶层设计、优化功能布局、注重品牌打造、发挥农民主体性、促进多元参与等五个层面进一步探索江苏乡村产业振兴的路径。

一、做好顶层设计，注重规划先行

乡村产业振兴是一项长期的历史性任务，要做好顶层设计，注重规划先行，各地区各部门要编制乡村产业振兴地方规划和专项规划或方案。加强各类规划的统筹管理和系统衔接，形成城乡融合、区域一体、多规合一的规划体系。发挥好市场在资源配置中的决定性作用和政府引领作用，加大农业产品结构、区域结构和要素结构的优化力度，完善政策体系。同时在政策的制定上要进一步解放思想，按照五位一体的总体布局，有所创新与突破，探索农民承包经营权、农民住房财产权抵押、担保、转让的有效途径，逐步建立宅基地、农民承包经营权自愿有偿退出机制；完善农村土地资源、资产股权化的方式方法，推进农村“三变”改革，盘活农村土地资产，提高农民的财产性收益；推进农村建设用地与城市建设用地同地同权。

二、优化产业功能布局，实现乡村差异化发展

根据各地区位、资源禀赋、产业现状等实际情况，将因地制宜落到实处。第一，对农业主导乡村联动发展型地区，要大力发展特色高效农业，推进农业用地向规模经营集中，鼓励土地承包权和经营权置换成土地合作社股权，提高土地利用效益。第二，对城镇主导乡村发展型地区，要加强城区对邻近镇村的融合吸纳，推动城郊地区发展都市农业和观光农业，推进一、二、三产业融合发展。第三，对资源较为同质的多个临近乡村，实施综合类产业布局模式，其要点是促进以核心产业为基础，拓展出支持产业、衍生产业和配套产业，实现这些产业间的融合互动和规模化经营，坚持连片开发、市场化运作、规范化管理，辐射带动商贸物流、现代金融、旅游文化等新兴产业。第四，对有特色文化资源的乡村，实施乡村文化规划模式，其要点是以地区文脉为基础，优化布局各类建筑景观。在产业规划中应保护传统文脉资源，并将其深度融入乡村产业发展中。第五，对休闲旅游资源丰富的乡村，实施休闲农业、乡村旅游规划模式，根据区域特色

与资源禀赋，植入旅游休闲相关业态，并与乡村原有产业基础融合发展。

三、注重品牌打造与营销，激活乡村多元价值

要通过品牌打造和营销方案优化，实现乡村产业的多元价值，提升乡村产业发展综合效益。第一，在品牌打造上，突出“一村一品”“一镇一业”“一业一策”，打造特色农产品品牌集群，构建以专业大户、农民合作社、家庭农场等形式组建的特色农产品产业集群。第二，在营销模式上，积极延伸触网，打造优秀农产品电商品牌集群，由传统市场延伸到网络电商。推行电商加合作社模式，把农民、地方政府和企业整合到一个平台上，农民投入更多精力提高产品质量，企业负责拓展线上销售渠道，地方政府给予政策支持。第三，在价值拓展上，针对拥有独特资源的乡村，可尝试推行并完善社区支持农业（CSA）等新型高端农业发展模式，在生产者与消费者之间建立一种互信互惠的社会网络，增加农产品生产过程的可见性，实现农业的经济、生态、文化等多元价值。

四、充分发挥农民主体性，保障农民共享发展成果

农民是乡村振兴的重要主体和主要受益者，要充分发挥农民主体性，充分利用农民的地方性知识。第一，增强农民在生产经营活动中的主体地位。要把农户从“全过程”的生产经营中解放出来，通过健全农业社会化服务体系，使农户投入自身擅长的生产经营环节，提高农民在生产经营活动中的参与权和话语权，保障农民在生产经营中的主体地位，并获得实实在在的收益。第二，充分重视并发掘农民的地方性知识、传统农耕技艺。工商资本进入农村时，要充分尊重农民的主体地位，保障农民的财产性权利，寻找农户与企业的利益结合点，探索合作共赢的经营机制。在各类农村发展项目中积极吸收农民智慧，使项目建设真正符合他们的实际需求。第三，创新村民评价机制，拓展村民民主监督。构建村民、政府和第三方等三大主体组成的乡村产业振兴评价体系，尤其要吸纳农民的意见和建议，深入调研，真正让农民作为一个重要的乡村产业振兴的评价主体。

五、形成多主体参与机制，多方引才助力产业振兴

第一，搭建吸引高端人才进入乡村发展的良好平台，拓展多元主体共同参与渠道。针对当下不少苏北乡村出现的空心化以及由此导致的劳动力及高端人才匮乏问题，要借助特色小镇、特色田园乡村建设等契机，优化各类高端人才

引进机制。第二，深入优化营商环境，加大对外开放力度，吸引更多企业参与江苏乡村产业发展。比如，优化转包、出租、互换、转让、入股等土地流转模式，为涉农企业提供良好的创业制度环境。第三，吸纳社会组织参与乡村产业振兴。地方党委政府应优化机制，促进各类社会组织发挥资源链接、精准扶贫、人才培训的优势，提升农民、企业和其他主体参与乡村产业发展的积极性和创造性。

参考文献

[1] 陈诗波，李伟，陈亚平. 新时期推动农村一二三产业融合发展的思考[J]. 农业经济与管理，2018(1)：5-10.

[2] 戴紫芸. 政府对农民专业合作社的支持政策研究：以湖北省为例[J]. 黄冈职业技术学院学报，2017，19(4)：98-102.

[3] 傅光明，傅文. 提高农村医疗和教育服务质量是农民的强烈愿望[J]. 中国乡村发现，2017(3)：149-151.

[4] 李巧灵. 产业融合视角下创意农业发展模式研究：以遂宁市保升乡为例[D]. 成都：成都理工大学，2015.

[5] 梁立华. 农村地区第一、二、三产业融合的动力机制、发展模式及实施策略[J]. 改革与战略，2016，32(8)：74-77.

[6] 吕岩威，刘洋. 农村一二三产业融合发展：实践模式、优劣比较与政策建议[J]. 农村经济，2017(12)：16-21.

[7] 曾福生，蔡保忠. 以产业兴旺促湖南乡村振兴战略的实现[J]. 农业现代化研究，2018，39(2)：179-184.

[8] 张红宇. 乡村振兴开局前所未有[J]. 中国乡村发现，2018(5)：33-39.

[9] 赵华，于静. 新常态下乡村旅游与文化创意产业融合发展研究[J]. 经济问题，2015(4)：50-55.

宿迁市高质量发展的成效、问题与对策

主持人：曹玲玲（宿迁学院）
课题组：许忠荣　史修松　杨　森　胡长深

内容提要：近年来，宿迁市紧密围绕全面建成小康社会这一宏伟奋斗目标，坚持稳中求进的工作总基调，深入落实新发展理念，扎实推进供给侧结构性改革和“两聚一高”新实践，统筹做好稳增长、促改革、调结构、惠民生、防风险各项工作，经济社会保持平稳健康发展态势，运行质量明显提升，综合实力迈上新台阶，社会事业实现新进步，民生福祉获得新改善。课题组扎根宿迁市近两年的一号文件，在充分领会政策导向的基础上，基于宿迁市产业结构、消费运行、农业农村经济发展、精准扶贫措施和成效、园区经济发展状况以及科技创新能力六个维度翔实分析宿迁近年来发展状况。在此基础上，课题组充分梳理影响宿迁高质量发展的不利因素和阻碍，结合调研分析，提出推动宿迁市高质量发展的对策和建议。

第一节　引　　言

党的十八大以来，我国经济发展迈入了新的阶段，面临的机遇以及面临的风险与挑战前所未有。世界经济增长格局、国际产业分工、全球投资贸易规则、能源资源版图、地缘政治环境等都在发生深刻变化。我国已站在新的更高的起点上，“十三五”面临新形势、新任务、新要求，要确保全面建成小康社会的宏伟目标胜利实现，确保全面深化改革在重要领域和关键环节取得决定性成果，确保转变经济发展方式取得实质性进展。

近年来，宿迁市紧密围绕全面建成小康社会这一宏伟奋斗目标，坚持稳中求进的工作总基调，深入落实新发展理念，扎实推进供给侧结构性改革和“两聚一高”新实践，统筹做好稳增长、促改革、调结构、惠民生、防风险各项工作，经济社会保持平稳健康发展态势，运行质量明显提升，综合实力迈上新台阶，社会事业实现新进步，民生福祉获得新改善。经济保持持续快速发展，人均地区生产总值迈上新台阶。宿迁经济发展后劲大为增强，一批重大基础设施项目相继建成；对外开放全方位拓展，发展的动力与活力不断增强；人民生活大幅改善，各项社会事业全面进步，社会保持整体和谐稳定；全面落实社保惠民政策，积极构建更加公平可持续社会保障体系。

然而，宿迁市在全面面向高质量发展的新历史时期还呈现出较多的问题。① 发展不充分：经济总量不大，在全省13个设区市中排名末位，是全省唯一没有千亿级产业的设区市。② 发展不平衡：主要是城乡和区域发展不平衡，城乡居民收入差距较大，还有3个集中连片贫困地区。③“三农”发展滞后：农村广而不美，农业大而不强，农民多而不富。④ 发展动力不足：科技进步对经济社会发展的贡献率仅为52.9%，比全省平均水平低9.1%。⑤ 群众幸福感获得感不强：城乡居民收入不到全省平均水平的六成和八成，文化、教育、医疗卫生事业发展相对滞后，公共服务供给与群众期待还有差距。⑥ 城市辐射力带动力不强：城镇化水平偏低，比全省平均水平低10.27%，中心城区、县城和重点镇对周边区域辐射带动能力不足。⑦ 生态与经济人为对立：有些地方领导干部仍把生态建设与经济发展对立起来，环保设施特别是城市污水处理管网覆盖严重不足。⑧ 一些干部精神懈怠、不敢担当：动力不足不想为、能力不足不能为、担当不足不敢为的现象还一定程度存在。发展不可停滞不前，只有突破问题，宿迁市实现“经济发展、改革开放、城乡建设、文化建设、生态环境、人民生活”六个高质量发展才会变为现实。通过现实分析，为宿迁高质量发展寻求对策对于当地政府意义重大，有助于宿迁市地方政府、宿迁市本土企业、欲投资宿迁市的外埠企业了解地区规划重点、把握市场机会、正确制定发展战略。

第二节 宿迁市发展规划的指导思想和政策导向

一、2018年宿迁市一号文件政策导向

2018年6月12日，《中共宿迁市委宿迁市人民政府关于贯彻落实实施乡村振兴战略的意见》(简称《意见》)正式发布，即2018年市委一号文件。实施乡村振兴战略，是解决宿迁市农业农村发展面临问题的必然要求，更是广大农民群

众的热切期望。《意见》中强调到2020年，乡村振兴取得实质性进展，制度框架和政策体系基本形成，以县为单位达到省定全面小康指标；到2035年，乡村振兴取得决定性进展，农业农村现代化基本实现；到2050年，乡村全面实现振兴，农业强、农村美、农民富全面实现。

第一，强调农业高质量发展。

深化农业供给侧结构性改革，坚持以工业化思维、项目化推进加大新一轮农业结构调整力度，实施生态高效农业倍增计划，加快农业由增产导向转向提质导向，推动乡村产业振兴。宿迁市将大力培育特色主导产业、推动农村一、二、三产业融合发展、深入推进品牌强农、强化科技兴农支撑、壮大新型经营主体、提升基础支撑保障能力。

第二，注重生态宜居、乡风文明、治理有效。

乡村振兴，生态宜居是关键、乡风文明是保障、治理有效是基础。围绕改善乡村人居环境，推动乡村绿色发展，重点抓好推进生态建设、深化生态治理修复、完善人居环境等三个方面工作。重点从传承和发展农村优秀传统文化、提升农村公共文化服务水平和深化农村精神文明建设等三个方面推动。围绕加快推进乡村治理体系和治理能力现代化，重点抓好基层党建、乡村"三治"、平安乡村建设等三个方面工作。

第三，农民增收才是根本。

开展促进农民持续增收行动，坚持把促进农民增收作为"三农"工作的中心任务，加快构建促进农民增收的长效机制。优先发展农村教育事业，实施乡村教师素质提升行动。全面推进健康乡村建设。合理规划布局乡村卫生机构，推动优质医疗卫生资源下沉，进一步提升乡镇医院服务能力，继续实施村居卫生机构提升工程。推动农村基础设施提档升级。

第四，坚决打赢脱贫攻坚战。

坚持精准扶贫、精准脱贫，运用系统化思维，集聚各方力量，激发内生动力，提高脱贫质量，全力打赢精准脱贫攻坚战。重点抓好分类推动精准脱贫、加快村集体经济发展、强化三大重点片区帮扶、深化国家扶贫改革试验区建设等四个方面工作。

第五，农村改革。

建立健全城乡融合发展机制，着力推进城乡规划、产业布局、公共服务、社会保障等一体化建设，推动城市资本、技术、人才、管理等要素向农村流动，促进城乡之间资源合理流动、均衡配置。注重提升小农户生产经营组织化程度，积极发展农业生产性服务业，促进小农户和现代农业发展有机衔接。加强农村金融创新，深化“两权”抵押贷款试点，稳妥推进“信用乡村”农户贷款模式，加大涉农贷款投放力度，完善政策性农业保险制度。

二、2019 年宿迁市一号文件政策导向

2019 年宿迁市委、市政府“一号文件”《2019 年宿迁市民生实事项目实施意见》中把提高城乡居民收入水平作为最大的民生，把脱贫解困作为亟待解决的民生，把改善农民群众住房条件作为全力推进的民生。

宿迁市确定 2019 年年底要基本实现“三优、三安、四提升”。“三优”即教育布局更加优化、医疗服务更加优质、供水保障更加优良；“三安”即人民群众更加安居、公共出行更加安心、食药供给更加安全；“四提升”即群众收入有效提升、帮扶成效有效提升、服务功能有效提升、环境质量有效提升。围绕这一目标，宿迁市排定了 2019 年民生实事十大类 100 个项目，与以往相比有较大幅度的增加，计划总投资 367 亿元，其中“教育布局优化”项目 20 个，“医疗服务优质”项目 3 个，“供水保障优良”项目 4 个，“人民群众安居”项目 7 个，“公共出行安心”项目 9 个，“食药供给安全”项目 5 个，“提升收入水平”项目 10 个，“提升帮扶成效”项目 12 个，“提升服务能力”项目 18 个，“提升环境质量”项目 12 个。

第三节　宿迁市经济综合发展现状分析

一、经济产业结构优化升级

2018 年宿迁市实现地区生产总值 2 750.72 亿元，比上年增长 6.8%，高于全省增速 0.1%。其中，第一产业增加值 300.84 亿元，增长 3.0%；第二产业增加值 1 279.54 亿元，增长 7.4%；第三产业增加值 1 170.34 亿元，增长 7.3%。宿迁市三次产业结构调整为 10.9∶46.5∶42.6。其中，第一产业增加值比重比上年下降 0.3 个百分点，第二产业增加值比重下降 1.5 个百分点，第三产业增加值比重提升 1.8 个百分点。(图 1)

农业生产结构和生产力布局不断优化调整，紧盯特色农业“1＋4”产业定位，加快建设一批 2 000 亩左右、成方连片、单一品种的生态高效农业基地；稳抓产业融合，充分发挥乡村农业生产、生态涵养、休闲观光和文化体验综合功能，运用“互联网＋”“农业＋”“旅游＋”，因地制宜发展乡村休闲旅游、农村电商、养

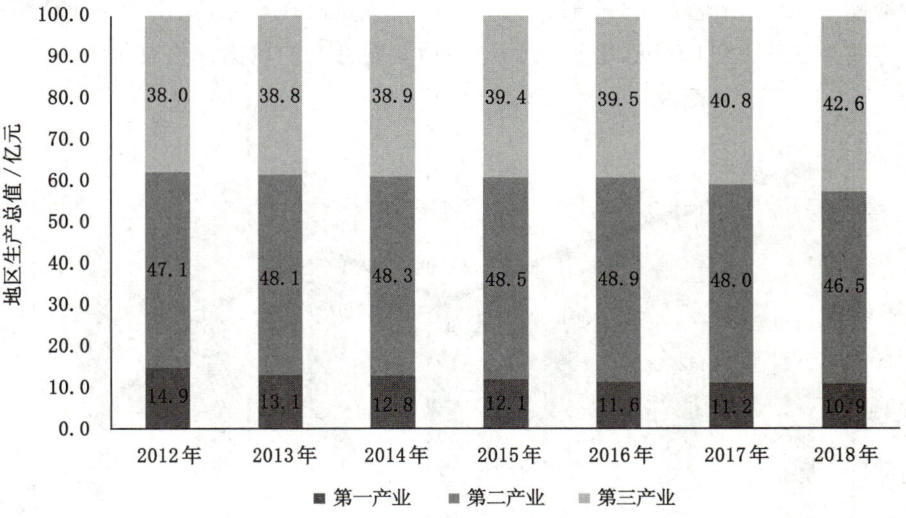

图1　2018年宿迁市三大产业结构图

生养老等，丰富创新农村一二三产业融合发展模式，“一村一品一店”提档升级，打通特色产品上行渠道，带动优势特色农业发展，培育更多高品质、有口碑的农产品“金字招牌”。

分产业看具体投资，受大项目投资拉动，第二产业投资增速最快，增长10.0%，高于全部投资增速3个百分点；第一产业投资下降7.2%，第三产业投资增长2.5%，三次产业投资分别占投资总量的1.8%、60.3%和37.9%。(图2)

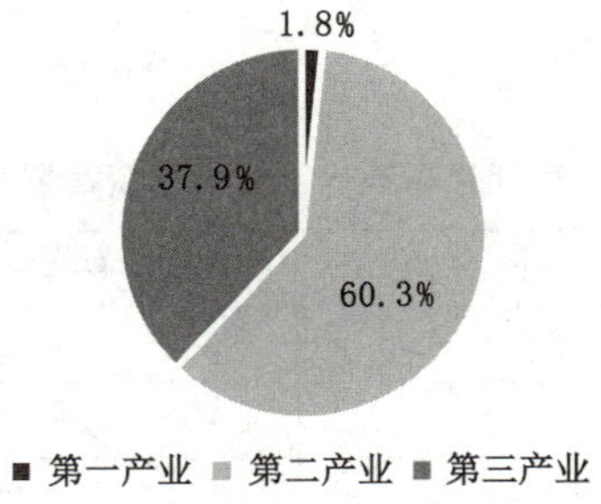

图2　2018年宿迁市三次产业投资比重情况图

二、消费运行平稳升级

2018年，宿迁市实现社会消费品零售总额833.82亿元，比上年增长7.0%。按消费形态分，批发和零售业实现713.67亿元，增长6.1%；住宿和餐饮业实现120.15亿元,增长12.3%。按经营单位所在地分,城镇实现社会消费品零售总额653.54亿元,增长7.2%;乡村实现社会消费品零售总额180.28亿元,增长5.9%。(图3)

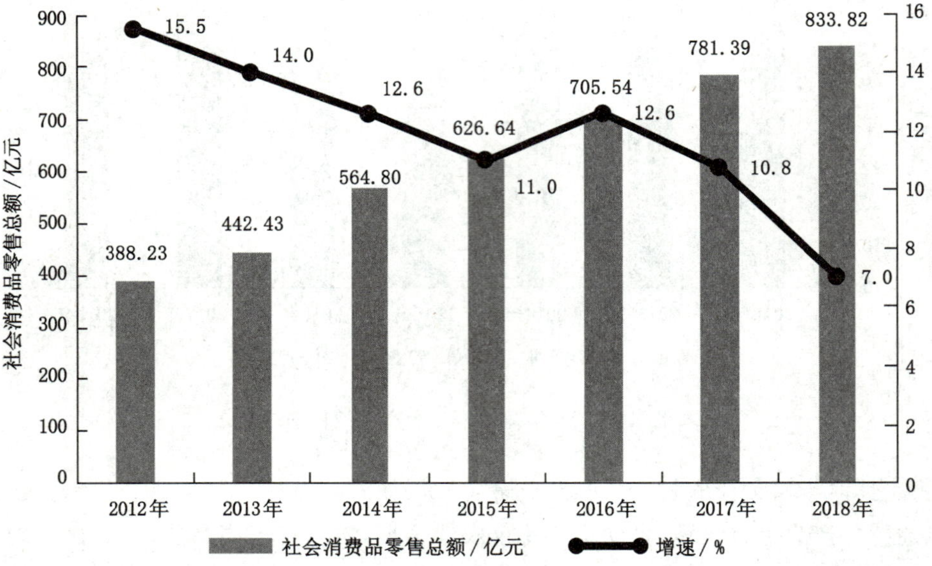

图3 2012—2018年宿迁市社会消费品零售总额情况图

全年限额以上单位实现社会消费品零售总额278.85亿元,比上年增长4.4%。其中,粮油、食品类增长4.6%,石油及制品类增长9.1%,书报杂志类增长22.8%,中西药品类增长21.0%。(表1)

表1 2018年宿迁市限额以上社会消费品零售总额情况表

指标名称	零售总额/亿元	增长/%
限额以上单位社会消费品零售总额	278.85	4.4
其中:批发零售业	267.07	4.4
粮油、食品类	14.26	4.6
饮料类	2.56	5.6
烟酒类	5.22	−6.9
服装、鞋帽、针纺织品类	10.97	3.4
化妆品类	2.54	3.1
金银珠宝类	2.45	−16.0

表 1(续)

指标名称	零售总额/亿元	增长/%
日用品类	4.66	−3.9
书报杂志类	56.35	22.8
家用电器和音像器材类	15.52	−3.0
中西药品类	5.19	21.0
石油及制品类	50.81	9.1
机电产品及设备类	0.94	5.6
汽车类	83.45	−5.4
住宿餐饮业	11.79	5.0

三、农业经济稳步发展

2018年,宿迁市实现农林牧渔业总产值559.37亿元,可比价比上年增长3.1%。其中,农业334.65亿元,林业19.86亿元,牧业89.21亿元,渔业98.78亿元,农林牧渔服务业16.85亿元,占比分别为59.8%、3.6%、15.9%、17.7%和3.0%。(图4)

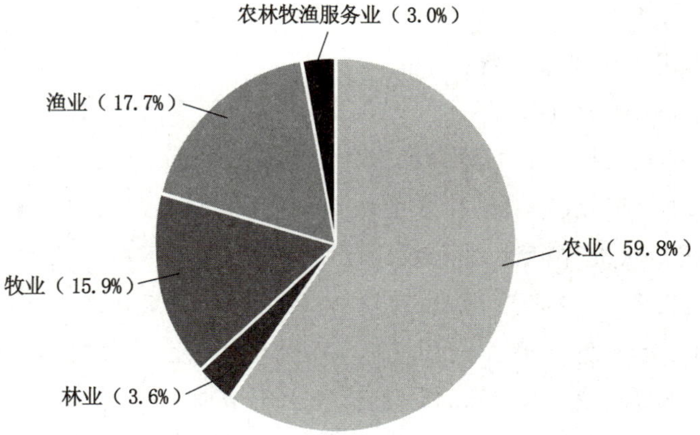

图4 2018年宿迁市农林牧渔业总产值结构图

1. 粮食生产总体稳定

2018年,宿迁市粮食作物播种面积898.14万亩,比上年减少3.27万亩,下降0.4%;亩均产量447公斤,比上年减产2.4公斤,下降0.5%;总产量401.02

万吨,比上年减产 3.63 万吨,下降 0.9%。其中,夏粮面积 436.04 万亩,亩产 374 公斤,总产 163.11 万吨,分别下降 0.1%、2.3%和 2.4%;秋粮面积 462.11 万亩,下降 0.6%。秋粮单产上升,拉动总产增收。秋粮亩产为 515 公斤,总产 237.9 万吨,分别增长 0.8%和 0.1%。(图 5)

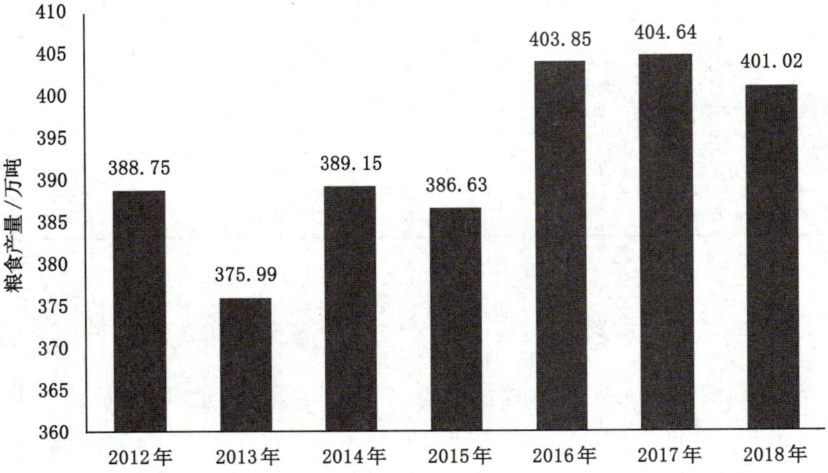

图 5 2012—2018 年宿迁市粮食总产量走势图

注:2016 年及 2017 年粮食面积、产量数据据第三次全国农业普查结果核定和修订。

2. 农业现代化水平不断提高

2018 年,全年设施农业面积 119.95 万亩,比上年增加 4.55 万亩,增长 3.9%;设施渔业面积 29.6 万亩,比上年增加 1.5 万亩,增长 5.3%。新增高标准农田 35.92 万亩,农业机械化水平达 83%,新增绿色食品 107 个、地理标志农产品 3 个,成功获批“国家农业科技园区”。

3. 蔬菜面积、产量稳步增长;畜牧业、渔业保持稳定发展

2018 年,全年蔬菜播种面积 136.36 万亩,比上年增加 2.38 万亩,增长 1.8%;蔬菜及食用菌产量 486.49 万吨,比上年增加 1.87 万吨,增长 0.4%。重点发展西瓜、草莓等主打品种,瓜果类产业初具规模。全年瓜果类播种面积 19.98 万亩,比上年增加 0.81 万亩,增长 4.2%,其中西瓜、草莓种植面积分别达到 16.35 万亩和 1.62 万亩,分别增长 2.4%和 17.4%。

2018 年,全年生猪出栏 233.08 万头,比上年增长 4.5%;年末存栏 140.88 万头,比上年下降 4.2%。家禽、牛、羊养殖形势较好,存、出栏均有所增长。家禽出栏 5 954.5 万只,增长 8.2%,年末存栏增长 2.8%;大牲畜出栏 5.22 万头,

增长 12.4%,年末存栏增长 6.9%;羊出栏 43.48 万只,增长 22.4%,年末存栏增长 3.0%。全年水产品产量 26.16 万吨,比上年增长 0.4%。

4. 农村居民人均可支配收入稳定增长

2012 年宿迁市农村居民人均可支配收入 9 495 元,2018 年农村居民人均可支配收入增长至 16 639 元,增长了 75%左右。(表 2)

表 2　2012—2018 年宿迁市农村居民人均可支配收入及增长率情况

年份	宿迁市农村居民人均可支配收入/元	增长率/%
2012	9 495	13.8
2013	10 703	12.7
2014	11 677	9.1
2015	12 772	9.4
2016	13 929	9.1
2017	15 268	9.6
2018	16 639	9.0

5. 宿迁市农业生产经营主体发展状况

第三次全国农业普查资料显示,宿迁市农业经营户约 79.7 万户,其中规模户约 0.57 万户,占比仅约 0.7%;家庭农场约 0.1 万户,所占比例仅约 0.13%,比重过低。8 549 个农业经营单位,其中有生产活动的农业经营单位 2 772 个,占比约 32.42%。农民合作社 4 013 个,有生产活动的农民专业合作社 1 258 个,占比约 31.35%。(表 3)

表 3　宿迁市和全省农业经营主体数量

指标	农业经营户/户	规模户/户	家庭农场/户	农业经营单位/个	有生产活动的农业经营单位/个	农民专业合作社/个	有生产活动的农民专业合作社/个
江苏省	10 280 399	149 595	12 852	84 531	43 682	39 338	17 963
宿迁市	797 353	5 677	1 034	8 549	2 772	4 013	1 258

(1) 农业生产经营主体实际耕地面积。

截至 2016 年年底,江苏农业生产经营主体实际耕地面积约 5 406.67 万亩,普通户占比约 71.97%,规模户占比约 16.09%,单位占比约 11.94%。由此可见,江苏省农业经营耕地面积主要以普通户为主,但宿迁市规模经营所占比重较低,普通户占比逾80%。(表4)。

表4 2016年宿迁市和全省不同农业生产经营主体实际耕地面积

指标	合计/亩	普通户		规模户		单位	
		耕地面积/亩	占比/%	耕地面积/亩	占比/%	耕地面积/亩	占比/%
江苏省	54 066 673.79	38 914 044.77	71.97	8 698 098.20	16.09	6 454 530.82	11.94
宿迁市	5 407 301.16	4 392 441	81.23	501 881.02	9.28	512 979.14	9.49

(2) 农业生产经营主体人员数量和结构。

截至2016年年底,宿迁市农业生产经营人员115.65万人,其中女性约55.3万人。在农业生产经营人员中,年龄35岁及以下的约18.39万人,年龄在36~54岁的约53.66万人,年龄55岁及以上的约43.60万人。(表5)

表5 2016年宿迁市农业生产经营人员数量和结构

指标		指标值
农业生产经营人员总数/万人		115.65
农业生产经营人员性别构成	男性/%	52.2
	女性/%	47.8
农业生产经营人员年龄构成	35岁及以下/%	15.9
	36~54岁/%	46.4
	55岁及以上/%	37.7

截至2016年年底,规模农业经营户农业生产经营人员(包括本户生产经营人员及雇佣人员)2.08万人,其中女性约1.01万人,年龄35岁及以下的约0.34万人,年龄在36~54岁的约1.18万人,年龄55岁及以上的约0.56万人。(表6)

表6 2016年宿迁市规模农业经营户农业生产经营人员数量和结构

指标		指标值
农业生产经营人员总数/万人		2.08
农业生产经营人员性别构成	男性/%	51.4
	女性/%	48.6

表 6(续)

指标		指标值
农业生产经营人员总数/万人		2.08
农业生产经营人员年龄构成	35 岁及以下/%	16.2
	36～54 岁/%	57.0
	55 岁及以上/%	26.8

截至 2016 年年底,农业经营单位农业生产经营人员 2.36 万人,其中女性约 1.11 万人,年龄 35 岁及以下的约 0.41 万人,年龄在 36～54 岁的约 1.36 万人,年龄 55 岁及以上的约 0.59 万人。(表 7)

表 7　2016 年宿迁市农业经营单位农业生产经营人员数量和结构

指标		指标值
农业生产经营人员总数/万人		2.36
农业生产经营人员性别构成	男性/%	52.9
	女性/%	47.1
农业生产经营人员年龄构成	35 岁及以下/%	17.4
	36～54 岁/%	57.7
	55 岁及以上/%	24.9

6. 宿迁市特色镇村建设

城市功能类乡镇要重点发展城市功能项目、特色产业园区、商贸物流和现代服务业。田园综合体类乡镇重点一手抓农业结构调整,发展生态高效农业,推动一二三产融合发展;一手抓公共服务改善。生态涵养类乡镇要突出做好生态屏障打造、生态廊道建设、生态系统修复、水体保护等工作,适度发展生态农业、生态旅游和生态康养等产业。特别是八个生态经济示范镇,要把握好生态经济示范镇开发边界,合理布局生产空间、生活空间、生态空间,决不能把生态经济示范镇建设变成房地产开发。有序推进“三园”建设,稳步推动“三集中三转变”,为乡村振兴提供生态与经济融合发展、生态建设与环境治理同步提升的范例样板。同时,还要抓住试点机遇,全力推动特色田园乡村建设,打造特色产业、特色生态、特色文化,着力彰显田园风光、田园建筑、田园生活。

第四节 宿迁市精准扶贫措施和成效

一、宿迁市整体扶贫成效

为打好脱贫攻坚战,宿迁市聚焦产业提质增效,狠抓产业扶贫、就业扶贫、电商扶贫、金融扶贫,不断拓展增收路径,健全兜底保障体系,聚焦“病残学灾老”等深度贫困群体,建立政策保障体系,持续减轻低收入农户相关保险和基本生活费用支出,有效缓解支出型贫困。

坚持精准方略,强力推进产业扶贫、健康扶贫、教育扶贫等举措,累计投入帮扶资金11.79亿元,落实帮扶项目1.48万个,其中,教育扶贫累计资助低收入农户子女44.37万人次、总金额5.12亿元。随着一系列扶贫措施落地落实,宿迁市减贫成果显著。截至2018年年底,宿迁市累计脱贫低收入人口41.4万人、省定经济薄弱村150个;低收入人口人均可支配收入、省定经济薄弱村村均集体经营性收入分别达到8 403元和22.7万元,低收入人口发生率从最初的15.1%下降到5.1%。

为开展好扶贫工作,宿迁市还持续推进改革创新。国家扶贫改革试验区建设稳步推进,15项改革创新重点项目推向纵深,共出台缓解低收入农户支出的各类政策14项,土地增减挂钩结余指标转让10期1.26万亩、成交总额94.9亿元,电商经济带动4.01万低收入农户实现脱贫致富。宿迁市创新提出“流量扶贫”,开启消费扶贫、网络扶贫等新模式。在宿迁万达广场设立消费扶贫产品专柜,在核心商圈建立电商扶贫产品线下展示专柜,占地40多平方米,租金全免,展示扶贫产品50多种,涉及城区、宿豫区、湖滨新区等近30多个经济薄弱村居农产品、特色产品。借助今日头条、抖音、西瓜视频、快手、火山小视频等网络社交平台,通过自媒体内容创作、在线直播等方式,讲好扶贫故事,精准宣传推介扶贫产品。

二、“连片贫困地区”扶贫成效的综合评价

“连片贫困地区”精准扶贫效用得以持续性发力必须依托于多方联动模式,即需要片区财政和金融的大力投入、基础设施的有效支撑以及相关制度政策等有机结合。由于“连片贫困地区”精准扶贫绩效影响要素众多,课题组通过专家意见法,构建“连片贫困地区”精准扶贫绩效评价指标体系(表8),重点剖析宿迁

市三大“连片贫困地区”精准扶贫绩效的差异。

表 8 “连片贫困地区”精准扶贫绩效评价指标赋权

目标层 A	一级指标(准则层 B)	符号	二级指标	符号	指标性质	权重
连片特困地区精准扶贫促农增收效用综合评价指数	政策扶持力度	B1	出台政策数量	C11	正指标	0.031 1
			出台政策落实率	C12	正指标	0.094 3
	片区基础设施的完善程度	B2	片区水电普及率	C21	正指标	0.029 1
			片区的网络普及率	C22	正指标	0.037 5
			片区交通的通达能力	C23	正指标	0.047 7
	农村生态宜居环境	B3	家庭承包耕地流转面积	C31	正指标	0.060 4
			退耕还林率	C32	正指标	0.044 3
	片区农业现代化水平	B4	农村居民家庭计算机拥有量	C41	正指标	0.036 7
			农业机械总动力	C42	正指标	0.078 0
	财政和金融的供给效用	B5	年度财政精准扶贫资金	C51	正指标	0.057 6
			金融机构年度精准扶贫资金	C52	正指标	0.053 4
			年度农业财产保险支出	C53	正指标	0.047 6
	片区社会保障能力	B6	失学率	C61	负指标	0.051 3
			医疗卫生机构床位数	C62	正指标	0.052 7
			新农合参保率	C63	正指标	0.042 5
	精准扶贫模式开发能力	B7	扶贫模式数量	C71	正指标	0.051 7
			项目建设完成率	C72	正指标	0.091 9
	精准扶贫的可持续性	B8	返贫率	C81	负指标	0.092 2

对“连片贫困地区”精准扶贫绩效指标体系进行加权测度,得出 2017 年和 2018 年三大“连片贫困地区”精准扶贫绩效的综合得分以及八个维度的测评分,如表 9 所示。

表 9 三大“连片贫困地区”精准扶贫绩效测度结果分析表

测度分值	西南岗片区		成子湖片区		涟沭结合部片区	
	2017	2018	2017	2018	2017	2018
精准扶贫促农增收效用综合分值	0.644 5	0.782 7	0.698 8	0.850 3	0.688 8	0.869 9

表 9(续)

测度分值	西南岗片区		成子湖片区		涟沭结合部片区	
	2017	2018	2017	2018	2017	2018
政策扶持力度分值	0.085 7	0.106 7	0.081 3	0.094 6	0.093 8	0.112 3
片区基础设施完善程度分值	0.078 3	0.093 6	0.093 9	0.112 3	0.074 3	0.088 9
农村的自然禀赋资源和生态环境分值	0.061 9	0.070 4	0.063 5	0.074 1	0.058 6	0.068 4
片区农业信息化和现代化水平分值	0.075 9	0.105 9	0.079 1	0.110 2	0.065 8	0.095 4
财政和金融服务能力分值	0.041 3	0.041 5	0.068 9	0.081 2	0.083 7	0.149 6
片区社会保障能力分值	0.108 7	0.139 5	0.113 7	0.146 5	0.113 7	0.134 9
精准扶贫模式开发能力分值	0.103 3	0.132 9	0.108 1	0.139 2	0.108 0	0.128 2
精准扶贫的可持续性分值	0.089 4	0.092 2	0.090 4	0.092 2	0.090 8	0.092 2

根据表 9 测度结果,针对宿迁市三大"连片贫困地区"精准扶贫绩效评价的变动趋势和空间差异分析如下:

第一,宿迁市三大"连片贫困地区"精准扶贫绩效测度分值均得到显著提升,但是三大"连片贫困地区"精准扶贫绩效的增长速度稍有差异。从绝对总量分析来看,涟沭结合部精准扶贫效用最为显著,2018 年综合分值达到了 0.869 9,然而西南岗 2018 年综合分值仅为 0.782 7,与涟沭结合部差距较大。从相对速度分析来看,西南岗和成子湖两大片区综合测度情况年增长速度为 21%左右,涟沭结合部增长速度达到了 26.3%,明显高于其他两个片区。

第二,八大要素贡献度参差不齐,改善效用差异性较大。宿迁市三大"连片贫困地区"在影响精准扶贫效用评价的八个维度中均有所改善,但是改善效果差强人意。"政策扶持力度"方面三大片区优劣排名依次为涟沭结合部、西南岗和成子湖,其中西南岗 2018 年相比 2017 年改善效用最为明显。"片区基础设施完善程度"、"农村的自然禀赋资源和生态环境"、"片区农业信息化和现代化水平"以及"精准扶贫的可持续性"方面三大片区优劣排名依次为成子湖、西南岗和涟沭结合部,三大片区 2018 年相比 2017 年改善效用相当。"财政和金融的能力分值"方面三大片区优劣排名依次为涟沭结合部、成子湖和西南岗,涟沭结合部改善效用最为明显,2018 年相比 2017 年增长速度高达 78.7%,而西南岗仅为 0.48%,三大片区在财政与金融扶持方面差距巨大。"片区社会保障能力”和“精准扶贫模式开发能力”方面成子湖最优，涟沭结合部最差。

第五节　宿迁市高质量发展过程中存在的阻碍分析

宿迁市紧密围绕全面建成小康社会这一目标，坚持稳中求进的工作总基调，深入落实新发展理念，扎实推进供给侧结构性改革和“两聚一高”新实践，经济社会保持平稳健康发展态势，运行质量明显提升，综合实力迈上新台阶，社会事业实现新进步，民生福祉获得新改善，然而依然存在诸多隐患。课题组基于宿迁市产业结构、农业和农村经济发展、精准扶贫、电子商务、科技创新等五个维度，对影响宿迁高质量发展的阻碍进行分析。

一、产业结构优化存在的问题

1. 各县区产业同构

宿迁市各县区优势产业情况如表 10 所示。

表 10　宿迁市各县区优势产业

地区	比较优势产业
泗阳县	纺织服装、家具建材、汽车配件
泗洪县	电子信息、新型膜材料、机械制造
沭阳县	纺织服装、装备制造、电子信息
宿豫区	新型材料、机械制造、食品饮料
宿城区	纺织服装、绿色建材、只能电网

从表 11 可以看出，宿迁市各县区由于地理空间上具有高度的邻近性，经济发展阶段具有很强的相似性，因此，在经济发展规划中也往往选择相似的行业作为主导产业。如纺织服装业既是泗阳县、沭阳县的主导产业，同时也是宿城区的主导产业。因各县区在承接产业转移过程中仅从本地区经济利益出发，没有结合本地区实际情况考虑市场需求以及产业演变规律，因而使得各县区产业具有同构性。并且，这种趋同不仅意味着地区的重复建设、资源的严重浪费，同时也因为区域内部同质化竞争激烈，加剧了内耗和资源约束，导致宿迁出现规模经济难以实现和产能过剩同时出现的现象。

2. 各县区产业间缺乏互动

宿迁市的各县区之间缺乏相互合作的理念，缺少从宿迁市整体利益出发考虑统筹兼顾，在地域上没有统一的产业发展规划，合作协商机制又缺乏，因此，各县区产业之间的合作很少。同时，由于经济发展水平的不平衡，导致各县区吸引资金、人才资源的能力不同，经济发展存在一定的差距，也就限制了各县区之间跨区域的产业对接与合作。除此以外，即便存在产业合作意向，信息不对称也制约了相关产业之间的互动。

3. 缺乏区域协调体制机制

宿迁各县区产业协同发展涉及不同县区的利益关系，各县区政府更多关注的是自己辖区内的产业发展壮大，缺少对宿迁市经济整体发展目标的认识，进而阻碍了各县区的产业协同发展。区域间缺乏协调机制，致使各县区不断开展盲目竞争，争夺资源和市场，缺乏合作意识，很难协调不同县区产业之间的分工合作，容易出现重复建设，并且较易造成各县区产业同构现象，极大地浪费资源。

4. 各县区产业协同创新力不足

技术创新是推动区域内产业发展的重要内生动力，宿迁市的优势产业大多仍为传统产业，如纺织服装业、机电装备业等，企业对研发机构的投入不高，仍是高能耗、粗放的经济增长方式，产业发展的创新驱动严重不足。在此情况下，因宿迁各县区产业之间缺乏分工协作，所以科技创新投入存在严重的重复性，造成了资源浪费，限制了区域创新的发展，束缚着宿迁市整体经济的快速发展。

二、农业和农村经济发展中存在的问题

1. 农业农村发展层次较低，制约金融服务乡村振兴的力度

与其他产业相比，农业属于弱质产业，生产周期长、比较效益低、市场波动大、抵御风险能力弱，一定程度上制约了金融机构支农作用的发挥。从产业角度看，农业产业质态不高，仍以传统农业为主，抗风险能力较弱。从企业角度看，涉农企业层次较低，规模小，承贷能力不足。宿迁市涉农企业总体规模仍较小，加之内部管理欠规范，信贷需求难以得到有效满足。从农户角度看，收入来源少、还贷能力低，且普遍存在融资担保难题。农户大部分收入来源于种植业、养殖业、临时劳务收入，农户收入低、来源少、还款能力较弱。特别是建档立卡贫困农户属社会弱势群体，在融资上很难通过寻求他人的联保或保证获得银行信贷支持。

2. 农村金融服务体系不健全，影响金融服务乡村振兴的深度

其一，农村金融供给主体不足。宿迁市银行机构主要以农村商业银行为

主，农发行、邮储银行逐步发力，而其他银行支持“三农”力度不够。同时，保险、担保等金融机构的缺位也使得农业保险、农业担保机制不健全，影响了金融服务乡村振兴的深度和广度。其二，农村金融产品和服务方式创新不足。在乡村振兴战略实施背景下，农村金融服务领域从传统的种养殖业向特色农业、规模农业、高效农业拓展；需求主体由单一、分散的农户向龙头企业、家庭农场等新型农业经营主体拓展；需求性质从单一的农业生产需求向农业农村发展综合性需求拓展。

3. 土地流转机制和再流转机制不完善，出现土地非粮化倾向

其一，土地流转机制不完善。一方面，由于不少农民还存在恋地情结，再加上社会保障体系不够完善，土地仍承载着一定的保障功能，导致部分地区土地流转的分散化、细碎化，难以集中连片进行大规模化经营。另一方面，土地流转不够稳定，少部分新型农业生产经营主体面临着在土地经营权流转期间，原农户想提前收回土地的难题。部分地区原农户由于就业不稳定、收入来源没保障等原因，想提前收回未到期的流转土地，出现了拒绝接受土地租金，并干扰新型农业生产经营主体的正常农业经营的现象。

其二，土地再流转机制不完善。在分期支付土地租金的情况下，新型农业生产经营主体以流入土地为抵押物申请办理土地经营权抵押贷款，若金融机构发放农村土地经营权抵押贷款期限长于已付清租金的期限，则会面临土地再流转困境。因为在土地承包权和经营权分离的情况下，土地经营权抵押贷款的还款来源及原承包户的租金保障都依赖于土地经营权的收益，因此难以通过土地再流转进行流转。

其三，保护基本粮田与经济结构调整矛盾显现，出现土地非粮化倾向。保护基本粮田与经济结构调整（种植高效经济农作物）之间存在着矛盾。有些在签订土地流转合同的时候没有明确土地的具体用途，由于种植苗木、花卉等经济类农作物的收益要高于粮食类作物的收益，导致部分新型农业生产经营主体更多地追求高经济效益，在土地流入后更多地从事高效经济作物的种植、观光休闲农业的发展等非粮化经营，导致粮食类耕种面积有所减少，出现土地非粮化倾向。

4. 新型农业生产经营主体面临的风险突出

新型农业生产经营主体面临的风险较大，主要包括自然风险、疫病风险及市场风险等。粮食类、经济作物类农作物生长受天气及病虫害影响较大。比如干旱、洪涝、高温、寒冷等均会影响农作物的产量及质量，严重时会造成大幅度

减产；对于一些病虫害的发生，如果没有及时发现并采取相应的措施，也会导致较为严重的后果。由于粮食有统一的国家收购价，其市场风险并不突出，而经济类农作物的市场风险更为突出，价格波动幅度较大，有时会低至保本价以下，导致新型农业生产经营主体遭受较严重的损失。养殖型新型农业生产经营主体面临的疫病风险及市场风险较突出。养殖类新型农业生产经营主体最怕养殖期间出现疾病、疫情等风险，比如猪流感、禽流感等。养殖类新型农业生产经营主体也面临着较为突出的价格风险。

5. 农业基础设施不完善

在农业生产领域，还存在着农田水利、物流设施、烘干设备、存储场所等供给不足的问题。比如冷库、仓库等仓储设施需要进一步完善，尤其对新鲜蔬菜而言更是如此，因为新鲜蔬菜如果缺乏冷库等仓储设施极易变质而导致农业生产经营主体遭受严重损失。另外，在“互联网＋”日益普及的大背景下，农业电子商务的快速发展也亟须农村地区通信基础设施和信息化平台的进一步加强与完善。

三、电子商务领域存在的问题

1. 电子商务专业人才缺乏

企业人力方面反映最多的是，发展电子商务所需的线上运营、摄影、美工设计等复合型人才招聘比较困难。泗洪县网络创业产业园反映不少电商企业因为招不到专业的人才，会将客服设在产业园里，仓储设在郊区，而运营中心多数在北京、南京、杭州等地。一方面由于北京、南京、杭州等地是高校集中区，此类人才较多，专业水平高，另一方面产品模特也有相应的产业链，长相、气质出众的模特也较多，相对较低的人才成本就能达到很好的预期效果。中国宿迁电子商务产业园也反映人才不好招，连中低端人才如客服都不太好招，美工、软件研发类的人才更难招。很多高校毕业生会选择留在一二线城市，回宿迁的大多会选择大型企业、体制内工作招考等，很少会选择中小型电商企业。如江苏易工场网络股份有限公司是宿迁本土的一家专注服务政企客户的互联网定制交易的电商企业，因招不到高端技术人才，已在北京成立核心技术研发团队。

2. 物流配送体系不健全

宿迁市物流配送相对不如大城市方便快捷，很多快递都需要从中转站分拨，往北方的快递需要经过徐州中转，往南方的快递需要经过淮安中转，同时需要中转费，送达时间也较长。许多电商产业园企业逐渐将仓储中心放在这两个城市，以降低成本，提高配送速度。

四、科技创新存在的问题

1. 政府支持农业科技创新氛围不够浓厚

宿迁市是农业大市。根据2018年宿迁统计公报数据，2018年宿迁农业产值占社会总产值的10.9%。农业大而不强、农民多而不富、农村广而不美的问题依然存在。农业生产周期长、风险大、效益低，抓农业没有抓工业见效快、手段多、影响大，导致很多领导难以沉下心久久为功抓农业，农业科技工作推进缓慢，基本处于"说起来重要、干起来次要、忙起来不要"，实际工作中下大决心、花大力气支持创新工作、营造创新氛围不够。

2. 财政农业科技投入长期不足

从政府科技拨款占比数据来看，呈现逐年下降趋势，县一级的地方财政科技拨款占比较低，对农业的科技投入就更少。如市农业科技支撑项目数和资金数也是呈现逐年下降趋势，尤其是2018年度较上年项目数和资金数减少近一半。农业科研经费投入作为引导和保障农业科技人员、农业龙头企业、农业合作社等组织开展创新活动的基础，逐年降低不利于现代农业发展。

3. 农业科技推广服务体系尚不健全

现有的农业科技推广服务体系，特别是县(区)、乡镇已基本处于"网破人散"的状况，把农业新品种、新技术、新模式推广服务到田间地头、农民手中，最后一公里问题难以解决。虽然不断地改革，开创性地开展农村科技服务超市等服务"三农"发展模式，但是网络不健全、从业人员少、服务覆盖面小等限制了服务的广度和深度。在对农业科技人员的激励机制、农业科技服务效果的体现与激励政策、农业科技成果转化收益的获取、开展公益性服务评价等方面仍存在较大差距。

4. 农业企业作为技术创新主体地位不明显

截至2018年年底，宿迁市有省农业科技型企业47家，科技型农业专业合作社仅20家，农业企业中的国家高新技术企业16家，农业上市企业仅1家，农业科技创新型企业数量明显偏少。大多数农业生产企业小而散，主要集中于农产品的生产、粗加工环节，附加值高的产前品种研发、产后精深加工的企业更是少之又少，农业企业普遍缺乏创新意识。宿迁市农业特色产业主要通过项目引进带动发展的形式，先天缺乏一定科技创新基础，存在研发力量不够、企业发展后劲乏力等问题。

第六节 推动宿迁市高质量发展的对策建议

基于宿迁市产业结构优化升级、农业和农村经济发展、精准扶贫、电子商务、科技创新等五个维度提出推动宿迁高质量发展的对策建议。

一、产业结构优化升级方面

1. 规划引导各县区产业协同发展

目前宿迁各区县产业结构存在一定同质性,从而造成资源配置的低效率。推进宿迁各区县区域产业合作必须注重产业规划协调,从方向上通过规划使得各县区明确自身的承接转移产业的选择方向和依据。政府应根据各县区的比较优势,因地制宜地制定各县区的产业发展规划,编制出台产业协同发展规划,从宿迁市整体利益出发协调各区县产业发展方向,合理布局产业项目,致力于提升宿迁市区域整体的发展水平。

2. 完善产业协同发展的政策协调机制

在推动产业协调发展的过程中,需要进一步发挥政府的引导和推动作用,设立产业政策协调部门。在各县区产业开展合作的过程中,对产业政策、产业转移、招商引资、交通基础设施建设、环境保护等各个方面进行协商。宿迁各区县的产业建设要基于统一的战略目标,并在协调保证区际利益的基础上消除行政障碍,从而建立可持续发展的产业协同长效机制。

3. 构建公共平台以提升产业协同创新

充分利用本地创新资源优势,通过打造或搭建创新公共平台将所有创新主体进行关联,创造相互间合作的机会。创新各县区产学研联动机制,吸纳更多的本土企业、高校和科研机构进入产业大联盟,营造区域合作交流的良好氛围。针对各县区重点产业集群,通过公共平台引进国际一流的高科技人才和科研机构。对共性科技资源,由市域在平台上进行财政统筹安排,解决主导产业、支柱产业领域关键共性技术研发、应用成果转化问题,联合攻克一批重点领域的关键技术。充分发挥产业发展大孵化器作用,改善投资环境,提升宿迁市产业集群创新发展竞争力水平。

4. 延伸优势产业的产业链

对于宿迁各县区重合度较高的产业,如纺织业、新型材料等,各县区应通过建立跨区域产业链,围绕产业价值链分工,延伸产业的产品链及价值链,深化上下游之间互联互通，各县区相关产业错位竞争，形成产业链式发展。对于各县区具有绝对优势的产业要坚持“重点突出、扶优扶强”的发展原则，进一步增强壮大该类产业的市场规模、产业竞争力和社会影响，并致力于培养并逐步完善其产业链，巩固该产业在市场中的优势地位。

5. 加强农村旅游发展的统筹规划，整合农村旅游资源

宿迁市大力发展农村旅游将会迎来新的经济增长点。对农村旅游策划而言，最重要的就是将规划的内容进行创新和补充，使设计出的当地的旅游项目与产品既能够为当地带来一定的经济效益，同时也可以很好地与当地地方特色、文化底蕴相融合，能够给游客一个较为舒适的放松休闲的地域空间，也能为当地农民提供一个较好的居住环境，实现经济效益、社会效益和环境效益的统一。宿迁市政府要努力打造当地农村旅游名片，整合当地的优势资源，加强与相邻农村地区的旅游合作，打造区域合作共赢的新的旅游发展模式，以最大限度地利用好本地资源，实现共同发展。

二、农业和农村经济方面

1. 打牢乡村产业发展基础，激发金融服务乡村振兴有效需求

一是提高农业综合竞争力。依托区域特色、产业优势、技术支撑、政策扶持，加快推动农业基础设施建设，扩大农村高标准农田面积，推动产业化联合体项目落地，形成有宿迁特色的高效农业体系。加快农产品品牌建设，引导各类主体开发绿色、有机食品，打造一批有影响力的农产品名片。

二是促进农村三次产业融合发展。建立健全政府、行业协会、社会资金管理机构三方合作机制，做好招商政策宣传、市场信息发布、技术服务支持、服务平台搭建等基础工作，引导保险基金、社会闲置资本等投向农村规模发展，稳步推进农村电商产业集群、农业产业园区质量和总量、旅游观光农业提档升级，加速三大产业的融合发展。

2. 深化农村金融服务体系，拓宽金融服务乡村振兴深度

一是搭建多层次涉农金融服务体系。综合运用税收、奖补、定向降准等政策，引导农商行、村镇银行进一步发挥支农主力军作用，引导农发行、邮储银行以及其他金融机构增强对农村地区的“输血”作用，引导互联网金融、小额贷款公司、担保公司依法合规开展农村金融服务，引导保险公司不断拓展业务外延并争取上级资金政策支持，形成农村金融多业“协同助农”的良好局面。

二是创新金融产品体系。鼓励金融机构以乡村振兴中的金融需求为导向，

不断丰富抵押担保创新方式的信贷产品；有序推广农村承包土地经营权和农民住房财产权抵押贷款覆盖范围；推广大型农机具、厂房、大棚抵押贷款、政策性农业保险保单及生产订单质押贷款、农户信用贷款等；推进农产品价格指数保险、产值产量保险、收益保险等试点；以现代农业的供应链核心企业为中心，满足供应链上、中、下游关联环节企业的融资需求，形成长期化、制度化的农业供应链金融政策扶持体系。

三是加强线上线下融合、多层次、立体化的农村金融基础设施建设。合理布局农村金融服务站，推广现代金融服务方式，打通农村金融服务“最后一公里”，促使多层次、低成本、广覆盖的农村金融服务便利化发展。

3. 持续完善配套扶持政策，优化金融服务乡村振兴环境

一是建立健全金融服务乡村振兴的政策措施。制定出台金融支持乡村振兴指导意见，综合运用货币政策工具引导金融机构把更多的金融资源配置到农村产业融合、新型农业经营主体、扶贫开发、乡村旅游等农村经济社会发展的重点领域和薄弱环节。推动地方政府将金融机构支持乡村振兴纳入年度金融工作考核，协调解决相关问题，确保各项措施落实到位。完善金融服务乡村振兴配套激励机制，提高金融机构参与乡村振兴的主动性、积极性。

二是完善农村金融风险分担机制。扩大农业保险覆盖面，将特色高效农业产值、特色农产品价格指数纳入政策性保险险种体系，发挥保险的资金融通功能，撬动信贷资金投放。

三是推动农村改革“放管服”。健全农村产权流转交易市场体系和信息网络服务平台，加快培育农村产权流转交易中介服务组织，提高农地、农房等资产交易流转的市场化程度，促进农村生产要素的有序流动。

四是净化农村信用环境。充分发挥人民银行在县域信用体系建设中的重要作用，实现农户、农民专业合作社、家庭农场的基本信息全覆盖。建立地方金融数据监测平台，定期更新财政、公安、社保等部门掌握的涉农主体外部信息，缓解“银农”信息不对称。提高信用评级标准的系统性和规范化程度，扩大农商机构信用评价结果的运用，持续开展贫困村创建信用村工作，为金融支持乡村振兴发展提供良好的信用环境。

4. 完善农地经营权流转机制，推进适度规模经营

其一，完善农地经营权流转机制和再流转机制。充分尊重原承包户土地流转意愿，更好地保障普通户及新型农业生产经营主体的双方合法权益。根据原承包户想要进行土地流转期限的不同，划分为长期、中期、短期不同的区域，让

不同的新型农业生产经营主体根据其需求进行选择，以有效规避土地经营权流转不稳定的现象出现。确保农地农用，正确处理保护粮田与经济结构调整之间的矛盾。在流转土地用途方面，要严格执行土地用途管制，坚持农地农用的基本原则，严守划定的耕地红线，避免良田出现“非粮化”“非农化”的现象。

其二，推进适度规模经营。土地密集型、劳动密集型等农业产业的类型不同，决定了其土地依存度、劳动力依存度等方面均具有自身特性，其适度规模区间也应有所不同。稻麦、玉米、大豆等土地密集型的适度规模要大于蔬菜、花卉等劳动密集型的适度规模。因此要根据不同类型农业产业的特点、人均耕地面积和新型农业生产经营主体的生产能力来确定适度的规模经营区间，更好地提高新型农业生产经营主体的生产效率。

就专业大户和家庭农场等规模户的适度规模而言，其适度规模的确定可以参考收入标准和家庭成员的能力标准。在收入标准方面，以城镇家庭居民的平均收入水平为参考；在能力标准方面，以在现有技术条件下家庭成员的最大劳动能力为限来确定规模户的规模。参考以上标准，规模户的适度规模要结合规模户的特点及不同类型农业产业的特点来合理确定，以稻麦种植型为代表的非劳动密集型农业适合中等的规模，以 100～300 亩为宜，不宜超过 500 亩；以蔬菜为代表的劳动密集型农业适合较小的规模，以 15～30 亩为宜，不宜超过 50 亩，可以更好地体现规模户适度规模的优势，有利于提高其生产效率。农民合作社和农业企业的适度规模区间具有较大的弹性，由于其组织化程度较高，其适度规模区间一般而言要大于规模户的适度规模区间。

5. 完善农业风险管理体系

其一，完善农业风险预防、分散等风险管理体系。通过建立与完善农业风险防范管理体系来有效转移、分散新型农业生产经营主体所面临的风险，也有利于破解融资难题。通过天气预报、兴修水利、推广病虫害防治技术等方面来完善风险防范管理体系，消除或减少可能引发损失的各种因素，来达到防范风险、减少损失的目的。

其二，大力发展政策性农业保险及其他涉农保险产品。适当提高保险金额，在确定保险金额时，不仅要包括物化成本，还要包括一定的租金成本及人力成本，从而提高保障程度。在大量收集风险损失信息的基础上，适当增加农业保险产品类型，比如农产品目标价格保险、农业收入保险、天气指数保险等农业保险新产品。扩大保障范围，农业保险不仅承保自然风险，使市场风险也能够得到有效地分散；提高农业保险理赔效率，缩短理赔时间，针对一些大的干旱、洪涝等自然灾害所导致的巨额损失，应积极推动农业巨灾保险及再保险的发展。

6. 加大财政支持力度，探索建立以绿色生态为导向的农业补贴制度

其一，加大财政支持力度，采取多样化的财政支持方式。重点扶持农民专业合作社、家庭农场、专业大户等新型农业生产经营主体的发展，及时落实税收减免、财政贴息、补助、奖励等相关政策，并把相关的财税优惠措施长期化、制度化，更好地培育新型农业生产经营主体。另外，从事农业生产的生产者要享受相同的税费优惠、生产补贴、奖励等惠农优惠政策。

其二，探索建立以绿色生态为导向的农业补贴制度。推广农作物间作、轮作，积极探索推广农、林、牧、渔立体间套种（养）模式、循环生态农业模式。通过财政补贴引导新型农业生产经营者积极采用农业生态技术，在合理施用有机肥的基础上，大力推广测土配方施肥技术，推广应用水溶性肥、生物有机肥和水肥一体化技术；重点推广物理防治、生物防治等技术来防治农业病、虫、草害等。

7. 加强农业基础设施建设

首先，要进一步增加投资力度，推进节水高效型农田水利设施、防汛抗旱设施等农业基础设施建设，进一步提高农业抵抗风险的能力。其次，进一步加大农村道路、农村物流基础设施建设，大力推进农村仓储基础设施建设，特别要加强鲜活农产品冷链物流基础设施建设，推动互联网与农业的融合发展。最后，支持完善农村公共服务设施建设，着力推进农村信息化建设。加快农村互联网、物联网、大数据、移动互联等基础设施建设，提高农村网络覆盖密度和服务质量。

三、精准扶贫方面

扶贫瞄准是精准扶贫得以实施的重要前提。通过走访调查，宿迁市在扶贫对象的识别上存在较为突出的“按人施保、关系保、错保漏保、骗保”等现象，扶贫资金和资源在投放时偏离贫困现象较为严重。因此，为提高救助对象认定的科学性和准确性，精准认定救助对象，落实贫困户精准识别迫在眉睫。泗阳县敢为人先，加大申请救助家庭经济状况核对平台建设，运用大数据，精准识别“贫困户”。泗阳县出台《泗阳县社会救助联席会议制度》和《泗阳县实施社会救助工作若干意见》等文件，明确数据共享接入内容；加大经费投入，开发建设申请救助家庭经济状况核对平台，实现专房专机专线运行，确保系统和网络数据

的安全;加快数据对接,目前平台已共享对接10个部门21条数据。宿迁市乃至江苏省应将泗阳县救助家庭经济状况核对平台建设项目广而告之并大力推广其涉猎范围。

区块链技术"去中心化"的优势,确保了数据不可逆、不可更改。找准每个贫困户致贫原因,才能因地制宜,选取合适的扶贫模式助力精准脱贫;同时,区块链技术能够全程记录所有数据,"按人施保、关系保、错保漏保、骗保"现象才能从根本上消除。

四、电子商务方面

1. 加强电商和相关配套行业人才培育

一是注重与高校合作,引导电子商务专业技术人才进入农村地区,定期组织培训,提供技术指导。二是注重培育电子商务创业领军人物。以大学生村官、返乡大学生、返乡创业青年等为重点培训对象,作为电商发展的主要带动力量,发挥行业带头人的创业引领作用。加强对成功农户电商的宣传,以成功典型引领电子商务的发展。

2. 加强物流配送体系建设

一是加快推进快递物流园区建设。紧抓电子商务产业快速发展机遇,以科学规划引领,大力招引培育快递物流服务企业,特别是加大龙头物流企业招引力度,推动快递物流业做大规模、做强实力;二是建立农产品物流信息管理系统,大力发展农产品冷链运输技术。鼓励功能性、专业化冷链物流服务商的发展,促进其提供面向社会化的仓储租赁、运输租赁等服务。

3. 加强品牌建设力度

大力推进农产品品牌战略,建立由政府主导、企业运营、农民参与的品牌建设体制,进行准确的农产品品牌定位,加快实施农产品包装化、商标化、标准化销售策略,加强农产品质量安全监管,强化农产品质量检测,加强电商销售的监督,严惩欺诈违法行为。做好区域品牌的传播和保护,整合线上和线下资源,共同创建农产品品牌。

五、科技创新方面

1. 加快发展现代农业高新技术,构建农业科技持续创新机制

其一,强化重点领域的技术研究与开发。围绕宿迁市确立的六大百亿级产业发展需求,跟踪世界农业科技发展前沿,找出制约产业发展的关键共性技术

难题，围绕生物育种技术、生物加工和智慧农业等技术领域，开展技术研发、联合攻关、成果应用。

其二，强化产业融合创新。坚持产业发展导向，以营养健康、高效安全为目标，支持农产品精深加工，积极延长产业链，丰富新业态，启动建设国家级洪泽湖小龙虾种质创新研究院暨蟹虾创新示范基地、国家级骆马湖大闸蟹种质资源与选育中心，培育一批集应用基础研究、产品开发、试验示范、推广应用为一体的产业融合创新中心。

其三，建立健全农业技术研发创新体制机制。坚持问题导向、需求导向，鼓励科研院所、企业联合开展技术研发，引导企业介入前期研发，形成“产学研用”紧密合作的农业科技创新协同发展机制。政府各类支持农业科技创新的资金明确投入导向，重点向具有发展潜力、做长产业链的农业科技项目倾斜支持，尤其是加大对共性关键技术研发项目的资金投入力度。鼓励成立集技术研发、示范、成果推广等为一体的农业产业技术创新联盟，抱团发展，形成创新效应、规模效应。

2. 强化科技平台建设

其一，支持农业科研院所创新发展。围绕宿迁市农科院、宿迁设施园艺研究院等科研院所的发展方向，重点在新品种选育、高效栽培技术研发、农业创新人才培养等方面加大支持力度。加强产业发展战略研究、产业共性及关键技术研发和应用示范等，解决农业发展中问题比较集中的技术与产业化难题。

其二，推进农业科技创新联盟建设。组建农业科技创新联盟有利于打破条条框框界限，有效整合科技资源，促进协同创新。农业科技创新联盟大多由高校院所、龙头企业、现代农业示范基地、农业推广部门等多家单位联合成立，可以有效解决农业发展关键问题。宿迁市已由南京农业大学、宿迁设施园艺研究院、江南大学宿迁产业技术研究院分别牵头成立了设施园区、食品行业的科技创新联盟。下一步围绕农业特色产业，支持科研院所、龙头企业牵头组建，并通过科技计划项目等手段支持联盟创新发展。

其三，加强农业科技园区建设。农业科技园区是农业和科技结合的产物，2019 年以“园区建设推进年”活动为主抓手，推动江苏宿迁国家农业科技园区和 5 个省级现代农业科技园区建设，全面启动各项创建工作，进一步细化国家和省农业科技园区推进方案，排出具体推进项目，夯实推进举措。加强交流学习，组织市有关部门和县（区）园区负责相关人员外出培训学习、交流。

3. 建立新型要素保障格局

其一，建立健全农业科技投入持续增长机制。充分发挥财政资金引导作用，创新金融服务体系，建立包括政府、金融机构、保险机构、投资机构、企业等在内的多元化融资体系。探索科技项目与创业投资、天使投资沟通机制，完善知识产权保护，开展科技成果评估、入股与股权转让，保障投资者利益。开展农业科技保险工作，对研发失败、自然灾害等原因造成研发失败，由保险机构托底，降低企业研发创新风险，提高企业加大研发投入的积极性。

其二，提高科研人员及农业劳动力综合素质。一方面，要加大对本土科技人员的培养，对科研机构由青年科研人员领衔组成的研发团队给予专项经费支持，让农业科技人员安心工作，沉下心来做研究。另一方面，要充分发挥科技特派员、科技镇长团、"三区"人才等作用，吸引高等院校和科研机构的专家、教授服务农业，借智借力。加大对农业人力资本投入，积极实施农民培训工程，提高农民综合素质，以适应现代农业发展的需要。

其三，完善农业科技创新服务体系建设。宿迁市已建成35家省级农业科技服务超市分店、便利店，产业服务方向涵盖了宿迁市的特种水产、苗木花卉、设施蔬菜、畜禽等。重点要优化科技服务超市总体布局，建立和完善"1家分店＋N家便利店"的一体化网络。大力发展"一村一品一店"，把农村电子商务发展作为推进农民创新创业的重要抓手，构建"基于'互联网＋'的农村综合服务平台"，在服务农村的"一村一品"中提供技术、人才支撑。不断推进省农业科技成果交易平台的应用和推广，为农业的供需对接提供网上交易平台。

参考文献

[1] 曹玲玲."连片特困地区"精准扶贫多维绩效模糊综合评价:基于宿迁的调查数据[J].内蒙古科技与经济,2019(14):6-8.

[2] 曹玲玲,刘悦.乡村振兴战略下农村金融供需均衡发展路径分析:基于宿迁的调查[J].内蒙古科技与经济,2019(16):17-19.

[3] 陈长江.江苏高质量发展水平测度与提升策略[J].南通大学学报(社会科学版),2019,35(3):35-42.

[4] 储东涛.打好推动江苏经济高质量发展的"组合拳"[J].江苏大学学报(社会科学版),2019,21(3):79-85.

[5] 丁涛,顾金亮.科技创新驱动江苏地区经济高质量发展的路径研究[J].南通大学学报(社会科学版),2018,34(4):41-46.

[6] 郭新明.服务乡村振兴的金融实践[J].中国金融,2018(15):30-33.
[7] 李芸,战炤磊.新时代区域高质量协调发展的新格局与新路径:以江苏为例[J].南京社会科学,2018(12):50-57.
[8] 李子联,王爱民.江苏高质量发展:测度评价与推进路径[J].江苏社会科学,2019(1):247-256.

大运河(苏北段)旅游资源协同利用研究

主持人:陈清华(江苏省社会科学院)
课题组:边恩江　徐小林　何　勇　刘　兵

内容提要:大运河(苏北段)控扼运河咽喉,不仅是南北水运的主动脉和北煤南运的主通道,而且孕育了楚汉文化,是历史文化遗产、民俗休闲资源、公众教育资源和大运河精神等旅游资源的集中地。本研究归纳总结了大运河(苏北段)沿线徐州、宿迁和淮安三市在旅游资源利用方面已经做的工作。本研究指出了对运河旅游资源的开发价值和发展潜力认识还不到位、规划还不合理、措施还不得力、机制还不健全等,运河旅游资源保护和传承还面临着城市现代化、农村城镇化的"挤压",沿线城乡、水利和航道交通等现代化建设与旅游资源保护和传承之间的矛盾日益突出;运河旅游品牌定位还不准确、资源挖掘还不充分、形象宣传还不到位等目前仍然存在的问题。本研究提出了协同建立保护利用机制、开发旅游资源、推动生态建设与旅游融合发展、加强文化遗产保护利用和推进品牌传播等策略建议。

大运河(本研究特指"京杭大运河")积淀了 2 500 多年的历史文化资源,将京都文化、燕赵文化、中原文化、齐鲁文化、淮扬文化、海派文化和吴越文化等连接在一起,拥有十分丰厚的历史文化价值,是中华文明发展的缩影,在第 38 届世界遗产大会上被列入世界文化遗产名录。大运河是一部书写在华夏大地上的宏伟史诗,绵延约 1 797 公里,北连"京津冀协同发展",南接"长江经济带发展",纵贯"一带一路",是世界上距离最长、规模最大的运河。她不仅展现出中国劳动人民的伟大智慧和勇气,而且是不可再生的宝贵资源,是中华民族文化历史的重要载体。当今的中国已经成为世界第二大经济体,今后的竞争在某种程度上更多的是软实力的竞争,是精神文化的竞争,发掘、保护和传承民族文化，促进民族文化发扬光大、价值提升是国之大计、大势所趋、民之所需，是社会发展调整结构、促进消费、促动经济社会发展的当务之急，势之应然。遵照习近平总书记重要指示、批示精神，打造大运河文化带，深入挖掘大运河丰富的历史文化资源，保护好、传承好、利用好大运河这一祖先留给我们的宝贵遗产，是新时代党中央、国务院作出的一项重大决策部署。

大运河（苏北段）位于京杭大运河中段，控扼运河咽喉，是黄河、淮河和运河交汇重地，位置特别关键，地位尤其重要。深入研究大运河（苏北段）旅游资源协同开发，不仅有利于推动大运河（苏北段）的保护利用由点变线，放大大运河（苏北段）的生态效益和经济效益，也对推动江苏均衡发展、为大运河开发利用提供“苏北样本”意义重大。为强化理论研究，加强顶层设计，明确大运河（苏北段）旅游资源协同开发的方向和举措，以大运河（苏北段）旅游资源协同开发为引领，推动沿线苏北各市更加重视、加大投入、形成合力，将大运河（苏北段）旅游生态资源转化为经济资源，统筹大运河（苏北段）沿线区域经济社会发展，苏北发展研究院委托我们课题组从事本课题研究。需要明确的是，课题研究所指的大运河（苏北段）是指兼具防洪排涝、航运、工业用水、农业灌溉和景观等综合功能的徐州、宿迁和淮安等三市境内的京杭大运河。

第一节　研究背景

一、全国范围内京杭大运河保护利用和研究不断加强

自 20 世纪 70 年代以来，随着联合国教科文组织《保护世界文化和自然遗产公约》的签署，世界自然与文化遗产保护运动在全球蓬勃发展。《国务院关于加强文化遗产保护的通知》（国发〔2005〕42 号）中明确提出了新时期中国文化遗产保护的指导思想、基本方针和总体目标。作为文化遗产重要组成部分之一的运河，其保护利用越来越受到关注和重视。自商殷后期吴太伯开凿“太伯渎”以来，中国运河史已经经历了 3 000 多年。其中，最为璀璨的一颗明珠是京杭大运河。2014 年 6 月 22 日，第 38 届世界遗产大会宣布，中国大运河项目成功入选世界文化遗产名录，成为中国第 46 个世界遗产项目，这标志着京杭大运河的保护和利用进入新的阶段。京杭大运河是中华民族奔流不息的血脉，是中华文明的重要标识，是世界上开挖最早、流程最长的人工运河，她和万里长城一样是中国古代遗留下来的宏伟工程。

其实,京杭大运河不仅工程宏伟,而且意义重大。一是历史上各朝各代均依靠大运河进行漕运,以维持政权的稳定和国家的统一;二是促进了中华大地南北政治、经济、社会和文化的交流和发展;三是中国东部地区之所以比中部和西部地区经济更发达、文化更昌盛,除了平原多、离海近和雨水丰等因素外,更重要的是有素有"黄金水道"之称的京杭大运河贯通南北等;四是即使在今天和未来,京杭大运河仍然作为"南水北调工程"中的东线输水干道发挥着无以替代的作用。多年来,因为京杭大运河文化遗产保护未受到应有的关注和重视,所以相关研究不多。也因此存在对于大运河的文化内涵认识不足,对大运河保护对象和范围的认知有较大差异等情况,进而出现了大运河流域遗产保护压力巨大、传承利用质量不高、资源环境形势严峻、生态空间挤占严重、合作机制亟待加强、环境污染相当严重和文物本体年久失修等现象。大运河沿线一些城市由于控制失当,城市形态、城市面貌趋同化,建设性的破坏时刻威胁着大运河文化遗产及其背景环境,使大运河的独特价值和真实性、完整性被逐渐削弱。大运河资源开发利用不足,所蕴含的巨大生态效益、经济效益未能充分发挥。且多头并管,缺乏统一有效的协调管理机制等问题,造成大运河资源保护利用碎片化、零散化,缺乏计划性、系统性和长久性。这些状况既影响京杭大运河文化遗产保护,也不利于大运河功能的进一步发挥。

习近平总书记高瞻远瞩,深刻地认识到京杭大运河的历史价值和现实意义,要求大力宣传以京杭大运河为代表的中国历史上运河工程的辉煌成就,大力弘扬中华民族为世界文明作出的历史贡献,以此激励中国人民奋发图强,再铸辉煌。习近平总书记多次对大运河文化保护传承和利用工作作出重要指示批示,2017 年 2 月 24 日,习近平指出,保护大运河是运河沿线所有地区的共同责任;随后,进一步强调"大运河是祖先留给我们的宝贵遗产,是流动的文化,要统筹保护好、传承好、利用好""要古为今用,深入挖掘以大运河为核心的历史文化资源"。习近平总书记在党的十九大报告中明确指出:"文化是一个国家、一个民族的灵魂。""中国特色社会主义文化,源自于中华民族五千多年文明历史所孕育的中华优秀传统文化"。京杭大运河文化遗产资源丰富、运河功能持续发挥、沿线区域发展水平较高。深入挖掘大运河承载的深厚文化价值和精神内涵,结合时代要求继承创新,合理利用文化资源,加强旅游开发,有利于推动中华文化展现出永久魅力和时代风采。2019 年以来,中共中央办公厅、国务院办公厅连续印发《大运河文化保护传承利用规划纲要》和《长城、大运河、长征国家文化公园建设方案》,从国家层面部署推进大运河文化带和国家文化公园建设。

二、江苏省率先建设大运河文化带

大运河是开凿于春秋、拓展于隋朝、繁荣于唐宋、取直于元朝、兴盛于明清的一条工程浩大的人工水利工程。她同长城一样,在世界文化遗产中堪称世界之最,在世界运河史上开凿最早、航道最长,主要由隋唐大运河、京杭大运河和浙东大运河 3 大部分组成。江苏境内的大运河河道路线最长、线路最复杂、流经城市最多、相关遗产最丰富、列入大运河世界遗产点最多。

京杭大运河江苏段纵贯江苏全境,全长 690 公里,自北向南流经徐州、宿迁、淮安、扬州、镇江、常州、无锡和苏州 8 个设区市,沿线拥有全省 60%的人口、66.3%的经济总量。作为中国古代最重要的南北交通大动脉和水利枢纽,京杭大运河江苏段深刻影响了江苏的自然环境、人口分布、城镇布局和交通路线。今天的京杭大运河江苏段仍然是京杭大运河全线通航里程最长、货流密度最大、运输效益最好的“黄金水道”,不仅将江苏的楚汉文化、淮扬文化和吴文化等地域文化有机串联起来,而且将“陆上丝绸之路”和“海上丝绸之路”联系在一起,形成兼收并蓄、包容多样和独具魅力的江苏运河文化。京杭大运河江苏段是大运河全线最富有内涵和特色的文化遗产带、具有观赏价值的文化景观带和最有发展潜力的文化产业带。物质和非物质遗产资源丰富,在 690 公里长的大运河江苏段上,有 149 处全国重点文物保护单位、101 项国家级非物质文化遗产,有遗产河段 325 公里、遗产区 7 个、遗产点 22 处,有 10 座国家历史文化名城、19 座中国历史文化名镇、7 座中国历史文化名村。沿线 8 市均为国家园林城市和中国旅游城市,以扬州瘦西湖为代表的 AAAAA 景区 16 处,国家级旅游度假区 4 座,AAAA 景区、省级旅游度假区占全省 70%以上;现有 8 个国家级文化产业示范基地,4 个国家级动画产业基地、影视基地,2 个国家级文化和科技融合示范基地等。大运河江苏段每年吸引游客数量呈上升趋势,仅 2018 年赴江苏参观游览大运河的游客达 81 823.7 万人次,其中入境游客突破 400 万人次。

江苏省认真贯彻落实习近平总书记重要指示批示精神和中央决策部署,把大运河文化带作为建设“强富美高”新江苏、推动高质量发展走在前列的重大工程,纳入工作大局,摆上突出位置,先行探索推进,取得了积极进展和显著成效。2015 年 7 月,江苏省政府在淮安召开了京杭大运河文化带建设座谈会,统筹谋划大运河江苏段文化遗产保护、文化产业升级和旅游发展。此次座谈会明确提出,以遗产资源为支撑,以沿线城市为节点,在京杭大运河江苏段全线率先建成具有江苏特色的大运河文化带的工作目标。2017 年 2 月和 6 月,习近平总书记先后两次就大运河保护、传承、利用作出重要指示和批示后，江苏随即作出响亮的应答：推进大运河江苏段文化带建设，是学习贯彻党的十九大精神、认真落实习近平总书记重要指示的重要举措，必须让千年运河在新时代焕发出更加夺目的光彩，在世界舞台上讲好运河故事和中国故事，使之成为展示中华优秀文化的新名片，成为千百年来人们记忆中亘古不变的乡愁。2017 年 9 月，针对大运河江苏段的保护、利用和开发，江苏提出“三个长廊”(高颜值的生态长廊、高品位的文化长廊和高效益的经济长廊)的建设构想。2018 年 6 月 7 日，江苏省委书记娄勤俭在省委理论学习中心组学习会暨省大运河文化带建设工作领导小组第一次全体会议上指出，“要创造性、高质量地推进大运河文化带江苏段建设，推动大运河文化带江苏段建设走在全国前列，使其成为大运河文化带的先导段、示范段、样板段，成为江苏文化建设高质量的鲜明标志和闪亮名片。”具体来说，江苏目前主要做了如下四项工作。

1. 形成顶层设计

一是成立省级大运河文化带建设工作领导小组。由省委书记任组长，省长任第一副组长，省委省政府有关负责同志任副组长，省直 17 个责任部门和 11 个运河相关设区市主要负责同志任成员。大运河江苏段沿线各设区市也相应成立了工作领导小组，形成了上下联动、协同推进的工作局面。

二是组建江苏省大运河旅游发展基金。2019 年 1 月 4 日，全国第一个大运河产业发展基金在南京成立，基金首期规模为 200 亿元，采用母子基金协同联动方式，聚焦重点领域、扶持优质项目，为大运河文化带建设提供多样性、专业化、强有力的金融支撑保障，推动做大做强大运河江苏段旅游产业。

三是组建了“大运河文化带建设研究院”。2018 年 4 月 26—27 日，江苏省社会科学院协同中共江苏省委宣传部等单位在南京召开“江苏省大运河文化带建设研究院成立暨学术研讨会”，宣布在江苏省社会科学院成立专门的“大运河文化带建设研究院”，统筹推进江苏范围内的大运河文化建设研究工作。由江苏省社会科学院牵头，汇聚全国专、兼职研究专家为大运河文化带建设提供智力支撑和学理支持，依托省内高校成立了 7 个城市分院和 1 个农业文明主题分院。

2. 加强遗产保护

江苏省提出，大运河沿线各市要按照国家文物局《中国大运河申报世界文化遗产点段工作要求》，全面做好大运河遗产“四有”基础工作，即树立保护标志，划定保护区划，落实保护管理机构，建立并完善大运河遗产档案资料。2016

年，江苏省提出并推动“江淮生态大走廊规划”建设，以大运河为主干线，以扬州、泰州、淮安、宿迁和徐州等沿河城市为规划范围，充分把握大运河江苏段文化遗产的活态特征，严格执行世界遗产保护管理和文物保护法相关要求，制定保护管控清单，实施重点遗产点段保护整治工程，加强重要文物考古、研究与认定，实施传统工艺振兴计划，推进运河沿线非遗传承人研修研习计划，打造一批非遗保护传承基地，加强沿线历史文化名城名镇名村、街区和传统村落的整体保护修缮，建立省级大运河遗产保护数据库和监测预警平台。在坚持保护优先、生态引领的前提下，打造世界跨流域生态廊道建设样板区和淮河流域东部生态屏障。在 2017 年的淮安板闸风情街建设工地上，木桩、条石和青花瓷片等深埋地下的物件陆续被挖出。地方政府当即协调建设单位停止施工，考古队迅速进驻场地。国家文物局专家鉴定后认为，板闸是明永乐年间所建的“四闸”之一——移风闸，是大运河申遗成功后沿线城市中最重要的新发现，对研究我国明清水利史、运河史具有显著价值。对此遗址，淮安市政府十分重视，将土地属性调整为文物保护用地，着力打造板闸遗址公园：对闸体进行保护性展示，回填保护古河道和明清房址等遗迹，对河道走向等遗存进行了解读。2018 年 8 月，位于淮安市的中国漕运城、板闸遗址公园开工建设，这项总投资 28.7 亿元的工程将成为大运河江苏段文化带建设中文化遗产保护和文化价值弘扬的典范。宿迁市运河边的金龙大王庙是重要的运河遗迹，2017 年出现了墙面下沉、倾斜。宿迁市文物部门对该庙进行全面整治、提品升级。宿迁市另一处重要的运河遗址——龙王庙行宫，是当年乾隆皇帝 5 次驻跸的地方，龙王庙行宫的建筑彩画一度斑驳脱落，经过缜密的保护修复后，已恢复了历史原貌。

3. 传承运河文化

2019 年 9 月，江苏省委书记娄勤俭用 3 天半的时间对大运河江苏段长江以北部分进行了全程考察。娄勤俭强调，要进一步增强文化自信和文化自觉，高质量推进大运河江苏段文化带建设，统筹保护好、传承好、利用好大运河，让这一“流动的文化”更加熠熠生辉。江苏省坚持在挖掘保护中寻根溯源，在传承弘扬中讲好故事，实施大运河文脉整理研究工程，加强大运河文化基础研究，深入挖掘大运河的精神内涵和时代价值，编纂出版了中国第一部运河通志《中国运河志》，共 9 卷 11 册 1 400 余万字，推出一批高质量的研究成果。江苏省推进运河文化交流合作工程，加强与全球运河城市间的交流合作，成功举办了“长三角运河文化”“大运河书香文脉传承发展”“中国大运河与中华老字号”等系列主题论坛、学术大会和大运河文化带建设智库峰会；推进文化价值传承弘扬工程，创作了一批运河主题文艺精品,组织了一批群众喜闻乐见的品牌活动,创作了大型史诗歌剧《运之河》、交响组歌《大运河畅想》和百米美术长卷《中国大运河史诗图卷》等一批重点精品力作。2019 年 5 月,江苏省举办了首届大运河文化旅游博览会,组织了"运河文化嘉年华""行走大运河""运河城市马拉松"等一批群众性活动,打造了运河主题国际微电影展和运河城市非遗展等一批特色展览展会,开展了"行走运河 11 城""行走世界运河城市"等全媒体行动,生动讲述了大运河江苏段故事。近年来,京杭大运河江苏段沿线城市都建立了京杭大运河专题展馆,从而有效地增加了京杭大运河遗产公共文化服务供给能力,提升了城市形象。淮安里运河、扬州双东历史文化街区、镇江西津渡、常州运河五号、无锡清名桥和苏州古城等具有京杭大运河特色的文化景观,成功探索了运河遗产、文化创意和旅游等相结合的新的经济增长方式。作为大运河申遗工程的牵头城市,扬州建成了京杭大运河扬州段遗产数字管理平台和遗产监测预警系统。在扬州,1 000 多位扬州市民成立大运河保护志愿者总队;在淮安,市民高虎退休后一直以自由撰稿人的身份,采写运河故事;在无锡,世居运河边的黄仁荣在 81 岁高龄时仍担任无锡运河窑址博物馆顾问,收集、整理窑址文化,为南来北往的游客讲解运河老窑"火红"的岁月。

4. 修复运河生态

江苏省以生态文明建设为牵引,坚持文化保护和生态保护一体联动,以敬畏历史、尊重自然的态度,调整优化大运河沿线空间布局,统筹划定生态保护红线、自然生态空间范围和核心监控区范围,整体保护大运河沿线空间形态。持续实施沿线森林资源保护、退田还湖还湿、自然湿地保护等生态工程,采取修山、治水、增绿、整地、保湖和养草等措施,整体保护、修复提升沿线区域山水林田湖草生态系统。推进水环境污染治理,打好运河沿线碧水保卫战、河湖保护战。同时,以水资源与水文化保护为重点,统筹推进大运河江苏段水资源管理,合理保护利用岸线资源,完善水利基础设施,不断增强水利功能。实施河道治理和除险加固工程,提升河道防洪排涝能力,完善运河沿线现代农业水利工程体系和农村水利服务体系,保障沿线安澜和文化遗产安全。谋划建设中国(淮安)大运河水工科技馆,培育一批水利风景区和水美乡村,打造一批水生态文化地标。针对大运河(苏北段)部署开展"三乱"整治,将深入实施"水十条"与全面推行河湖长制紧密结合起来,重点抓好断面达标、生态管控、综合治理与政策创新等方面的工作。同时,重抓水资源保护,有序推进岸线管理,不断强化用水管理,深入开展水文化保护,全方位提升大运河(苏北段)的治理能力。加快实施大运河（苏北段）沿线非法码头整治，加大船舶与港口水污染防治力度，加强危险品水路运输安全监管，推广船舶应用 LNG（液化天然气）清洁能源。截至 2018 年，沿大运河各市已清理碍航设施 1 677 处，拆除违章建筑 276 处，绿化提升面积 124 万平方米。沿线需拆除的 57 个非法码头中，已拆除 30 个。完成 269 个运河码头泊位污染防治设施建设，港口码头、船闸和水上服务区的垃圾收集设施设置数量超过 680 套，2019 年 1—8 月接收、处置船舶生活垃圾总计 1.3 万余吨。初步完成首轮"三线一单"划定工作。在资金方面，推出与地区污染物排放总量直接挂钩的财政政策，树立"多排多担责，少排可获益"的鲜明导向。建立覆盖全省的上下游"双向补偿"政策，提高补偿标准。通过对接金融机构，有关部门会同财政部门在全国率先推出绿色金融产品"环保贷"，设立风险补偿资金池。省级财政首期投入 4 亿元，前后撬动银行资金约 80 亿元。深入推进城乡污水处理效能提升，9 个集中式饮用水源地中 7 个已完成达标建设，12 个水功能区达标率为 100%，大运河（苏北段）和微山湖沿线 4 市共建成 224 座城镇污水处理厂，处理能力达每日 237.95 万立方米，城市污水处理率达 91.7%，建制镇污水处理设施覆盖率达到 91.3%。全省水文化遗产调查有序开展。截至 2018 年，共调查登记了工程建筑类水文化遗产4 571 处、文献资料类 275 个、非遗类水文化遗产 563 个，总计 5 409 处。淮安市高质量、系统化推进大运河文化带建设，加大水环境整治力度，积极开展岸线生态风光带建设，共清理货运码头 87 处、10 万平方米，违章建设 6 处、1 200 平方米。徐州市积极开展"三乱"整治行动，完成省交办问题 505 件，清除中运河沿线 167 条采砂船，积极推进生态河道建设，努力打造高标准、高颜值的京杭大运河国家级示范段。扬州市加强沿运河水管理，推进船舶污染防治，开展专项整治，拆除京杭大运河沿线码头 25 座、违章搭建 34 处，关闭船厂 7 个、砂石场 15 个，实施沿运河公园建设，多处绿地均已建成开放。宿迁市拆除中运河、骆马湖沿线非法码头 17 座，清理砂场 57 处，清除违章建筑 9.6 万平方米，初步实现了"码头整治彻底、河道畅通有序、临岸生态宜人、服务规范提升"的目标。

从总体上看，江苏省打造大运河文化带先导段、示范段、样板段的步伐不断加快，成效日趋显著。

第二节 研究现状

课题组检索 CNKI 学术期刊全文库、中文科技期刊全文库、EBSCO 学术期刊文摘及全文数据库、Elsevier 数据库、Ingenta Connect(原 UnCover)数据库、Proquest Digital Dissertation(PQDD)数据库、CNKI 博硕士学位论文数据库等后发现,近 20 年来,学术界在京杭大运河学与旅游开发等方面从分散到系统、由线到面,发表了一批颇具新意的研究成果,但专门研究大运河(苏北段)的研究成果较少。

一方面,大运河在历史的发展中对沿线地区的城市、建筑、商业、饮食和民俗等方面起着重要的推动作用。大运河除了拥有使交通更加便利的属性外,还具有多重价值属性。2014 年,山东大学康敬亭在其硕士论文《京杭大运河(无锡城区段)文化遗产构成与价值研究——兼谈无锡城区文化遗产保护与城市发展》中,通过对京杭大运河无锡城区内的遗产调查研究,分析了区域内文化遗产的价值构成,为进一步加强遗产保护工作打下了坚实基础。2015 年,北京理工大学陈秋静在其硕士论文《从文化线路的角度看明清大运河的演变与价值研究——以沧州段为例》中,就大运河沧州段的文化遗产和其历史文化价值进行了详细探析。2016 年,李麦产、王凌宇发表的《论线性文化遗产的价值及活化保护与利用——以中国大运河为例》一文,从技术手段、管理制度方面的创新进行了探讨,以用于解决新时代背景下如何赋予文化遗产新价值的问题。2017 年,王凌瑾等发表的文章《运河古镇的历史演化与特色价值解析——以淮安码头镇为例》,从大运河水系、聚落形态的演变过程,分析了淮安市淮阴区码头镇具有的特色价值。2018 年,王亚男、陈喜波发表的文章《基于全域历时态的京杭大运河景观遗产价值判断与保护利用策略探析》,结合北京市总体规划,从全域治理的视角入手,提出了运河景观所具有的显性价值和隐性价值,以便于为大运河整体保护和利用服务。2018 年,王健在其发表的文章《论我国古代运河在国家统一及疆域发展中的历史作用》中,着重阐述了大运河在我国不同朝代皆起着维护区域统一的重要作用。2018 年,浙江大学徐勤在其硕士论文《京杭大运河与古代杭州城市的发展关系研究》中,就大运河在五代、南宋、明朝和清朝等不同时期对杭州古城的影响进行了详细分析,证明了大运河对城市变迁所起到的推动作用。

另一方面,最近几年关于大运河的保护实践主要侧重于水环境修复、大运河沿线景观设计以及旅游开发三个方向。2014 年,邓绍鸿等在其发表的《京杭大运河沿线主要城市旅游竞争力研究》一文中,针对京杭大运河沿线 13 个城市进行了经济和旅游等多方面评价,从而对各个城市的旅游竞争力划出等级,再根据不同等级提出相应的开发策略。2015 年,西安建筑科技大学王婧在其硕士论文《遗产廊道视角下京杭运河沿线古镇的旅游发展探究——以宿迁段皂河镇为例》中，就大运河申遗成功后运河沿线古镇盲目开发的问题进行了调查，并以宿迁市段皂河镇作为个案进行研究，提出了相应的旅游开发策略。2015 年，南京林业大学李峰在其硕士论文《运河沿线滨水棕地区环境景观改造设计研究》中，详细阐述了国内外运河发展史，并就运河棕地形成后的危害进行了详细地解析，以大运河常州市凤凰新城段景观改造项目个案进行了研究，提出了运河棕地景观设计的方法。2018 年，戎卿文、王建国在所发表的《游记图本与舆图的陈说：城市设计中的历史信息解析与表达运用——以大运河杭州段两岸景观提升为例》一文中，通过对 2 本古书册的解读，结合大运河杭州段沿岸的空间现状，试图寻求将古代景观设计手法应用于现代空间的表达途径。

虽然中国大运河已经进入世界遗产名录，但由于地域原因，国外对于中国大运河的研究文献资料较少，学者们对京杭大运河的研究起步较早，早期的研究以史料和史实的重建为主，注重澄清历史细节和建立年表。此后，对运河的研究更加注重从政治、经济、商业、技术和宗教文化等多角度加以研究。

而对于大运河（苏北段）的研究，则着重于修建历史，理清航运状况，评价水质，阐明污染现状及阐释沿运河城市的发展。如《京杭大运河的功能与苏北运河段的发展利用》（李书恒、郭伟撰）、《大运河（苏北段）底泥中汞的总量与形态的分布研究》（李功振、韩宝平、葛冬梅、孙燕、李超撰）、《大运河（苏北段）底泥重金属污染与释放规律研究》（李功振著）和《浅析京杭大运河苏北段存在的问题和解决办法》（汪先义撰）等，而对于大运河（苏北段）发展利用的系统研究比较缺乏。在大运河（苏北段）沿线城市研究方面，也多集中于淮安段研究，对徐州和宿迁段的研究较少。

未来，随着各级党委、政府对京杭大运河遗产保护和研究力度的不断加大，京杭大运河文化与旅游研究必将达到新的高度，呈现出欣欣向荣的景象。当然，客观地讲，运河学与旅游建设的融合研究还需要在研究时段上实现“上延下伸”，在研究范围上实现“内融外通”，在研究方法上实现“史源众流”和“综合融通”等。

第三节　研究意义

大运河（苏北段）是整个京杭大运河中航道标准较高、航行条件较好的一段，是南北水运的动脉，也是国家北煤南运的主通道。历史上大运河（苏北段）的变化复杂而多样，孕育了楚汉文化，对苏北城市盛衰起落的影响也格外显著。大运河

(苏北段)沿线3个城市——因运河而生、因运河而兴的“运河之都”淮安、大运河江苏段的起点徐州、“治河咽喉、漕运转轴”的宿迁,集聚了大量的物质文化遗产和非物质文化遗产。本课题研究将基于这3个市特别是淮安境内的大运河旅游融合及旅游资源协同利用进行深入研究,具有重大的实践和理论意义。

实践上,一是启发大运河(苏北段)沿线三市加大大运河旅游资源开发力度,树立“带状”旅游资源开发理念,做到“点、线、面”联动。二是立足于大运河长期受自然和人为破坏、保存现状堪忧的现状,推动沿线苏北三市充分、完整地保护、传承和利用大运河历史文化和旅游资源。三是立足于大运河多头并管、缺乏统一有效的协调管理机制的现状,推动苏北三市建立健全运河管理体制机制,完善大运河文旅融合工作联席会议等制度,加强对大运河(苏北段)的规范管理。四是促进大运河(苏北段)沿线三市协同挖掘运河历史文化,联手共治运河,从而有利于大运河(苏北段)堤防加固工程、加强环境监测、实施水污染防治、加强运河水安全保障、大力开展沿线环境修复、推进水运航道建设、完善沿线生态防护林带体系和加强沿线湿地环境保护等。五是立足于大运河(苏北段)保护开发缺少相应的规划、顶层设计和专项管理法规的现状,推动沿线苏北三市共同编制和完善运河保护利用规划,加强运河保护的法律法规建设。六是立足于大运河(苏北段)沿岸城镇缺少文化特色、呈现趋同化倾向的现状,推动大运河(苏北段)沿线城市根据各自实际情况,恢复和保留原有的文化和旅游资源的多样性。七是立足于大运河(苏北段)保护工作尚未引起足够重视的现状,推动苏北三市深入开展大运河保护宣传教育工作,鼓励民众和社会力量积极参与运河保护和运河文化传承利用等。

理论上,一是立足于大运河(苏北段)内涵和外延尚不完全清晰的现状,推动苏北三市对大运河(苏北段)历史文化资源进行调查和价值评估;二是促进人们重新认识大运河(苏北段)南粮北运、商旅交通、军资调配、北煤南运和水利灌溉等历史和现实作用;三是为大运河(苏北段)沿线城市旅游资源协同开发提供借鉴,为大运河(苏北段)开发利用研究提供新的视角和思路。

第四节 研究内容

一、大运河(苏北段)的内涵和外延

目前,涉及大运河(江苏段)研究的文献中,对大运河(江苏段)的划分大部

分以长江为界,把大运河流经江苏的8个地级市划分为苏南4市(镇江、常州、无锡和苏州)和苏北4市(徐州、宿迁、淮安和扬州)。但需要强调的是,本研究依据省委省政府对江苏区域苏南、苏中、苏北的划分,将大运河(苏北段)界定为流经徐州、宿迁和淮安3市的运河段。其中,大运河(徐州段)全长181公里,大运河(宿迁段)全长112公里,大运河(淮安段)全长68公里。

苏北—苏中段是大运河最早开挖的河道之一,北起江苏徐州蔺家坝,南至扬州六圩口,全长404公里,是整个京杭运河中航道标准最高、航行条件最好的地段之一,是国家北煤南运的主通道。南来北往的船舶穿梭在这条运河上,给沿线徐州、宿迁和淮安三市经济发展带来了勃勃生机,积淀了丰富的历史文化遗产。大运河(苏北段)1978年货物运量1 600万吨,2007年货物运量1.55亿吨(其中,煤炭8 819万吨、电煤6 332万吨,比1978年增长了近10倍)。不仅基本满足了北煤南运的需求,而且还开天辟地地实施了南水北调。大运河(苏北段)的旅游文化资源,主要包括以下四类。

1. 历史文化遗产

运河的发展伴随着中国社会发展的各个阶段,见证了中国社会经济和文化的兴衰、科学技术进步的历史。大运河(苏北段)是大运河最早开挖的河道之一,积淀了丰富的历史文化遗产,较好地保存了大运河原有风貌,具有独特的文化遗产价值。根据江苏省文物保护部门对江苏段南水北调东线沿线的文物复查,大运河(苏北段)共有文物点121处(其中,徐州37处、宿迁28处和淮安56处)。全国重点文物保护单位1处,即"明代第一陵"——淮安的明祖陵。大运河申报世界文化遗产,淮安市涉及申报的遗产区有2个,即清口枢纽和总督漕运公署遗址;1段河道,即淮扬运河淮安段;遗产点5处,包括清口枢纽、双金闸、清江大闸、洪泽湖大堤、总督漕运公署遗址。宿迁市有1点1段入选,分别是皂河龙王庙行宫和中运河段等。

2. 民俗休闲资源

大运河(苏北段)串联了众多湖泊、河流与湿地,风情与物产并茂。运河沿岸淀积着数千年的历史遗迹,将燕赵文化、楚汉文化、鲁豫文化、吴越文化系环成链。大运河(苏北段)村落城镇人文荟萃,孕育了丰富的民风民俗、民间工艺与传统艺术等非物质文化遗产,如窑湾古镇"夜猫集"和清江闸划龙舟等独特的节日庆祝活动,刺绣、竹雕、木刻、泥塑和陶器等特种手工艺,淮海戏、淮剧(西路淮剧)、泗州调、柳琴戏和洪泽湖渔鼓舞等特色传统戏曲、舞蹈等。大运河(苏北段)既是集古渡村镇、寺庙观庵、城垣园林、田园风情于一体的风景线,又是融历史遗存、典故传说、民俗手工、农贸集市于一体的“文化线”。

3. 公众教育资源

作为人类改造自然的一项壮举,京杭大运河是与长城并重的古代中国人民创造的伟大工程。大运河历史遗存是研究中国古代历史、政治、经济、文化、社会和科技等方面的珍贵实物资料。大运河(苏北段)堤坝、涵闸和码头等水工设施遗产丰富,生动地反映了历史上经济、社会和科技发展情况。如 1958 年竣工的宿迁船闸、1978 年建造的皂河抽水站等水工遗迹在当时都具有世界领先的技术水平。而大运河串联的河、湖和湿地等自然景观及其所孕育的生物物种多样性等,都为环境教育和公众教育提供了机会和场所。另外,大运河(苏北段)爱国主义教育资源丰富,淮安的周恩来故居和纪念馆、徐州的淮海战役纪念馆,都是爱国主义教育的重要基地。可以说,大运河(苏北段)是苏北各市开展历史知识普及和爱国主义教育最好的教科书。

4. 大运河精神

大运河精神是大运河文化的集中体现。2 000 多年来,大运河的水系在变,河道在变,水情在变,治水理念在变,治水方略在变,管理机构在变,运行机制在变,但创新精神不变。历代运河建设者们在复杂的自然环境条件下将不同时期、不同区域的运河连通为一条纵贯南北的人工运河,充分体现了中华民族不畏艰难、顽强拼搏、生生不息的进取精神。大运河促进了中国南北不同地域间经济、社会、文化和军事的交流、沟通和融合,推动了中华民族多元一体化格局的产生,形成了兼收并蓄的包容精神。

二、大运河(苏北段)旅游资源利用的现状

随着大运河的成功申遗以及习近平总书记对打造大运河文化带、深入挖掘大运河丰富的历史文化资源作出重要指示批示以来,运河沿线城市对运河历史文化资源价值的认识不断提高,对运河旅游文化资源保护利用的力度不断加大。大运河(苏北段)沿线的徐州、宿迁和淮安三市纷纷出台了一系列举措,以推动大运河旅游文化资源的协同利用。

徐州市地处大运河(江苏段)的最北端。大运河(徐州段)线路长、遗产多。近年来,徐州市坚持系统推进,加强整体规划,着力打造“徐州样板式”运河文化名片,结合本地文化、生态和旅游等特色资源禀赋,整合徐州汉文化元素,进一步挖掘大运河历史文化,推动文旅融合发展。一是融合发展运河旅游。徐州市梳理历史旅游资源,将之规划为“3 园 2 带 18 点”,推动淮海战役纪念建筑群、北

洞山汉墓、梁王城遗址、骆马湖景区、山西会馆、奎山塔广运仓遗址、狮子山楚王陵遗址公园、淮海战役碾庄战斗纪念馆、王杰纪念馆和下邳古城等运河文化遗产串联起来，集点成线、汇线成面。开展运河文旅项目招商，推进运河文旅项目建设。2018年，建设了汉画像石解密馆、龟山云创文旅小镇和窑湾运河风情小镇等20个文旅项目。二是梳理传承运河文脉。率先在江苏师范大学成立了“大运河文化带建设研究院徐州分院”，开展了运河专项课题研究。完成了《徐州市保护传承利用大运河文化研究》专题报告，整理运河相关资料书籍50余部。全面排查和梳理现存的运河文化遗产，积极举办“赢在徐州——2018大运河乡土人才·文化创客技能与创意大赛”等运河系列活动。加快运河沿线路网提升建设，在保护好传承好大运河深厚文化的同时，推动运河沿线地区经济社会发展。三是整治修复运河生态。协调推进大运河文化保护传承、环境治理修复与资源开发利用，开展运河专项整治，查处破坏运河大堤违法建设、运河沿岸围网养鱼、违规停靠等违法行为，加强运河污染防治，编制了《徐州市京杭大运河不牢河市区段综合整治工程实施方案》，实施了清违还河、河道治理、两岸畅通、雨污分流改造、水生态环境、文化游乐六项工程。其中，文化工程重点打造了运河带状公园风光带，设置运河古今、京杭水港、泗水秦洪、田园荆山和清水溯源等5大公园节点，形成了“一带两岸融山水，一水五园润彭城”的文化特色。

宿迁市是全国唯一拥有大运河3个历史阶段不同主航道的城市。境内的汴河、黄河故道和中运河先后作为隋至元、元至清和清以后的漕运主航道之重要河段，见证并维系了隋唐至今中国的经济社会发展和文化交流，大运河（宿迁段）在全省乃至整个大运河沿线所处的地位是治河咽喉、漕运转轴。宿迁市于2011年出台了《大运河（宿迁段）遗产保护规划》。近年来，中共宿迁市委、市政府对大运河（宿迁段）保护利用的重视程度不断提高，中共宿迁市委五届六次全会提出，深入挖掘培育特色文化，把大运河（宿迁段）建设成为内涵丰富、特色突出的历史文化长廊。大运河（宿迁段）旅游资源保护利用开发得到大力推进。一是沿线重要文物点的保护和管理工作不断加强。大力实施大运河沿线重要区域的环境整治，开展大运河本体及周边环境的景观保护、展示和相关的整治工作，建立大运河（宿迁段）遗产监测预警平台，开展大运河（宿迁段）档案资料系统建设。同时，实施了大运河沿线文化遗产保护工程，对世界遗产点龙王庙行宫先后进行了三期保护性修缮，对大运河沿岸的陈家大院、大王庙和财神庙等历史建筑实施了修缮、修复工程。二是加强大运河保护利用管理。成立了市大运河保护管理工作领导小组，加强组织领导，促进部门间分工协作。启动编制宿迁市大运河文化带保护和利用规划纲要,加强大运河(宿迁段)保护利用顶层设计。三是推进旅游文化项目建设。坚持项目化推进,用项目统领大运河沿线文化、生态、旅游和水利建设,培育重点项目,特别是结合丰富灿烂的非物质文化遗产,如泗州戏、淮海戏、柳琴戏和洪泽湖渔鼓舞等特色传统戏曲舞蹈,洋河酒酿造、黄狗猪头肉制作和乾隆贡酥制作等传统技艺,打造重点品牌。此外,宿迁市已推出泗阳县成子湖旅游度假区综合开发、宿迁"两河"生态文化廊道等相关项目 67 个,总投资超 600 亿元。

淮安市是大运河沿线的重要节点城市、运河之都。淮安市早在"十一五"时期就启动了运河文化遗产资源开发利用工程。近年来,淮安市以大运河成功申遗为契机,将大运河文化带建设摆在突出位置,作为实现"江淮崛起梦"、推动高质量发展的重要抓手,围绕"漕运文化展示区、河工文化集成区、生态文旅体验区、运河保护示范区"目标,从政治、历史、战略和全局的高度谋划推进大运河文化带建设,统筹做好保护传承利用文章,努力打响"运河之都、水城淮安"城市品牌。一是加强组织领导。2017 年,组建了由市委、市政府主要领导挂帅的专门工作机构,明确市分管领导具体负责,各相关部门以及大运河沿线县(区)主要负责人全面参与的工作领导小组和联席会议,统筹推进全市大运河文化带建设。建立大运河文化带建设联席会议制度和"1 办 1 库 4 指挥部"的工作格局,整合各方力量,实行协调联动,扎实有序地开展各项工作。编制年度工作要点和重点项目清单,签订目标责任状,将大运河文化带建设融入全市高质量跨越发展的指标考核体系,推动各项工作落到实处。出台了《历史文化名城保护管理办法》,在全省率先研究制定了《淮安市文物保护条例》,将大运河遗产保护纳入经济、社会、文化、环境和财政预算政策体系,编制淮安板闸遗址、北门城墙遗址和里运河博物馆群等 6 个专项规划方案,专业化推进运河文化遗产保护,为大运河文化资源保护划定"红线"。全面对接国家和省规划纲要,在完成大运河文化带(淮安段)《基础研究报告》《立法调研报告》《大运河文化带国家文化公园(淮安段)建设研究报告》的基础上,投入近 400 万元着手编制大运河文化带建设实施规划,努力实现全河段整体布局、一体推进。建设大运河(淮安段)遗产监测平台,实施全时段、全区域运河遗产监控保护措施,全面排查境内运河遗址遗迹,使漕运总督公署、淮安榷关和板闸遗址等 9 处运河遗迹重现于世。成功举办了中国(淮安)大运河文化带城市非遗展。二是深挖运河文化的时代价值。挖掘漕运文化底蕴,打造"运河之都"品牌,组建大运河文化研究中心,每年开展运河文化遗产保护"六进"活动 200 余次,发放宣传材料 5 000 份,结合文化遗产日和国际博物馆日等节点，举办了4期运河遗产保护管理论坛、系统地挖掘整理了大运河史料，编写了《里运河名胜（淮安段）》《淮安里运河故事》和《运河文化研究论文集》等多种专题丛书，为运河文化保护提供了鲜活史料素材。实施大运河文化资源布展解读工程，建成以中国漕运博物馆和中国淮扬菜博物馆为代表的运河文化专题博物馆群。三是加强旅游资源开发。依托运河沿线生态文化资源，做好"文化＋生态＋旅游"文章，按照"多规合一"的理念和"城水相依、组团相间、生态相连、文脉相融"的要求进行滨水布局，重点建好全长15.6公里、面积11.8平方公里的里运河文化长廊，加强景观带建设和水生态修复，依托丰富的运河生态文化资源，加快推进中国漕运城和西游主题乐园等重点项目建设，超前谋划中国大运河水工科技博物馆和王瑶卿戏曲艺术馆等项目，积极打造河下、马头和蒋坝等一批运河文化特色小镇、特色街区。同时，积极申报世界"美食之都"，加快发展文化创意、旅游休闲和健康养生等绿色产业，加快发展文化创意和旅游休闲等关联产业，打造一批文化体验游、淮扬美食游、特色村镇游和名人故里游线路，全面打响"水懂我心、自然淮安"全域旅游品牌。按照"城水相依、生态相连、文脉相融"的要求进行滨水布局，精心实施滨河大道和里运河文化长廊慢行系统等重点项目，进一步提升城市功能品质。总投资260亿元，以清江浦文化商业休闲区、运河文化主题园、运河文化国际交流中心、萧湖旅游区为主体，依托清江大闸、慈云寺和文庙等遗址遗迹，创新打造集文化、旅游、商业和娱乐于一体的国家AAAA级景区里运河文化长廊。四是严格落实"共抓大保护、不搞大开发"工作要求，继续实行最严格的生态环境保护制度，突出抓好河道水质提升、湿地生态修复和水源地达标建设，扎实开展黑臭水体治理和铁路、公路、航道环境整治工作，切实加大非法码头、浮吊作业点和危险品运输船舶治理管控力度，整体提升大运河沿线生态环境质量。

总之，大运河（苏北段）沿线的徐州、宿迁和淮安三市近年来对大运河旅游文化资源保护、开发和利用的重视程度不断提高，推进力度不断加大，虽然侧重点不尽相同，但是都取得了一定成效。通过对比，我们也不难看出，淮安市立足于自身较为丰富的运河资源，"运河之都"的品牌不断擦亮，形成了较为明确的品牌定位，对大运河旅游开发的重视程度和推进力度也是大运河（苏北段）沿线的三市中最高的。相较而言，徐州和宿迁则尚未形成自身运河文化的品牌定位，对运河旅游资源的开发，还更多地停留在遗产保护利用上，特色旅游文化产品、旅游文化线路开发还尚显不足。

三、大运河(苏北段)旅游资源利用存在的问题

纵观今天的大运河(苏北段),历史与现代交融,人文与自然交汇,经济与社会持续发展。然而当我们走近大运河(苏北段),考察大运河(苏北段),探访其历史渊源和今天发展的时候,特别是当我们用中央和省委的要求,以上下游建设的标准来审视大运河(苏北段)保护性开发建设现状的时候,就会发现其中还有诸多的问题和"短板"。

1. 管理层面

从管理层面来看,对文化资源认知不足,文化资源保护方式单一,保护理念落后。多头管理严重阻碍了对文化资源进行全方位、全社会参与的合理保护,保护工作不全面。如目前与大运河(苏北段)有关的法律、制度及规划主要集中在物质文化遗产、水利和旅游等方面,对非物质文化遗产等文化艺术资源涉及较少。在保护展示方面缺乏创新发展思路,特别是一些有价值的文化资源保护展示层面较浅,有待于深度挖掘。

(1) 对大运河旅游资源的开发价值和发展潜力还存在认识不足、措施乏力的情况。

近年来,虽然徐州、宿迁和淮安三市党委、政府对大运河旅游价值的认识不断深化,开发利用力度不断加大,但与大运河(苏北段)的历史地位和旅游价值潜力相比,还存在严重不足,对大运河(苏北段)沿线历史文化遗产保护较多,开发利用不足,特别是创造性开发的办法不多,也未能出台有效举措,推动社会力量、民间资本共同保护开发大运河(苏北段)旅游资源,未能在全社会形成大运河(苏北段)保护开发的合力。特别是当前部分基层党政干部缺乏文物保护意识和法律法规意识,对(苏北段)遗产保护工作的重要性和紧迫性认识不足,文物保护工作"五纳入"在一些地方还没有得到全面落实,导致城市、镇村悠久历史延续困难,失去了鲜明的个性特征。

(2) 缺乏有效的统筹机构和管理机制。

徐州、宿迁和淮安三市在大运河(苏北段)旅游文化资源开发管理上,状况参差不齐、机制各不相同。在旅游资源开发利用中,注重立足自身,忽视了区域内的串联,从而大大降低了大运河(苏北段)作为一个整体的旅游价值。同时,徐州、宿迁和淮安三市内部在大运河(苏北段)保护开发利用上,也存在条块分割、多头并管的情况。水利、文化、交通和环保等部门各司其职,但缺乏沟通统筹,常会出现遇功争抢、遇过推诿的现象。

(3) 缺乏整体规划。

规划是建设的前提,规划决定能否可持续发展。大运河(苏北段)的现状不仅是市与市之间有各自的规划,而且水环境整治、遗产保护和文化建设等各类规划之间,也缺少统一的指导性规划,导致彼此之间无法配合衔接。同时,还存在"建一段,规划一段"的情况。我们课题组在调研中发现,大运河(苏北段)文旅资源协同利用存在"四重四轻"(重景观,轻遗址;重眼前,轻长远;重绿化,轻文化;重建设,轻管理)的现象。要改变这种现状,只有从规划和立法层面着手,才能解决如上这些深层次的问题。

2. 保护开发情况

从保护开发情况来看,大运河(苏北段)文化带文化资源保护传承面临着城市现代化、农村城镇化的严重挑战,沿线城乡、水利及航道交通等现代化建设与大运河(苏北段)文化带文化资源保护传承之间矛盾突出。如有的地方保护意识淡薄,导致一些有价值的文化资源生存环境差,传承发展困境多;有的沿河城镇随意拆建,部分建设活动严重威胁运河遗产本体及其历史环境景观。特别是河水污染、古迹风貌损坏严重,降低了景观的美感和运河的吸引力。大运河(苏北段)北连鲁西南和徐州两大煤田,南接经济发达的长江三角洲地区,多年来承担着北煤南运和大宗物资运输的任务。大运河(苏北段)上的运煤船密度大,管理混乱,造成大运河(苏北段)水环境污染严重。周围工厂、码头及生活垃圾等造成运河水质变差。同时,部分河段航道不畅,水量不足,致使旅游交通受阻。大运河(苏北段)两岸部分文物损坏严重,严重影响其价值的发挥。如徐州窑湾古镇是历史上京杭大运河的重要节点,有1 300多年的历史。"日过桅帆千杆,夜泊舟船十里",鼎盛时期有古建筑一万多间,有"黄金水道金三角"和"小上海"之美称。但由于人为破坏,千年古镇遗存缺失,致使大运河申遗成功而徐州无缘运河遗产名录。

3. 资源利用情况

从资源利用情况来看,大运河(苏北段)文化带文化资源中大多数已被列入各级文物保护单位或非遗名录,部分甚至列入世界遗产名录或人类非遗代表作名录,但有一些在传承利用方面没有得到相当的政策扶持和社会关注。大运河(苏北段)沿线各地文化资源之间彼此独立发展状况较为严重,在传承利用方面整体上呈现不足,文化资源未能形成系统的、串联式的大运河(苏北段)"文化带效应"。

(1) 品牌定位不鲜明,现有旅游产品结构单一,尚未形成产品体系。

缺乏鲜明的大运河(苏北段)旅游品牌,市场定位不够鲜明。景点碎片化的问题比较突出,景点之间互联互通不完善。旅游线路包装不够多样化,旅游产品之间缺少互补性,同质化现象严重,容易让游客产生审美疲劳感。旅游配套设施不足,未能围绕大运河(苏北段)旅游,形成吃、住、行、游、购、娱完整的产业链。因此,存在景点留不住客、拉动不了消费的情况。

(2) 旅游资源未得到充分挖掘,好的资源未能最终成为好的故事和旅游产品。

宿迁市是红色革命老区,早在土地革命时期,中国共产党就在运河沿线县区建立了地下组织,领导和发动群众开展土地革命。在抗日战争爆发后,我们党又领导抗日军民,在运河两岸与日、伪军展开殊死斗争,留下了刘少奇和陈毅等老一辈无产阶级革命家的光辉足迹和宿迁儿女杀敌报国的传奇故事。但大运河(宿迁段)沿线的红色文化场馆却很少,而且建设的规模不大、档次不高,馆藏的红色历史文物不多,与宿迁市红色历史文化资源丰富的情况严重不匹配。

(3) 大运河(苏北段)旅游宣传不足,缺乏影响力。

徐州、宿迁和淮安三市均存在对运河旅游品牌宣传重视不够、投入不足、方式较为单一等情况,这大大影响了大运河(苏北段)沿线城市的知名度。提到大运河江苏段,人们常常熟知的是苏州和无锡等城市,淮安市近年来大力打造"运河之都",知名度有所提升,但仍显不足。徐州和宿迁两市的大运河旅游资源还缺乏影响力。

四、大运河(苏北段)旅游资源协同利用的建议

大运河(苏北段)孕育了楚汉文化,承载着丰富的历史文化资源。目前,大运河(江苏段)文化带和国家文化公园建设工作的"四梁八柱"和顶层设计已经基本形成。徐州、宿迁和淮安三市必须以习近平新时代中国特色社会主义思想为指导,深入贯彻落实习近平总书记重要指示批示精神和国家规划纲要、建设方案部署要求,协同建立保护利用机制、开发旅游资源、推动生态建设与旅游融合发展、加强文化遗产保护利用和推进品牌传播等,以经典之作呈现运河的深厚底蕴,以精品项目焕发运河的生机活力,以重大工程引领沿线经济、社会高质量发展,让大运河(苏北段)再一次成为孕育苏北崛起的"母亲河"。

1. 协同建立保护利用机制

大运河(苏北段)文化带建设是一项系统工程,责任大、任务重、要求高、涉及广,特别是在经济全球化、区域经济一体化的今天,打造旅游经济共同体或者

合作区已成为共识。大运河(苏北段)文化是一种跨水系、跨领域的区域性文化系统,建设大运河(苏北段)文化带就是让沿线城市共同发力,促进更大范围的融合和交流。

一方面,要协同建立保护利用机制。徐州、宿迁和淮安三市要打破"一亩三分地"的思维定式,参照对长江、黄河和淮河等河流的管理模式,借鉴申遗过程中省部际会商小组和市厅际会商小组等成功经验,建立由三市及省文化和旅游厅等厅局组成的大运河(苏北段)旅游资源协同利用会商小组,建立跨地区、跨部门的大运河(苏北段)文化带建设和旅游资源协同利用联动机制,定期召开联席会议,形成合理的分工体系和上下联动、左右互动、衔接顺畅的工作局面。

另一方面,要协同制订协同利用规划。把大运河(苏北段)文化带建设、旅游资源协同利用与落实"一带一路"建设、京津冀协同发展、长江经济带发展和长三角区域一体化发展等国家战略有机衔接起来,制定跨城市、跨部门的《大运河(苏北段)旅游资源协同利用规划》,把大运河(苏北段)水污染治理、环境保护、历史文化遗产保护、文化创意产业发展和旅游产业发展等贯通起来,增强大运河(苏北段)旅游资源协同利用的整体性、计划性、系统性、长远性和协调性。

2. 协同开发旅游资源

一要协同打造精品线路。徐州、宿迁和淮安三市要按照"河为线、城为珠、线串珠、珠带面"的思路,以高质量发展为导向,以旅游资源协同利用为重心,将运河旅游融入城市文化、城乡建设,连点成线、连线成面,规划、打造一批沿河精品旅游线路。要联手沿运河发展观光度假游、考古科普游和民俗体验游等业务,开发休闲度假旅游产品,打造运河古镇旅游点,修建沿运河旅游步道、自行车道和风景道,做精、做优博物馆、纪念馆、艺术馆和文化馆等文旅场馆,开通"徐州—宿迁—淮安"运河水上游览线,形成设备齐全、功能完备、品种多样、质优价廉的运河旅游体系。特别是要将周恩来故居、周恩来纪念馆、黄花塘新四军军部旧址和淮海战役纪念馆等红色旅游资源串联起来,规划、打造一条红色旅游精品线路。

二要协同提升基础设施水平。要构建旅游水陆快速交通网,完善旅游公共服务配套设施,实现主要旅游景区等重点公共区域免费无线网络(WIFI)全覆盖和第五代移动通信网络(5G)建设发展。积极推动基于互联网协议第6版(IPv6)的下一代互联网商用部署,鼓励和引导旅游资源协同利用与虚拟现实、增强现实(VR/AR)等现代信息技术相结合,创新大运河(苏北段)旅游产品与服务。

三要协同规范市场秩序。要推动大运河(苏北段)沿线有竞争力的旅游骨干企业实现规模化、品牌化和网络化经营,形成一批大型旅游企业集团。发挥各类创新、创业公共平台的孵化器作用,鼓励和支持中小微旅游企业特色化、专业化发展。大力发展运河旅游电子商务,支持互联网旅游企业整合上下游及相关企业资源、要素和技术,推动"互联网+旅游"。要促进旅游市场主体发展,提升旅游产品服务质量,规范旅游市场秩序,建立健全旅游信息发布体系,强化旅游市场管理,创新旅游监管方式,倡导文明、健康旅游。

四要协同发展旅游创意及相关产业。大力发展大运河(苏北段)沿线孕育的丝绢、美食、草编和乐器生产等文旅主导产业,积极培育与大运河(苏北段)旅游相关的创意设计服务、旅游休闲服务和旅游艺术服务等特色旅游产业,活化利用大运河(苏北段)沿线工业遗产,振兴沿河老字号品牌,助推沿河经济、社会高质量发展。推动沿河旅游与互联网、大数据、云计算和人工智能等高新科技深度融合,大力发展数字创意产业等新兴产业。将大运河(苏北段)旅游资源转化为多样化、个性化的系列文创产品,培育新型旅游业态,增强旅游创造活力,形成沿河旅游产业新的增长点。淮安市可以依托河下古镇和淮阴区码头镇,建设运河题材影视剧拍摄外景地,拍摄以反映运河漕运、河道治理为题材,以治河功臣和淮安名人韩信、关天培和梁红玉等为主人公的影视剧精品,打造淮安制造的、彰显运河特色的影视创作、旅游基地。此外,还可以推出高水平的运河大型实景和剧场演出,将苏北特色民间艺术、传统技艺与运河故事融合起来,再现漕运盛景,传播漕运文化。

3. 协同推动生态建设与旅游融合发展

一方面,要把旅游资源协同利用与江淮生态大走廊建设紧密结合起来。徐州、宿迁和淮安三市要把绿色发展理念贯穿到大运河(苏北段)文化带建设和旅游资源协同利用全过程,把旅游资源协同利用与建设江淮生态大走廊结合起来,建设大运河(苏北段)旅游资源协同利用长廊,增强运河现代功能,提升这一段"黄金水道"的综合效益。做好"加减乘除",使大运河(苏北段)旅游资源协同利用长廊真正成为流动的绿色景观、律动的生态屏障。"加"就是实施湖泊保护工程,通过退耕、退渔、退养和还林、还湖、还湿地等措施,因地制宜地将大运河(苏北段)沿线大大小小的湖区退还面积扩大至沿湖 3 平方公里以上,以进一步增强湖泊的自净能力和涵育能力。"减"就是关停或搬迁大运河(苏北段)沿线的化工厂、砂石场、船厂和畜禽养殖场,全面清理污染源。"乘"就是加大环境基础设施建设投入,推动污水处理设施提标改造和污水管网建设,大幅度提高污水处理率和负荷率。“除”就是推行“河长”“断面长”制，整治黑臭河，实行生活垃圾分类收集和集中无害化处理，消除环境隐患。建立标识性的“绿肺”“绿肾”“绿心”。“绿肺”就是城市公园体系。如可以在洪泽湖等湿地公园的基础上，建立层次合理、均衡分布的生态、休闲、运动等功能复合叠加的郊野公园、城市公园、社区公园。“绿肾”就是湿地。“绿心”就是大型生态中心。在大运河（苏北段）沿线地区规划建设一批面积为10平方公里以上的生态中心，形成大体量、大绿量的景观带。推动形成有特色的生态产业优势，准确认识和把握“生态＋特色”，以生态为底色，以发展为根本，以产业选择为关键，突出发展最能体现大运河（苏北段）生态长廊资源禀赋优势的产业和绿色高端产业，使徐州、宿迁和淮安三市的产业发展包含更多的生态特色。

另一方面，要把旅游资源协同利用与乡村振兴战略实施紧密结合起来。要依托大运河（苏北段）沿线的水、旅游、文化、生态和农业等资源，发展富民产业，培育特色农业园区，打造特色农产品，建设运河美丽村庄，带动乡村发展，促进农民增收，让运河子孙过上美好生活、守住历史记忆、记住浓郁乡愁。

4. 协同加强文化遗产保护利用

一要协同制订保护利用制度。徐州、宿迁和淮安三市要制定大运河（苏北段）文化遗产保护利用专项行政法规，整合文物、交通、水利、建设、环保和国土等部门的权力并形成合力，共保、共管、共治、共建、共用好大运河（苏北段）沿线文化遗产。

二要协同提升保护利用水平。要开展大运河（苏北段）核心区文化遗产调查和认定，完善大运河（苏北段）文化遗产分级、分类名录和档案，按照大运河（苏北段）保护、传承和利用的阶段性需求对文化遗产名录进行动态调整。细化并及时公布大运河（苏北段）文化遗产和关联资源的保护范围和建设控制地带，甄别把握线性文化遗产的关键区和脆弱区。结合文化遗产名录和保护管理规划修订，建立并推行大运河（苏北段）文化遗产及周边环境风貌保护管控清单，提出详细建设要求和约束条件，禁止不符合保护、传承要求的文旅项目建设，消除不合理的城乡建设、产业发展、水利航运以及过度人类活动等对文化遗产保护的不利影响。完善文化遗产监测管理系统。实施灾害防治和文物安全防范工程，根据实际需求建立文化遗产安全技术防范报警系统。持续推进考古发掘和相关领域专题研究，深化对大运河（苏北段）文化遗产的综合认知。建好、用好大运河（苏北段）文化遗产保护管理办公室、大运河（苏北段）旅游资源协同利用研究院等机构，放大大运河（苏北段）旅游产业投资联盟、大运河（苏北段）城市全媒体联盟、大运河(苏北段)剧院联盟、大运河(苏北段)保护志愿者联盟等优势,构建专家、媒体、企业和群众共同参与的大运河(苏北段)文化遗产保护、利用机制。

三要协同加大保护利用力度。开展大运河(苏北段)沿线非物质文化遗产记录工作,实施非物质文化遗产传承人群研修、研习培训计划,进一步扩大传承人群,提高传承实践能力。振兴大运河(苏北段)沿线传统工艺,加强大运河(苏北段)沿线非物质文化遗产保护、利用设施建设。加强对非物质文化遗产重要载体和空间的保护,实施周边自然、人文环境和遗产集聚区域整体性保护,推进大运河(苏北段)沿线文旅生态保护区建设。

四要协同保护利用历史风貌。要加强历史文化名城、名镇、名村、名街区和传统村落保护修缮,推动历史文化街区认定、保护范围划定和历史建筑普查工作,建立保护档案,制定适应历史地段空间特征的市政、消防和环卫等设施的技术规范,科学合理地确定修缮内容和规模。加强对大运河(苏北段)历史文化聚落整体保护,鼓励多元主体参与历史文化名镇、名村、名街区和传统村落整治等。

5. 协同推进旅游品牌传播

立足当今时代条件,深入挖掘弘扬大运河(苏北段)的历史内涵和现实价值,强化继承创新,深化宣传教育,利用报纸、广播、电视和网络等媒体,多形式、有声有色地宣传大运河(苏北段)历史旅游资源,提高大运河(苏北段)旅游的知名度和吸引力。

一要坚持游客需求导向。大运河(苏北段)沿线三市要加强事前调研,深入研究不同群体的旅游需求、思维方式和审美习惯,有针对性地细分旅游品牌传播领域,提高旅游品牌传播的贴近性和实效性。要通过各种途径在媒体和游客之间建立有效的互动渠道,及时获取游客反馈意见,不断提升旅游品牌传播效果。

二要打造宣传品牌。要推动农林、文旅、广电和体育等部门在民间文艺、水乡体育和渔民风俗节庆等项目上加强协作,以主题联盟为纽带,统筹安排时段、线路、客流、活动项目和形式,形成统一的大运河(苏北段)旅游品牌。要跳出行政区划,将运河岸上景点串联起来,开发旅游资源、建设旅游设施、保护旅游环境、开拓旅游市场、安排旅游活动、供应旅游商品等,联合打造、包装一批大运河(苏北段)"运河访古"旅游宣传品牌,联手铸就旅游资源协同开发的"苏北样本"。

三要转变传播理念。要设置议题,引导群众参与讨论,让群众真实、立体、全面地了解大运河（苏北段）旅游资源协同利用情况，感受到大运河（苏北段）厚重的历史文化和精神品质。还要将运河依然存在的实用价值融入现实生活，让群众成为大运河（苏北段）旅游资源协同利用的重要力量。

四要拓宽传播平台。要联手打造大运河（苏北段）旅游资源协同利用传播平台，建立大运河（苏北段）旅游资源协同利用基金等平台，推进大运河（苏北段）城市的文化、经济交流。创新传播形式，将“借船出海”和“造船出海”结合起来，延伸传播渠道，扩大传播范围。大力发展以互联网和数字技术为基础的新媒体，增强运河旅游品牌传播的融合性和互动性。同时，积极组织文化遗产保护、旅游资源协同利用等方面的论坛或活动，讲好大运河（苏北段）故事，提高大运河（苏北段）的知名度、美誉度。

第五节　研究创新点

本课题研究在总结国内外相关理论与方法、深度剖析大运河（苏北段）旅游资源保护开发利用现状的基础上，分析了大运河（苏北段）旅游资源协同开发利用中存在的问题。本研究坚持问题导向，借鉴国内外运河旅游资源开发的成功经验，对如何进一步加强大运河（苏北段）旅游资源协同开发的实践进行了探讨，形成了如下创新点：

（1）在判别环节，从深入的文献与舆图研究中获取重要信息，构建地理信息系统工作平台，开展细致的场地调查，清晰地界定了大运河（苏北段）的内涵和外延。

选择有代表性的大运河（苏北段）历史旅游资源，将识别出的信息利用“发生学”的方法“还原”到整个区域自然与文化的演变过程中，继而按与大运河（苏北段）旅游带“功能、历史和空间”的关联性将其发生、发展脉络进行类型划分，最终界定了大运河（苏北段）从地理位置来讲，为流经徐州、宿迁和淮安三市的运河段，从旅游资源外延来看，主要包含历史旅游遗产、民俗休闲资源和公众教育资源 3 类。

（2）在问题评估环节，系统梳理了大运河（苏北段）沿线三市保护开发利用现状，通过比较分析等方法，剖析了大运河（苏北段）旅游资源协同保护利用中存在的问题。

创新性地系统梳理了大运河（苏北段）沿线三市对大运河（苏北段）旅游资源保护利用的现状，包括组织领导、规划设计、具体措施等，并进行了比较研究，从管理层面和保护利用开发情况两个维度，分析了大运河（苏北段）旅游资源保护利用中存在的“短板”。

（3）提出了构建大运河（苏北段）旅游资源协同保护利用机制、体制、路径的举措建议，对指导大运河（苏北段）旅游资源开发、利用实践具有重要的参考价值。

对大运河（苏北段）旅游资源进行了系统研究，并放入旅游产品开发框架，立足大运河（苏北段）沿线三市资源禀赋，紧扣问题“短板”，提出了针对性、操作性较强的构建大运河（苏北段）旅游资源协同保护利用体制机制、促进大运河（苏北段）旅游资源开发的具体举措。注重协同联动和个体特性相结合，既将大运河（苏北段）作为一个整体，又兼顾了大运河（苏北段）沿线三市各自的情况，发挥整体合力和各市、各部门主观能动性，共同推动大运河（苏北段）旅游资源开发利用成为苏北经济增长的新动能。

青山行不尽，绿水去何长。课题组以精益求精的“工匠精神”、习近平总书记提出的“绣花”功夫、严谨精致的治学态度，努力做好大运河（苏北段）旅游资源协同利用研究工作，为大运河（苏北段）旅游资源开发利用和苏北经济发展略尽绵薄之力。同时，我们也完全有理由相信，在省委省政府，尤其是省委宣传部的坚强领导下，在江苏省社会科学院“大运河文化带建设研究院”和“苏北发展研究院”的智力支撑下，在社会各界的热情支持和共同参与下，千年大运河（苏北段）必将焕发出勃勃生机和无穷活力，必将成为江苏甚至中华大地上流淌不息的创新之河、生命之河、文化之河和希望之河。

参考文献

[1] 陈秋静. 从文化线路的角度看明清大运河的演变与价值研究：以沧州段为例[D]. 北京：北京理工大学，2015.

[2] 邓绍鸿，李悦铮，江海旭. 京杭大运河沿线主要城市旅游竞争力研究[J]. 资源开发与市场，2014，30(5)：637-640.

[3] 康敬亭. 京杭大运河（无锡城区段）文化遗产构成与价值研究：兼谈无锡城区文化遗产保护与城市发展[D]. 济南：山东大学，2014.

[4] 李峰. 运河沿线滨水棕地区环境景观改造设计研究[D]. 南京：南京林业大学，2015.

[5] 李麦产，王凌宇. 论线性文化遗产的价值及活化保护与利用：以中国大运河为例[J]. 中华文化论坛，2016(7)：75-82.

[6] 戎卿文，王建国．游记图本与舆图的陈说：城市设计中的历史信息解析与表达运用——以大运河杭州段两岸景观提升为例[J]．建筑学报，2018(2)：1-6.
[7] 王健．论我国古代运河在国家统一及疆域发展中的历史作用[J]．江苏社会科学，2018(2)：130-143.
[8] 王婧．遗产廊道视角下京杭运河沿线古镇的旅游发展探究：以宿迁段皂河镇为例[D]．西安：西安建筑科技大学，2015.
[9] 王凌瑾，吴晓，宁昱西．运河古镇的历史演化与特色价值解析：以淮安码头镇为例[J]．规划师，2017，33(S2)：187-191.
[10] 王亚男，陈喜波．基于全域历时态的京杭大运河景观遗产价值判断与保护利用策略探析[J]．城市发展研究，2018，25(8)：59-65.
[11] 徐勤．京杭大运河与古代杭州城市的发展关系研究[D]．杭州：浙江大学，2018.

高铁开通运营对苏北五市公路客运的影响分析及协同应对策略研究

主持人：胡思涛（淮阴工学院）
课题组：范钦满　夏晶晶　周　君　周桂良　吴鼎新　王雪梅

内容提要：铁路尤其是高速铁路，一直是制约苏北区域发展的短板。公路客运是苏北居民中长途距离出行的主要方式。随着徐宿淮盐和连淮两条高铁的开通运行，苏北迈入高铁时代，必然会对现有的公路客运产生一定的冲击。在高铁开通运营的背景下，为了充分发挥各种运输方式的优势，提升区域客运能力和服务水平，满足居民出行的多样化需求，迫切需要研究高铁开通运营对苏北五市公路客运的影响及协同应对策略。课题组在国内外研究的基础上，结合统计数据，分析了江苏省及苏北的交通运输发展现状，剖析了高铁客运及公路客运的特征，明确了高铁客运与公路客运的定位，对苏北公路客运展开了SWOT分析；充分借鉴苏南公路客运应对高铁冲击的成功经验，从政府层面、行业层面、企业层面等三个层面，提出了苏北公路客运的发展策略。课题研究成果可以为高铁与公路客运的协调发展提供指导，也可以为相关的政府部门、行业及企业决策提供科学依据。

第一节　绪　论

一、研究背景与意义

公路客运作为综合交通运输体系的重要组成部分，长期以来在综合交通运输中扮演着重要角色。在铁路欠发达的苏北区域，公路客运更是居民出行的主要交通方式。随着连淮、徐宿淮盐等多条高速铁路的开通运营，公路客运占主导地位的局面将会有所改变。

近几年全国各地的实践表明，高铁开通后，都无一例外地对当地公路客运市场造成影响。“高铁开一条，客运班车‘死’一条！”这是很多客运人的说法。广西高铁开通后，南宁至桂林、柳州、北海、防城港方向的公路客运客流量总体上急剧下降，有的客车实载率不到20%；沈丹高铁开通运营后，本溪线路的载客量就出现了断崖式的下跌，跌幅达到30%；宁杭高铁开通后，宁波市公路客运实载率下滑近一半，公路相关班线发送的旅客从原来的500多人减少到150人，日收入还不到原来的三分之一；西成高铁开通后，西安发往汉中方向的客流量下降了70%。类似的例子在全国范围比比皆是。

高铁的飞速发展必将打破既有的交通平衡格局，传统公路客运行业面临严峻挑战，尤其是与高铁运输通道平行的公路客运受影响严重，客运量、实载率都有不同程度的下降。与高铁相比，公路客运在运输能力、安全性、快捷性、舒适性等方面处于明显劣势。苏北多条高铁的即将开通运营，必然会给苏北五市的公路客运市场带来一定冲击。

然而公路客运不会被彻底取代，高铁只是挤压了公路客运的生存空间，高铁也并非没有劣势。高铁的覆盖面有限，新建高铁站往往远离市区，无法实现门到门运输，高铁的班次和时刻表的灵活性较差，都为公路客运的生存和转型提供了可能。公路客运未来将成为高铁运输的有效补充。

因此，在高铁开通运营的背景下，为了充分发挥各种运输方式的优势，提升区域客运能力和服务水平，满足居民出行的多样化需求，迫切需要深入研究高铁开通运营对苏北五市公路客运的影响，并有针对性地调整公路客运发展战略，明晰公路客运的定位和发展思路，实现公路客运的可持续发展。

二、国内外研究现状

1. 国外研究现状

虽然国外高速铁路的发展起步较我国早，比如日本、德国；但我国高铁技术发展已后来居上，完全不逊于其他国家。国外交通运输专家对高速铁路客运与高速公路客运的关联关系研究比较少，更多的只是侧重于基于数学模型和基础数据分析本国交通运输系统所出现的问题。国外对同一运输通道内不同的客运方式的研究主要侧重于两个方面：一是最新引入的交通方式对通道内的原运输方式的客流分担影响情况研究；二是不同客运运输方式之间的竞合关系研究。

Yao and Morikawa以旅客出行方式选择的RP/SP调查数据为基础，建立以时间、费用等为基本变量的非集计模型，分析了日本高速铁路建成运营后对高速公路客运、普通铁路客运、民航运输等交通分担率的影响。Frar S. Koppelman利用改进型Logit模型研究分析了旅客出行方式选择的过程。Tschangho John Kim and Sunduck Suh研究证明即使在私家车普及率非常高的美国，在出行距离为150～500公里范围内大众更愿意选择公路长途客运作为首选出行方式。Park and Ha依据调查数据建立时间、费用的非集计MNL模型，研究分析了高速铁路和高速公路开通对民航运输的影响。对于数据调查方法的研究，Monzon and Rodriguez-Dapena提出了DWELT方法，该方法以概率论的极大似然估计为基础，对不同出行区间分类，有效解决了特定调查中的一些限制问题。Aoife研究了旅客对城际高速铁路和公共客车之间出行方式选择的影响因素，得出了主要影响因素为时间和费用。随着计算机技术的飞速发展，非集计模型的衍生和改进型越来越复杂，如Probit模型、Mixed Logit模型、MNL(Mulitinomial Logit)模型、CNL(Cross-nested Logit)模型等。经过众多学者的研究，非集计模型最基本的两个模型即Logit模型和Probit模型，然而当Probit模型的选择肢大于3个时，模型的计算会变得非常复杂，因此，在国外研究中，Logit模型得到了较为广泛的应用。Nicole Adler等运用博弈论理论，对泛欧运输体系中的高铁、民航和其他运输方式的竞争关系进行了研究，该模型的效用函数中考虑了票价、发车频率、成本和交通设施布局等因素，研究得出发展高铁网可以使运输体系获得最大的整体社会效益的结论。

综上所述，目前国外关于运输方式间关系的研究主要集中在运输方式的分担率预测方面，尤其是在新的运输方式引入后，原有运输体系中各交通方式的分担率的变化方面。而在模型使用上，主要以基于效用理论和非集计理论构建的Logit模型为主。研究的前期主要侧重于对Logit模型中效用函数的改进，后期也有学者运用博弈论理论对交通方式间的竞争关系进行研究，此时主要侧重于分担率模型的结论对相关政策的引导性研究。

2. 国内研究现状

虽然我国高速铁路、高速公路快速发展的时间还比较短暂，但是高速铁路运营对公路客运的影响研究引起了越来越多的学者关注，并形成了一定的研究成果。

陈星光、周晶、朱振涛等人建立了单总体出行方式演化博弈模型对交通出行方式的博弈和演化过程进行分析，并导出了出行方式选择的演化稳定策略，为交通政策制定和交管理策略效果评价提供了有效方法。田尔布、王逢、孙振华朝等人利用 Logit 模型建立相应的客流分担率模型,通过经济性、快速性、方便性、舒适性、安全性五个指标建立广义费用函数来预测分析高速铁路对公路客流转移的影响,得出的结论:面对高速铁路的竞争,短途客运(小于 100 公里)还有一定优势。但长途客运(大于 100 公里),高铁更具优势;王江涛分析了运用 MNL 模型和 NL 模型预测高速客运通道客运分担率的适用性,并非常详细地分析了 Logit 模型预测运输通道客运分担率时的出行者出行特征数据调查方法的选择、抽样方法的确定,效用函数特征变量的选取原则、效用函数选取形式、特征变量的选取方案、特征变量值的量化方法和模型的预测精度的检验方法。朱健梅对竞争性运输通道进行了研究,在对竞争性运输通道问题进行数学描述后,对建立相应的博弈模型构造了剔除严格劣战略算法,分析了纳什平衡个数问题,还通过博弈模型与层次分析法(AHP)的比较,提出了模型向贝叶斯博弈拓展的设想。

蒋海兵、张文忠、李业锦研究了京沪高铁影响下的区域公路可达性问题,得出了高铁会从整体上提高区域公路可达性水平、提高站点中心城市辐射能力及高铁站点会快速成为区域重要快速交通中转站的结论。马红伟采用基于因素分析的分担率模型以及基于共同 OD 点对的 Logit 模型对公路和铁路的高速客运方式分担进行了研究。杨苏楠针对公路快速客运的现实状况,阐述了公路快速客运与高速铁路相比具备的优势,提出了公路快速客运企业的发展对策。蔡晨光、郭钰、李宝国分析了高铁快速发展对道路客运所产生的影响,针对当前道路客运的优势与不足,根据道路客运实际情况提出了道路客运与高铁之间的“竞合”策略;杨延海采取 SP 问卷,在调查数据基础上构建 Mixed Logit 模型,应用 SPSS 13.0 统计软件对模型进行标定,预测了哈大客运专线建成后其通道所有高速客运方式分担率的变化情况,并对客运专线的票价和发班间隔进行了敏感性分析,特别针对高速铁路竞争优势,提出了公路客运应对措施。陈宽民、罗小强运用 Logit 模型及经济学的博弈论,研究了城市快速轨道交通与常规公共交通之间的动态竞争过程,得出了为使城市轨道交通收入最大化,应该主动放弃最优票价,转而寻求相对满意度最大时的合理票价的结论。张蕊、杨静、雷熙文利用具有较好收敛性的集计交通战略 STM 模型分析了城市交通出行方式选择的随机弹性分析。王平通过分析比较高速铁路客运和高速公路客运的各自优劣势,从与高铁并行的高速公路乘用车客运和营业性客运出发,详细研究了福厦高铁、石太高铁、沪宁高铁、郑西高铁、武广高铁的运营对其通道高速公路客运的影响。王明分析了高速铁路对城际公路的影响并提出了一系列城际高速铁路发展策略。覃仕欢以南广高铁为例，通过基于非集计型的多项 Logit 模型预测客流分担率的变化，分析南广高铁运营后对南广通道高速运输通道的其他交通方式的影响，并提出了该通道高速公路客运企业应对高铁竞争的策略。运输通道内不同运输方式有着不同的特征和优势，国内很多学者对高铁和公路客运特征进行了深入研究。刘万明在《高速铁路主要技术经济问题研究》一书中分析了高速铁路的技术特点，并从时间价值与运输距离角度得出高铁的优势发展空间。唐科提出随着高速铁路的建设，公路客运面临的竞争压力越来越大，以成渝客运通道为实例，从运力结构、服务质量和运营制度三方面为公路客运提出相应的发展对策。吴成以珠三角城际客运通道为背景，讨论了高铁对公路造成的影响，分析了今后公路发展的定位，并在多元化发展基础上提出了具体的对策建议。李青松指出公路的主体发展思想应该建立在与高铁互补、主动接驳以及差异化竞争的基础上，不宜进行正面交锋，应坚守中短途优势客运，大力发展农村客运，创新运营模式。胡钢认为面临大交通框架的逐渐完善，应对公路客运的质量以及客运价格的优化进行研究，提出公铁应实现良性竞争，确保两者的优势能够充分发挥。客运通道中公路应以主干线为主，侧干线为辅，大力发展节点运输，与高铁错位发展，同时实现长途客运网络化运营。

综上所述，国内针对这方面的研究主要集中在通过选取影响旅客出行方式选择的因素，构建合理效用函数，利用非集计模型预测高速铁路引入后其运输通道内不同运输方式交通分担率变化情况；从高铁开通对公路客流转移着手，分析高铁引入对公路客运的影响形式及影响程度；还有部分学者在此基础上，运用博弈论，综合效益方面的知识，针对高铁和高速公路两方来进行博弈分析，从而寻求效益最大化的应对决策，进一步提出一些公路客运应对高铁竞争而谋求自身发展的策略，以实现公铁协调发展，促进综合交通体系形成的目的。

三、本课题的研究内容

本课题在国内外现有研究的基础上，结合苏北五市的交通运输发展现状，分析高铁对公路客运的影响，并从政府层面、行业层面和企业层面等三个层面提出可行的应对策略，具体内容包括：

① 苏北五市的交通运输发展现状分析；

② 高铁开通对公路客运的影响分析；

③ 高铁与公路客运优劣势比较及关系定位；

④ 公路客运发展的 SWOT 分析；

⑤ 苏南公路客运应对高铁冲击的经验借鉴；

⑥ 苏北公路客运协同应对策略。

第二节　苏北五市交通运输发展现状分析

本部分主要是基于统计资料，对江苏省及苏北五市的交通运输现状进行分析，以明确未来的发展趋势。

一、江苏省交通运输基本情况

江苏省 2014—2018 年各种运输方式客运量占比的变化趋势如图 1 所示。

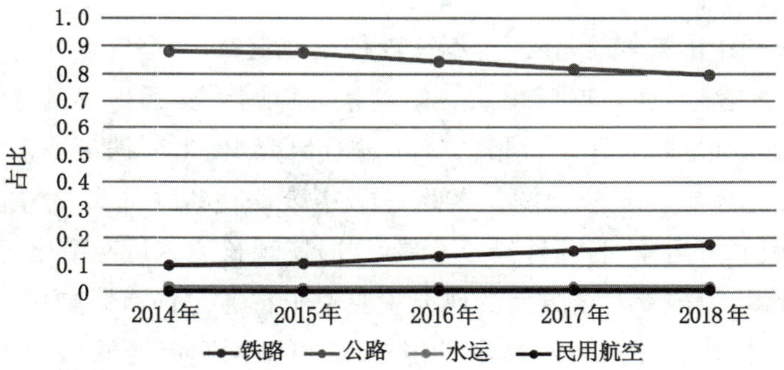

图 1　2014—2018 年各种运输方式客运量占比图

由图 1 可以看出江苏省客运的几个特征：

(1) 公路客运所占比例最大，但是呈下降趋势。从 2014 年占比 87%左右逐年下降到 2018 年的 79%左右，下滑趋势明显。

(2) 铁路与民航客运所占比例小，但是呈上升趋势，且上升趋势明显。铁路客运占比从 2014 年的 9.8%左右上升到 2018 年的 17.4%左右，上涨幅度较大。民航客运虽然所占比例只有 1%左右，但是从 2014 年的 0.5%左右上升到 2018 年的 1%左右，上涨幅度也很大。

(3) 水运客运所占比例很小，且相对稳定。2014—2018 年，水运所占比例在 1.6%到 1.9%之间，基本保持稳定。

二、苏北高铁发展概况

2019 年 12 月 16 日，徐宿淮盐铁路、连淮铁路开通运营，结束了连云港、淮安、盐城、宿迁不通高铁的历史。苏北地区全面步入高铁时代，实现各市之间高铁互通，江苏 13 个设区市由此全部步入动车时代。

徐宿淮盐铁路自徐州东站至盐城站，设计时速 250 公里，正线全长 316 公里，共设有徐州东站、观音机场、睢宁、宿迁、泗阳、淮安东、阜宁南、建湖、盐城等 9 个车站，沟通了苏北地区大部分主要城市。

连淮铁路正线长 108 公里，设计时速 250 公里，接轨于连盐铁路连云港董集站，途经灌云县、灌南县、涟水县、淮安市区，与徐宿淮盐铁路交会于淮安东站。

徐宿淮盐铁路是江苏省首条全线均在苏北地区的铁路客运专线，像一条江苏高铁路网"金腰带"，把五省通衢徐州、中国酒都宿迁、淮扬菜发源地淮安、革命老区盐城串成一线，为沿线民众出行提供极大便利，构建了苏北地区通达北京、上海等地的快速通道，全面拉近了沿线城市与长三角中心城市间的时空距离，直接推动了苏北地区加速融入长三角快速交通圈和城市经济圈，助力长三角更高质量一体化发展。

连淮铁路通车后，淮安至镇江段也将在 2020 年建成通车，形成连淮扬镇铁路大通道。连淮扬镇铁路北承陇海铁路、青盐铁路，经淮安、扬州，中连徐宿淮盐、新长、宿淮、宁启铁路，跨越长江后南接沪宁城际铁路镇江丹徒站，是纵贯苏北、苏中和苏南的中轴铁路主通道，被誉为江苏高铁路网的"脊梁骨"，是国家快速铁路网和长三角城际铁路网的重要组成部分，全线建成通车后将与徐宿淮盐铁路、连盐铁路形成区域高铁网，与苏南地区无缝对接，并且向南进一步延伸衔接浙皖地区。

徐宿淮盐铁路、连淮铁路建成通车后，全省新增高铁里程 424 公里，全省铁路总里程达到 3 550 公里，其中高快速铁路 2 235 公里，时速 250 公里以上的高铁 1 270 公里，高铁在全省铁路总里程中的占比提高到 36%。

三、苏北主要公路客运企业概况

苏北五市目前的公路客运，基本上由当地的大型汽运集团运作。

1. 淮安汽车运输集团有限公司

淮安汽车运输集团有限公司始建于 1948 年 12 月，是国家二级道路旅客运输资质企业,公司前身分别为国有、国有控股性质的专业运输企业。2003年,公司按照现代企业制度的要求,完成企业产权制度改革。公司经过几十年的发展,已成为集运、工、商一体的综合性企业,现有员工千余人,总资产4亿余元,主要从事:互联网+道路客运、公路汽车快速客运、普通客运和旅游客运、旅游集散中心、城市出租车营运、公路汽车快速货运、汽车销售和修理、汽车技术服务、汽配物资销售、加油站经营、汽车检测年审、汽车驾驶培训、商品市场经营、旅悦连锁酒店、停车场和广告经营等业务。拥有营运客车及出租车700余台,客运班线200余条,一级客运站3个,旅悦连锁酒店3个,服装日用品及图书专业市场各1个,一级和三级驾校各1个,汽车综合性能检测站1个。

2. 盐城盐阜汽车运输集团

江苏盐阜公路运输集团有限公司始建于1958年7月,前身为江苏省汽车运输公司盐城分公司。1996年,列为江苏省现代企业制度试点单位。2004年10月,按照国有资产存量入股、民营资本增资扩股的方式,企业改制为投资主体多元化的有限责任公司,是盐城市唯一具有国家道路运输一级资质的综合性运输企业。

集团规模从小到大、从弱到强,至2016年已发展到资产总值17.5亿元,从业员工近6 000名,下辖6个分支机构,4个全资法人企业,8个控股子公司,10个参股法人企业;拥有营运客货车辆2 000多辆,客运班次2 658个,长途直达25个省、市、自治区,成为从事客货运输、联运物流、旅游出租、城市公交、客车修理、驾培检测、商贸物业、宾馆餐饮、房地产开发等多种经营的大型产业集团。

3. 徐州公路运输集团有限责任公司

徐州公路运输集团有限责任公司成立于1948年12月,2002年6月退出国有企业序列改制为有限责任公司。集团从专营道路运输业做起,经过多年的发展,截至2018年,公司下辖企业30余家,员工3 000余人,年营业额近30亿元,拥有5个一级客运站,5个二级客运站,营运客车800余辆,营运驾驶员1 300余人,经营客运线路300余条,日发班次2 000余班,日运送旅客3万余人次,客运班线覆盖全国近20个省(市),车日行程30余万公里;拥有4家一汽大众4S店、3家上汽大众4S店、1家东风雷诺4S店,1家专业二手车公司,1家综合修理厂,2家县区4S直营店及10余个二级网点,年销售汽车16 000余辆,保修车辆11万辆次;拥有两处物流仓储园区及驾培学校、旅行社、社区医院等产业,是一家现代化大型服务业企业集团。

4. 江苏省连云港汽车运输有限公司

江苏省连云港汽车运输有限公司为连云港市道路旅客运输龙头企业，注册资金 1 亿元，资产总额 11.5 亿元，具有国家一级道路运输资质。现有在册职工 1 630 余人，下设 8 个部门，拥有 8 个分公司、7 个全资子公司、6 个控股子公司、5 个参股公司。公司拥有 10 个汽车客运站，分布于连云港市三县三区。拥有各类在籍客货车 800 余台，其中新能源客货车 140 台、定制客运班车 52 台；营运线路近 300 条，日发班次 2 000 余班，日均运送旅客 3 万人，日均行驶里程 23 万公里，班线南到珠海，北至大连，通达京、津、沪、鲁、豫、皖等 11 个省市。公司坚持“立足客运，转型发展”的工作思路，整合内外资源，优化产业结构，切入“互联网＋”，延伸产业链，现已形成了以公路旅客运输为主，城际公交、旅游文创、车辆维修、配件销售、仓储贸易、物流配送、房屋租赁、广告传媒等多项业务为一体的综合性经营格局。

第三节　高铁开通运营对公路客运的影响分析

一、高铁对公路客流量的影响

与长途汽车客运相比，高铁提高了旅客出行效率，缩短了出行时间，增加了旅客出行安全性和舒适性，因而越来越多的旅客转向乘坐高铁，高铁会对通道内公路客运形成强大的分流，如成渝高铁开通致使成渝两地公路客运客流量减少 90%，上座率不足两成，也说明了高铁对公路客运的冲击是巨大的。一方面原本属于公路客运的部分客流被转移至高铁；另一方面，随着高铁开通时间的持续，高铁因其自身优势特点会诱增新的出行需求，在没有更具优势的交通方式被引入的前提下，客流最终会趋于平稳，客流分担率亦会平稳。反之，在自身和外界条件不变化情况下，公路客运客流量会急剧下降，直至公路客流分担率稳定。

基于转移客流的分析，运输体系内部某运输方式的升级（服务质量的提高）或更有效的运输方式的引入会大大改善运输服务水平和运输能力，这会诱导潜在的客流。例如，在原没有高铁运输的通道内，引入高铁后该运输通道客运服务水平得到明显的提升，从而将原来受运输服务水平约束而未出行或出行次数未满足的旅客转化为客流量，诱增客流量产生增加了运输通道客流总量，是“从无到有”的一个过程，高铁的诱增客流必定会产生公路客运需求。同时，高铁开通初期，高铁网络还不是很完善，高铁站点往往建在远离城市中心的郊区，也诱增了大量的接驳客运量。公路客运企业如何满足诱增客流需求以弥补自身客源不足的问题是值得思考的，这也为后面公路客运如何提出对策提供了方向。

二、高铁对公路客运企业效益的影响

大量客流被转移至高铁，导致公路客流流量降低，从而公路客运企业收入减少，效益降低。虽然高铁诱增的接驳客流可为企业增加一部分收益，但其与原大量长距离公路客运客流的收益相比仍然有巨大空缺。同时，公路客运企业集约化程度不高，固定投资成本大，设备维护、保养费用高进一步恶化了企业效益降低的情况。企业效益的减少，降低了员工积极性，服务水平和质量随之降低，导致公路客流继续向高铁转移，企业效益减少程度加重，形成恶性循环。

三、高铁对公路客运行业竞争的影响

高速铁路的开通，既产生了公路客运与高铁客运之间的竞争，也加剧了公路客运行业内的竞争程度。高速铁路作为高速公路客运的可替代品，在同等选择条件下，高铁对于高速公路客运具有极强竞争性，特别是在中长途客运中，高铁更是有压倒性优势。同时，公路客流量被高铁吞噬，加剧了公路客运行业内的竞争，公路客运行业在中短途客运、高端旅客争夺方面更加激烈，公路客运企业只有不断提升服务水平和质量，为旅客提供更加舒适、快捷、方便的乘车服务才能有机会争取到更多客源以应对高铁客运和行业内部的竞争。这个过程中，必定会淘汰一部分实力弱、服务水平低、竞争力不强的公路客运企业，这也为剩下的公路客运企业之间与高铁客运形成稳定的市场平衡提供了基础。

四、高铁对居民出行的影响

首先，可以享受高质量的服务。对于出行者来说，高铁具有相对于公路运输速度快、舒适性好、准点率高、安全性高的特点。高铁使“朝发夕至”的长距离铁路运输成了现实，高铁宽阔、明亮的空间以及运行过程的平稳使出行者不必为长时间乘坐客车颠簸劳累而烦恼，加之高铁运行速度稳定，受天气等外界因素影响较小，成就了高铁高准点率和高安全性的特点。也正因为这些优势，部分出行者会舍弃原公路出行方式而选择高速铁路，这也是客流从公路转移至高铁的根本原因，这是符合客运运输市场发展规律。

其次，增加了旅客出行选择，有助于破除垄断局面。在只有公路客运运输一种运输方式的情况下，公路客运往往处于行业垄断地位，出行者一般没有更多的出行选择而处于劣势状态。当高速铁路引入后，这种垄断被打破，出行方式变得多样化，出行者可以更加自主地选择适宜自身的出行方式而不是只能被动选择唯一的公路出行方式。客运运输市场更加合理化，消费者对出行方式选择的改变反映了市场需求变化的方向，这也倒逼公路客运企业摆脱传统垄断观念，作出改变，提升服务质量以适应新时代交通运输业的发展。

第四节　高铁与公路客运优劣势比较及关系定位

各种运输方式都有各自的优势和劣势。只有明确各种运输方式的特征，才能更好地取长补短，发挥各自优势，实现协调发展。

一、高铁客运特征分析

1. 运行速度快、时间成本低

高铁运行速度快是高速铁路系统的核心竞争优势。目前，世界各国高速铁路速度均值每小时 280 公里，我国大部分高铁线路设计速度已达每小时 350 公里，实际运营速度也达每小时 300 公里，而且随着技术的发展，高铁速度还有望进一步提高。以时速 300 公里高速铁路为例，其运行速度是普通列车的 2～3.75 倍，是长途汽车的 2.5～3.75 倍。以成渝客运专线为例，从重庆到成都只需 1 小时 49 分钟，普通列车需要 4～5 小时，而乘坐长途汽车也需要 4 小时左右。由此可见，高铁运行速度快，从而缩短了在途运行时间，节约了时间成本。

2. 输送能力大、输送效率高

单列高速铁路动车组可载人员数量多，发车间隔时间短，京沪高铁发车间隔只有 5 分钟。通常情况下一列重联式动车组有 16 节车厢，定员在 1 200 人左右，这还不包括无座票数，所以高铁客流输送能力特别大。例如，成渝客运专线，每天发车 32 对，年旅客输送能力达 1 400 万人次，相当于发送 33 万班次 43 人核载人数的大客车的输送能力。

3. 安全性高

高铁是最新科学技术的产物，从设计、建设制造到运行都是严格把关，而且高铁在运行过程中是处于全封闭环境自动进行的，有一系列高精度控制系统保护列车安全平稳运行，所以具有比其他运输方式更高的安全性。高铁发生交通安全事件的概率或人员死伤率,大大低于其他客运交通方式。

4. 受天气环境变化影响小、准点率高

高铁一般情况下不受天气环境变化的影响,即使遇上比较恶劣的天气情况,高铁也可以通过减速或加强保障措施照常运行。结合高水平的运输组织能力,高铁有着非常高的准点率。据统计,我国高铁平均准点率高达 90%以上,而航空准点率却只有不到 70%。

5. 服务较好

由于高铁是最近十几年才大量建设开通的,有着较新的场站、列车设备以及素质水平较高的服务团队。所以,在场站内部服务中,特别是对比一些建成年代较久的火车站和汽车站,高铁要优于普通铁路和长途汽车客运;在途服务中,服务水平虽然没有航空客运好,但要绝对优于公路汽车客运。

6. 方便、舒适

高铁准点开通率高,特别是在城际高铁班次公交化后,运行班次时间固定化、规律化,旅客出行候车时间减少。高速铁路动车组列车设施齐全(每排座位都有充电插口,部分列车还有无线网络),座椅宽敞舒适,活动空间大,运行过程平稳,车内噪音低。

7. 带动沿线城市经济发展效果明显

一条高速铁路会带动沿线城市经济发展,给城市注入新的活力。中国铁道科学研究院数据显示,京沪高铁北京上海直达旅客只占全线运输旅客的 4%左右,而站间旅客占比达 96%,由此也看得出京沪高铁对沿线城市发展和旅客出行的重要性。这一点优势是航空运输完全不具备的。

8. 能耗小、环境污染少

高速铁路运行采用电力机车牵引,与公路客运、航空客运以燃油为动力相比具有能耗低的特点。通常情况下,在中长距离运输过程中,高速铁路、公路客运、航空运输平均每人每公里能耗比为 1∶5.3∶5.6,因此,高速铁路客运运行所排放的空气污染物相对于公路客运、航空运输来说较少,对环境的污染程度也较小。

9. 占地面积少

公路运输需要修建道路和大量停车场位,需要占用大量土地资源。高铁线路路基宽度比道路路基宽度更小,以及建设桥隧占比很高,高铁运输占地面积相对更少。

二、公路客运特征分析

1. 机动性高,灵活方便

我国公路路网密度大,覆盖范围也很广,汽车可以到达铁路运输、航空运输以及水路运输不能运达的地方,而且还在其他运输方式之间扮演着接驳运输的角色。在调度方面,汽车可以随时调度,乘客进出站以及上下车方便快捷,没有铁路、航空运输比较复杂的调度程序和运转过程,公路客运可以不分昼夜临时调度,随叫随走,这是其他运输方式不能比拟的。

2. 可实现"门对门"运输

覆盖范围极广的公路网络犹如大地的"毛细血管",基于此,体积较小的汽车可以通过密集的公路网络将客货从出发地直接运往目的地以实现"门对门"运输。

3. 替代性强

因为可以实现"门对门"运输,所以公路运输可以替代铁路、航空、水路运输。其他运输方式一般都需要公路运输来衔接和转运,因此公路运输替代性很强,十分适合中短途运输。

4. 投资小,资金周转快

高速公路、场站建设以及车辆购置等固定投资费用相对于铁路和航空运输较小,资金回收期很短,资金周转较快,适合国民经济发展。

5. 运能小,运输成本高

由于汽车容积较小,能够装载的客货量有限,一辆大型客运汽车一般只能载 40 人左右,所以单车运能小,导致运输成本偏高。

6. 舒适性差

汽车内部空间有限,较为拥挤,旅客没有活动空间,长时间乘坐汽车会降低舒适性,所以公路客运不适合长途运输。

7. 安全性低

相对于其他几种客运运输方式,公路客运的安全性是最低的。公安部交管局数据显示,2016 年我国汽车承担有事故责任的道路交通事故达 16.5 万起,共致死 5.18 万人,远远大于其他运输方式的事故死亡人数。

8. 能耗高,环境污染重

汽车运输动力一般是汽油或柴油,所以单位运输量能耗很高。燃料燃烧排放了大量碳氧化物、氮氧化物、粉尘颗粒等物质,环境污染严重。

三、高铁与公路客运的互补关系

通过比较,我们可以看到高铁与公路客运之间各有优劣。公路客运的特点是“点对点、门到门”,具有点多、面广、灵活、方便的优势。首先是具有机动灵活的特点和空间上的“门到门”服务优势;其次是班线密度大,旅客可随到随走;最后是网络密集,覆盖面积广,可满足高铁“盲点”下的旅客需求,这可使道路客运在中短途客源中占据优势。铁路保持着价格低、安全舒适和载客量大的优势,而且不受气候的影响,准确性、及时效性相对要高,在中长途客源中占据绝对优势。结合国外高速铁路的运营经验,我国铁路及其他运输方式的运营发展情况,以及我国国民收入与消费水平的实际状况,同时,考虑未来10～20年的发展前景,基本确定了未来高速铁路的定位:近距离的竞争对手主要是公路(包括高速公路)运输方式;中远距离的竞争对手主要是民航。其中,对于我国中等以上收入的阶层来说,我国高速铁路相对于公路(包括高速公路)客运方式优势运距在300公里以上;对民航客运的绝对优势运距在600～1 000公里以内;相对优势运距在1 000～1 300公里。

铁路的快速发展是经济社会发展和人民生活水平提高的必然要求。公路和铁路的阶段性交替发展也符合交通发展的一般规律。许多西方发达国家的交通发展也经历了铁路主导、公路主导、综合发展等不同的历史发展阶段。因此,近十年来公路、民航的快速发展和目前铁路加快发展这种阶段性交替发展的格局,既是我国国情的体现,也符合国际交通发展的一般规律。

我国幅员辽阔、内陆深广、人口众多,资源分布及经济发展不平衡,铁路运输在超长途运输方面与其他各种运输方式相比具有较大优势,其大容量旅客运输在经济社会发展中具有特殊的地位和作用。同时,在全球提倡低碳经济的今天,铁路大容量、节能环保的特点,非常符合低碳交通的要求。铁路服务能力和水平的提高必然进一步促进综合运输结构调整,促使道路客运提升服务质量。应该说,高铁的发展是铁路应有份额的一种回归,是铁路在综合运输体系中应该占有的一席之地。

随着高铁的推进,与高铁同线的公路客运将受到强有力冲击,民航与铁路的竞争也不可避免,传统的三大运输体系结构将重新洗牌。高铁与公路客运各有优劣,合作大于竞争,本质上可以优势互补。双方可以发挥各自的优势,在中短途与中长途、干线与支线、城市与乡村、密集点与空白点、经济发达与欠发达区域等线路上实现相互补充、无缝衔接、全面覆盖。高铁客运与公路客运运营方式比较见表1。

表1 高铁客运与公路客运运营方式比较

运距	线路结构	市场份额	公路客运特点	铁路客运特点	适宜运输方式	公路客运竞争策略
100公里以下	短途	43.2%	“点对点、门到门”点多、面广、灵活、方便，可以密集发车。	短途火车班次有限	公路客运	公交化运作
100～200公里	中短途	14.2%	班次密集，快客舒适性、经济型和动车一样。	动车舒适安全，大节点可公交化，但小节点班次有限。	公路客运有相对优势	差异化快速客运
200～400公里	中长途	14.9%	价格高、舒适性差，但支线市场有优势	动车舒适安全高铁价格劣势	铁路客运有相对优势	寻找空白点快速客运
400公里以上	长途	27.7%	价格高、舒适性差	快车价低舒适安全高铁价格劣势	铁路客运	拾遗补阙支线运输

第五节　公路客运发展的SWOT分析

SWOT分析法的特点是能够对分析对象自身优劣势与所处环境结合进行系统、全面、准确分析，进而制定符合实际的发展战略和方向。

一、优势分析

1. 公路客运具有的自身优势

公路客运机动性强，出行乘坐方便，站点覆盖网络广，进站出站快捷，并可实现“门对门”直达运输，短途客运优势明显。

2. 高速公路及干线公路网络等基础设施为公路客运发展提供基础保障

相对于高速铁路，公路客运具有覆盖面积更广、线网密度更大的公路网络，并且高速公路及干线公路网络建设不断完善，高等级道路比例及新建、改扩建公路客运站数量持续增加，农村道路建设里程和道路等级水平不断提高，这些都为公路客运发展提供了坚实的基础。

3. 政府及管理部门对公路客运的政策支持

为促进综合交通发展，政府和管理部门不断健全客运行业相关运营制度，制定并出台各项规章规定,约束不合理经营企业,规范客运市场运营秩序,管理部门也加大了对扰乱公路客运正常经营的违法行为的打击力度,为公路客运发展营造了良好的发展环境。同时,国家层面的"精准扶贫""乡村振兴"等一系列强农惠农战略实施,为农村客运发展提供了完备的政策支持,为农村客运科学、精准发展提供有力保障。

4. 经济稳定增长为公路客运发展提供了客流保障和经济基础

经济持续增长才能为客运交通提供稳定的客流增长,因为经济增长会带动不同产业的发展和融合,加速人员在不同地区的流动;同时,人们收入水平提高,带动了人们出行需求的增长。不仅如此,强有力的经济支持能为公路基础设施建设、运输设备更新维护提供保障。

5. 旅游业兴起为公路客运发展开拓了新渠道

如今,很多地区都在大力发展旅游业,不少地区呈现了"一县多游"、每个乡镇都有特色旅游的情况。旅游业在我国兴起和壮大,带来了巨大的旅游客流,为公路客运发展开辟了新的通道。

二、劣势分析

1. 公路客运自身运输特性劣势

公路客运运输特性受到车辆特性、道路条件状况、交通规则、天气等的限制和影响,致使公路客运相对于高铁客运舒适性差、速度慢、安全性及可靠性低。

2. 公路客运市场混乱,从业人员业务素质参差不齐

公路客运整体市场比较混乱,市场运营不规范,"黑车"现象严重,从业人员业务能力有待提高,超速、超载、宰客现象时有发生,并且打击惩处难度很大。

3. 公路客运业理念落后,集约化程度低

公路客运业的缺点是"多、小、散、乱、弱"。一方面,长期缺乏竞争的市场环境使运输企业和客运站普遍抱着"守株待兔"的经营思路,几乎不曾有过市场营销;另一方面,近年来公路客运普遍采取承包经营、联合经营等分散经营管理方式,面对突如其来的市场变化时,由于集约化程度低,资产、资源无法重新整合,一时难以适应和积极应对竞争。

三、机遇分析

1. 居民出行需求不断增加

随着经济持续发展,人们收入不断提高,人们出行交流活动次数增多,出行

频率增加，为公路客运补充可靠的增长客流提供了机会。

2. 交通线网不断完善

政府加强对交通基础设施建设投资力度，高速公路、干线公路、联络线等基础设施不断完善，为公路客运发展提供基础保障。

3. 高铁存在服务盲区

高铁及枢纽场站运营带来了新的诱增客流和集散客流，为公路客运发展提供了新方向；同时，高铁站的辐射范围有限，这些服务盲区将是公路客运的重点经营区域。

4. 利好政策不断推出

“扶贫”“乡村振兴”等战略在交通扶贫、交通旅游领域的应用也为公路客运发展提供了不错的选择。

四、威胁分析

1. 其他多种运输方式的竞争

公路客运面对的最大威胁就是其他运输方式的竞争。高速铁路里程持续增加，尤其是高铁建设速度快于高速公路，高铁网络不断加密和延伸，以及持续增长的汽车保有量、快速发展的民航运输、网约车等都威胁着公路客运的发展。

2. 转型升级迫在眉睫

公路客运行业面临着转型升级的问题，如何准确定位并转变发展观念和实施转型升级是巨大的挑战，但这挑战也是机遇，转型升级成功也会成为发展壮大的良好机遇。

3. 运输成本不断增长

为提高公路客运服务水平，需购置高档运输车辆、完善基础设施、配备相应设备，增加固定成本；还有人员培训费用、燃油费、税费等增长会导致可变成本增加。在本身营运收入降低的情况下，成本升高无疑会对其发展构成威胁。

第六节　苏南公路客运应对高铁冲击的经验借鉴

苏南的公路客运企业多年前就面临着高铁的猛烈冲击，但经过持续不断的探索，走出了一条值得借鉴的生存与发展之路。这里以常运集团为例介绍一下苏南公路客运企业的具体应对思路与主要措施。

一、常运集团概况

常州公路运输集团有限公司创建于1949年4月,始称公营华新汽车公司,体制几经变换,于2010年6月25日组建集团,是常州地区唯一具有国家道路旅客运输一级资质的综合性运输企业。

在七十余年的发展进程中,常运集团砥砺奋进,开拓创新,现已发展成为以道路旅客运输为主,集班车客运、定制客运、包车客运、综合旅游、现代物流(货物快件)、汽车销售、汽车修理、出租客运、驾驶培训,以及交通运输投资、文化创意、软件开发销售和技术服务等综合经营业务于一体的企业集团。目前,常运集团在职职工2 000名,下设7家分公司,13家全资和控股子公司,参股企业20余家;拥有一、二级汽车客运站5个,经营客运班线330余条,日发班次1 200班,覆盖苏、浙、皖、鲁、晋、赣、鄂、湘、黔、豫、闽、粤、陕、桂、沪、川、渝等17个省、市、自治区。

二、集团的发展思路

集团的基本思路是:核心主业稳健发展、培育业务加快发展、辅助业务协调发展、新兴业务适时发展。结合相关措施,具体表述为:

1. 一大主业,做精做优

强化公路客运的主业地位,坚持“车头向下、公司化改造、提质增效”方针,调整客运主业经营定位,目标客户群体以学生流、务工流为主,班线经营以中短途为主。力争做精、做优、做强客运主业,并充分发挥主业对相关产业的辐射和拉动作用。

2. 两个支撑,内外突破

加快发展现代物流和旅游两项产业,尽快使它们成为集团未来的两大支撑产业;在不断发展区域内部业务的同时,要不断加大区域外部业务的投入和拓展力度,实现从“量”的扩张向“量”“质”并举转变,从粗放型经营向集约化经营管理和资本运营型转变。

3. 三大工程,创新发展

实施集团资本运营、产业拓展、人才提升三大工程,创新企业发展理念和发展方式。

4. 四项指标,稳步提升

遵循错位竞争策略、差异化策略、“抱团”合作策略、优势互补策略的“四大竞争策略”，实现企业营收和净资产翻一番，利润和职工收入增长双过半，切实保障职工权益，实现职工与企业共同发展。

5. 五大业务，齐头并进

遵循“调结构、促转型”思路，促进客运业务、旅游业务、物流业务、汽车修理与贸易业务、城市出租驾培业务等五大业务协调发展，适时适机投资新兴业态，形成战略产业、保障产业、新兴产业齐头并进的“多元化”产业发展格局。

6. 六大能力，持续发展

建立健全现代企业管理体制，培育市场营销能力、业务拓展能力、技术创新能力、信息管理能力、资本运作能力、战略管理能力等，塑造企业品牌，构筑和谐企业文化，提高精细化管理水平，促进集团的可持续发展。

三、具体发展目标

(1) 站场建设：在现有站场布局的基础上(总站、武进站、城北站、花园站、高铁站)，重点规划建设东西两站，加大重要乡镇节点分流配载站建设。

(2) 主业发展：重视先进科学技术和运输装备在生产中的应用，注重与其他运输方式衔接，调整与优化班线规划，提升客运车辆档次和服务质量，形成经济型、商务型、豪华型等“多样化、差异化”的运力结构，通过客运资源整合、联合经营、公司化改造等方式，做精做强道路运输主产业链，增强主业竞争力。

(3) 多元化经营：大力开拓物流、旅游、汽车修理、汽车4S销售、城市出租车驾培等多元化业务，扩大业务市场份额，实现由粗放型经营方式向集约化经营方式转变，形成以客运为龙头、其他业务协调发展的多元化发展格局。

(4) 资本运作：扩展公司化改造线路，完成常州辖区内客运资源整合重组工作；依托“大运”平台，积极引入战略投资者，培育资本运作能力，打造多产业投资策划与管控能力，学会“扬弃”，有进有退，增强企业盈利与抗风险能力，提升集团核心竞争力。

(5) 管理体制：树立现代企业制度经营理念，建立合理、规范的公司治理结构，完善绩效考核体系，实施精细化管理，提升企业业绩。

(6) 人力资源：以“决策型”“经营型”“紧缺型”三支人才队伍建设为主线，实施“人才强企”战略，积极开展中高级工程技术人才、经营管理人才、技能型员工的培养和引进工作，抓住培养人才、用好人才、留住人才三个环节，加强人才储备，优化人才梯队结构，提高员工素质，打造一流的员工队伍。

(7) 科技进步：依托科技进步和信息化，实施节能减排工程，健全安全监控体系，促进企业效率与效益的稳步提升。

四、产业布局与发展重点

以市场为导向，以经济效益为中心，加快经营结构调整，以多元化、多层次产业布局为发展思路，即“核心主业稳健发展、培育业务加快发展、辅助业务协调发展、新兴业务适时发展”。

第一层次：做优做精客运主业，提高经营效益。

继续确立道路客运主业的龙头地位，积极应对高铁、民航等其他客运方式快速发展的挑战，改善基础设施与技术装备，调整客运市场定位，坚持“车头向下”战略，实施错位竞争策略、差异化策略、“抱团”合作策略、优势互补策略，发展公路运输灵活机动、通达度深的比较优势；坚持城乡客运一体化、运游一体化及厂企包车发展，提高车辆实载率；加大对乡镇站埠的建设和营运管理，培育乡镇配客站点；推进客运资源整合，优化中长途客运资源配置，积极开辟新的班线，大力开拓农村旅客运输市场，发展短途驳载、特色班线、精品班线；加大联合经营力度，拓展班线公司化改造范围，发展场站增值业务，提升客运业绩，做精做优客运主业。

第二层次：重点发展培育业务，加快结构转型。

以客运主业为龙头，依托集团人才优势、资源优势、管理优势，带动集团物流业、旅游业等相关产业发展。通过五年的发展，通过物流基地、旅游集散平台的建设，实现常运物流、长城旅游的转型升级，成为集团新的支撑产业。

第三层次：兼顾辅业协调发展，提升综合经营能力。

城市出租车、驾培、汽修服务与贸易、三产商贸等是常运集团业务发展的主要补充。这些产业的发展应注重于培养内部能力而不是规模投入，应根据外部形势的发展伺机而动。通过五年的发展，提升辅助业务竞争能力与盈利能力。

第四层次：适时进入新兴业务，寻求新的发展机遇。

以资本运作和资源重组拓展融资渠道，适时进入新产业领域，如房地产、加油站、小额担保贷款、交通工程建设、汽车租赁、交通运输管理咨询等业务。捕捉市场信息，抓住适当时机，进入新的产业，积极利用兼并、收购、参股、合资等手段，采取扩展或收缩型资本运作和资源重组方式拓展融资渠道，提高进入新业务领域的速度。

五、客运主业发展思路与应对策略

1. 加大客运网络优化与调整力度

(1) 有序实施站点调整、开发与建设。针对客运站场布局，一要与当地经济发展状况相适应，充分满足居民出行要求；二要与城市体系发展布局相适应，建设东站（戚墅堰）站、西站（西林）等站点，在人口密集、出行需求量大、辐射面广的重要乡镇可设置简易站场，在客运班线途经乡镇设立上客站，做好班线的延伸工作，拓展乡镇站点的班线经营。

(2) 拓展市场份额，加强班线改造和改良，优化运行管理。一是积极参与线路招投标，主动拓展线路资源。利用常武一体化整合后的优势，积极参加线路招投标，发展新辟班线。二是加大线路公营改造力度，扩增公司化经营份额，进一步推广南通片区公司化改造的经验成果，进一步提高效益。三是继续加强班线改良。抓住费改税后的有关政策，调整车辆结构，增加车辆座位数，发展大容量运输，重点巩固和发展周边 150 公里范围内的中短途班线，适时调整路牌。四是根据不同时期高铁的开通情况、班次情况以及满足旅客的程度，及时对同线运营的原有班线的车辆结构、票价进行调整，实施“时段票价”，吸引旅客乘车，提高车辆实载率；同时利用苏锡常通战略联盟平台，尝试开展中长途班线的节点运输，整合线路潜在资源，最大限度保留道路客运阵地。五是积极探索短途便捷化和城际巴士运营的新模式，在江阴线基础上，着力对金坛、溧阳等符合条件的班线进行改造推广。六是积极发展线路公司，跨地区整合客运资源，提高公司化经营效益。

(3) 实现协作对接。遵循“避其锋芒，强化优势，寻求突破，合作共赢”的发展思路，充分发挥道路客运便捷、灵活的特点，通过对中转客流的分析，与机场、高铁配套，发展中转班线，将其中的“中转客源”转化为优质客户，实现与铁路、航空的合理分工、优势互补、协同发展的格局。

2. 强化服务质量，打造知名品牌

实施道路客运品牌战略，完善“江苏快客”品牌班车管理、考核、奖励制度。各客运公司、各车站实施规范化管理，不断提升客运班线优质为民服务水平，全力提升客运班线品牌效应。具体思路是转变经营理念，以诚信建设为核心，以优质服务项目为抓手，积极开展各种具有行业特色的活动。

3. 推行服务差异化策略，增强经营灵活性

稳定拓展多样化、个性化的客运市场。目前针对学生流、务工流、商务流作

为车站主要客源,要采取不同措施加强巩固,对务工流,要按照"车头向下"的思路,增加途经乡镇的班次密度,使老百姓就近便利购票上车;对学生流,要尝试开通校区学生周末接送车,最大限度方便学生返乡返校。

4. 推进客运"信息化、智能化、购票便利化"建设

进一步完善售票网络,实现售票手段的多样化。利用邮政"惠民入村"工程使售票点布局到每个乡村,并结合农村客运站建设,将新建乡镇客运站纳入联网售票网络;逐步推广刷卡乘车,扩大市民卡的使用范围,进一步探索手机购票、自助售票等多种购票形式;在站场服务、运调管理等环节,通过服务方式、服务流程的优化与再造,为旅客提供更加方便、快捷的运输服务;拓展系统功能,尝试省内各个长途汽车站的联网售票和异地售票功能,并且为在互联网上实现这一功能打下基础。

5. 加强区域合作

一方面联合兄弟公司实施超长途班线结点接驳的新型运输模式。对新辟超长途班次探索实行"中转运输"和"节点运输"经营模式,延伸班线、覆盖站点、增加实载率,降低车辆运行成本,提高班线整体效益。另一方面完善苏锡常通稽查协作网络,发挥相互优势,延伸稽查范围。建立苏锡常通客运企业稽查协作网络平台,充分发挥相互之间的优势,延伸稽查范围,加强公司化经营班线的规范管理,增强稽查管理的力度,推动联盟化稽查向制度化、常态化、规范化管理方向发展;利用公司内部 GPS 监控系统,有重点、有针对性地对公营班线进行跟踪,增强稽查的查处能力。组建业务紧密型的客运协会联盟,通过行业内各成员对协会章程的约定,达到行业自律、建立业内信息沟通和协调机制、构建紧密性区域性的服务联盟的目的。

六、旅游业发展思路与应对策略

1. 打造具有独特优势的旅游集散中心

(1) 有效整合旅游相关资源。一要形成与集散中心信息共享、统一调度制度;二要加强与景区、景点、特色街区、饭店宾馆的整合力度,以集散中心为媒介打造一体化平台。

(2) 科学规划集散信息平台。借助管理信息系统,依靠其他旅游企业提供的信息,旅游集散中心可以实现整个旅游服务供应链系统的良好运作,为游客提供旅游及信息服务。同时,逐步与其他城市的旅游集散中心建设统一的旅游信息平台,联网售票,可以共推强势旅游线路。

（3）整合规划集散网点。随着常运旅游集散中心的筹建，为了汇聚游客、增加规模，除了设立集散中心总部外，尝试在城区人群聚集地设立分中心或上车点。游客既可以就近从各个分中心购买旅游系列产品，乘坐旅游专线车，也可以在集散中心总部购买，到分中心乘车。

2. 提升集团旅游业经营能力

（1）转变观念，增强市场意识。对旅游产业的市场化发展过程、市场化运作过程，要有全面的认识，从思想上改变旅游管理即客运管理的经验主义，要把先进的、有用的管理经验运用到旅游管理中去，并与市场有效沟通衔接。

（2）建立一支业务能力强、管理水平高的营销队伍，建立营销网络。通过招聘、业务培训等手段，吸纳和培训一批优秀营销人员，并结合灵活的营销政策，打造一支营销队伍，深入市场，抢占份额。初期营销重点在于中小旅行社用车市场、厂租厂包业务、季节性旅游专线用车及政府用车和学生团队用车；中期逐步向全面旅游营销转型。

（3）拓展精品旅游，实行差异化竞争。对市场进行细分，对自身进行重新定位，确定主攻方向，固定一批客户群体，重点在商务会展和教育系统用车市场上下功夫。要加大品牌的宣传力度，利用电视、广播、报纸、互联网等媒体进行必要的服务品牌推广。

3. 加大企业横向联合与纵向合作力度

借助集团公司拥有的一流客运场所和旅游车队，强势发展旅游品牌。通过强强联合进行深度合作，提高服务质量水准。着力推进与知名旅行社合作，争取有新的突破，也可以依据形势的变化，借助大旅行社的品牌、管理平台，采取加盟经营的方式。

4. 提高旅游产品开发水平与能力

旅游发展应着力拓展商务旅游、消费群体专项旅游产品。分别针对如学生市场、老年人市场等消费群体的需求进行挖掘，在特定的人群中树立自己的品牌，达到较高的顾客忠诚度。大力推广特种产品的旅游项目如人文旅游、生态旅游、红色旅游等多项特种旅游。

七、物流业发展思路与应对策略

1. 常运物流

（1）完善组织机构、构建运营体系。一是建立具有自身特点的先进物流运营系统，按照现代物流的理念，技术层面上完善仓储、运输、供应链等信息化系统,运作层面上完善服务、操作体系,管理层面上完善各类管理制度、行为规范和应用标准,同时进一步加强员工培训与客户引导。二是招贤纳才,完善物流运营机构。在前期成员配置的基础上,从外部引进领军人物,从公司总部调进精干管理人员,同时面向社会公开招聘物流经营专业人才,优化人员资源配置。尤其要打造一支精干的营销团队。三是建立健全规章制度。建立相应岗位职责、操作规范和考核体系,为高效运作打下坚实基础。积极推行物流管理的ISO 9000质量认证体系。

(2) 集聚集团优势,构建区域配送格局。一是发挥资金优势,完善物流硬件、软件发展环境,打造区域现代化物流中心,吸引更多的品牌进入常运物流配送中心,并通过业务经验积累,逐渐由低端服务向高端管理渗透,掌握物流核心管理技术。二是发挥集聚效应,拓展物流新项目。在可口可乐、娃哈哈等大品牌进驻取得初步市场效应的基础上,根据市场需要,在酒品批发市场、电子商务物流园、节能灯装配等项目上进行沟通洽谈,进一步拓展物流新项目,延伸新服务,提高附加值。三是发挥土地资源优势,完善物流中心布局。充分利用物流中心资源,借助东城区物流试点经验,加快推进西城区客货运物流发展规划实施,形成东西连接、合理配套的物流格局。四是发挥宣传优势,树立常运物流品牌。充分利用网络、媒体等宣传阵地,推广常运物流品牌,提升知名度。同时,要积极与政府相关部门沟通,在重点企业、示范基地、物流园区等方面争取支持,力争取得江苏省重点物流示范基地称号,提升品牌价值。五是发挥苏锡常通区域战略联盟优势,整合物流发展资源,促进相互交流与合作,推进苏锡常道路运输企业物流战略协作体系的建立,建立长三角区域的配送联盟。

(3) 推行客户关系管理,构建现代物流服务体系。与客户建立稳定的渠道关系,通过物流服务能力与服务质量的提高,逐步赢得客户的信任,提供增值服务,深入参与客户供应链管理,逐步实现配送的精细化服务。同时要延伸服务内容,符合客户需求。在现有仓储、配送功能的基础上,打造运输、仓储、配送、流通加工、装卸搬运、包装、信息处理七大现代物流服务体系,适应市场需求,满足客户要求,提升发展空间。

2. 货运快件

(1) 加快开发货运快件网络。经营方式要有新的突破,采取加盟、代理等各种灵活形式。在货源丰富地区广布网点,尽快拓展市场,争取主动权。

(2) 积极发展快件新的业务增长点。一是继续发展客户群,拓展大件、多件客户,在现有客户中寻求增量,利用客户信息资料和运量对比寻找增量客户,培养和发展大客户。二是发展乡镇快件受理站点。以集团公司客运班线“车头向下”为契机，以乡镇客运站为平台，发展快件受理网点。三是发展中转业务，扩大中转范围，努力贴近市场，合理定位，提高竞争优势。

(3) 加快城联快递的开发。扩展现有经营效果，扩大城联网络，降低价格和送货上门成本，着力提升和体现品牌效应，增强影响力，改进完善商业模式和分配机制，进一步提高竞争力。

(4) 打造合格的快件运行人才队伍。快件品牌的打造需要一支实力强的团队才可以实现，主要人员构成包括营销、策划、管理、信息等各方面人才。在引进人才时，需注意快件领军人物需从行业内进行高待遇引进，以便形成高起点。同时对快件业务发展的投入应予以优先考虑。改变等货上门的运行方式，提高信息化水平，发挥客运网络的独特优势。

(5) 形成完善的业务模式。形成完善业务操作模式，实现标准化、信息化，可全程动态跟踪。同时，利用客车的车载 GPS 和快件条码可实现动态跟踪，形成过程的信息控制，供客户进行信息查询。有效避免承包车辆人员私自操作的情况，增强快件运行的规范性。

(6) 加强与优势企业互利合作。加强横向联系，继续发展“空、铁”业务和物流专线业务。一方面加强市场营销，寻求具有稳定货源和经济效益的大宗货物客户；另一方面，加强与信誉好、知名度高、实力强的物流公司的合作，力争在物流专线上有所突破。同时加大与中国邮政的合作力度，利用客运公司直达快、发班准时、密度高的优势，可分担部分中国邮政区内几条主要城市线路的快递信件运输业务。探索与国际快递巨头进行合作，以特许经营的方式加盟国际快递巨头的地区业务。利用快递巨头成熟的运营模式、网络以及丰富的经验，发挥优势，在地区快递业务上占据一席之地。

八、多元化经营思路与应对策略

1. 城市出租业

(1) 借助集团优势，拓展市场份额。充分利用集团公司资源及管理网络，兼并、整合或收购一些规模小、竞争力差的出租车公司，扩大市场份额。为提高集团出租车业务运营水平，将逐步实现以公车公营为主的运营模式，开展规范化经营和标准化服务，努力提高公司化份额。

(2) 强化企业管理，提升企业形象。

全面提升驾驶员队伍素质。为维持出租车服务整体形象，提升司机素质、稳定队伍，实行等级化培训和资质评定，向职业化发展。

出租车品牌建设。一方面依托常运集团品牌优势，打造常运出租车品牌，提高品牌的市场影响力；另一方面开展各类特色服务，在提高服务质量、树立品牌意识的同时，促进出租车经营理念向更高层次转变。

优化驾驶员队伍。要严抓驾驶员进入行业的考核，从优录取，着重考核驾驶员的驾驶技能和紧急情况处理技能。严格进行驾驶员业务培训，提高驾驶员的安全意识和责任意识。

完善考核制度。在扩大公营份额的同时，应重点抓改善公营服务质量，提高运营利润水平，完善奖惩考核制度，将员工收入、个人发展与服务绩效挂钩，并建立员工个人业务档案，提高员工工作热情。

(3) 依托信息技术，提高服务水平。积极配合信息调度中心，采用先进的电子和通信技术手段，不断完善信息调度中心。通过科学合理的调度，加大城区出租车保有量，提供区域调车、突发事件处理等全方位服务，不断提高规范化服务水平。

(4) 有效降低车辆运行成本。发挥规模化经营、公司化管理优势，推行公车公营经营模式，由企业全面负责车辆的营收、成本、安全管理。做好教育培训工作，开展节能降耗技术竞赛活动，引导驾驶员关注、加强对车辆运行成本的控制。应用新技术应对油价持续上涨，进一步推广使用清洁能源，根据实际情况逐步实施油改气。

2. 汽车修理业

(1) 提高职工技能，强化质量与服务意识，打造“常运汽修”品牌。定期开展灵活多样的技能培训，并分等级进行。定期开展维修技能比赛活动，在职工中营造出积极学习、争当技术能手的氛围。将职工的技能培训和技能竞赛活动与技术工人的绩效考核挂钩。根据需要进行技术工人岗位轮换，培养一专多能的技术工人。采取送出去、请进来的办法，将一部分好学上进的维修工人送出去进修，同时，邀请高技能的技术专家能手到公司进行技术交流。完善技术工人考核制度，加强技术工人绩效考核，提高全员的服务及品牌意识，努力创建“常运汽修”品牌。

(2) 加强技术人才引进，解决工人及技术人员缺乏及老龄化问题。为了稳定技术工人队伍，可以采取两方面措施：一是在合同签订等方面，采取有效措施与办法，适时进行劳务工转正，留住技术人才。二是提高技术人员工资待遇，高薪聘用高技能人才，使技术人员的工资待遇不仅与工作量、工作时长挂钩，更要与技能水平紧密挂钩，培养或引进高技能人才给予高薪，让全体技术人员意识到高技能就有高回报。

（3）构建维修合作平台，开展维修协作交流。维修协作主要开展三方面工作，一是利用集团公司与兄弟公司的网络，协作维修对开班次车辆；二是在管理、技术及人员等方面展开经常性的交流；三是在车辆配件及大宗物资设备采购上相互合作。

（4）积极开拓外修业务。在解决技术人员短缺、增设新设备的基础上，积极开拓外修业务，并尝试开展大客车快修连锁经营，拓展集团公司新的效益增长点。在快捷修理业务中，采取快速反应、快速处理的技术，实行差异化战略来赢取客户、赢取市场。快修业务实行连锁经营，实现资金、技术、管理等资源共享，统一的服务标准、统一的收费价格和统一的操作流程。在服务规范、质量稳定的前提下，稳固地推动大客车快修连锁网络发展。

3. 汽车贸易业

（1）强化4S店专业发展，打造品牌售后服务。对公司全资和控股的4S店，加强专业化发展，完善集汽车销售、维系、配件销售、信息服务于一体的汽车销售服务。打造品牌售后服务，促进盈利的4S店效益持续增长。

（2）转让部分股权，尝试开拓新业务。一是在剥离效益不好的4S店股份的同时，积极寻找效益好的入股参股机会；二是慎重选择新的独资或控股的新代理品牌，并进行详细论证。探索部分4S店空间聚集，初步形成消费者一站式采购的汽车销售集聚效应。

（3）采取形式多样的促销活动。在汽车销售中，4S店可与集团物业、运通驾校合作，采取在运通驾校学车，享受集团4S店买车优惠，或在集团4S店买车，享受驾校学车优惠和在集团物业加油点油价优惠等措施。同时，充分利用报刊、电视、网络等现代传媒和设立户外广告、参加各类会展活动等手段，多渠道、多形式宣传自身汽贸产业，切实提高知名度和影响力，促进更多的生产要素投入建设，引导鼓励汽贸企业实施服务品牌战略。

4. 驾驶培训业

（1）走品牌化经营之路，推进品牌化发展战略。完善驾校管理体制，推进教练管理绩效制。建立健全监督机制，完善投诉举报机制，提高服务质量。强化行风行纪，提高教练员队伍整体素质。拓展品牌宣传的途径与渠道，多种宣传方式结合起来。开展网络培训和远程教学，加强驾校网站建设。

（2）积极扩大培训生源，稳步提高市场占有率。生源是驾校效益的唯一来源，必须采取多种措施和方法积极扩大生源。努力扩大A1照驾驶培训生源，为公司输送大客驾驶员。继续扩大C照生源，增加C照教练用车，加强招生网点建设，扩大营销范围，提高市场占有率，促进驾校效益稳步增长。

（3）开展部门合作，推行内部优惠政策。对集团公司职工以及合作单位职工的驾驶培训在政策范围内给予优惠。与集团公司的4S店合作，对驾校学员开展购车、学车双向优惠活动。这样既可以增加驾校的经营效益，推进驾校品牌建设的宣传，又有利于促进汽车贸易的增长。

5. 物业经营

（1）加强油料采购管理，节约油料采购成本。在油料采购中，坚持供应商竞价原则，实行比价采购，努力降低油料采购价格，节约油料采购成本。

（2）加强油料供应管理，确保供应正常有序。适时拓展外供业务，实现外供盈利增长。完善油荒应对预案，加强油荒应对措施，努力加强油料储备。

（3）加强水电管理，有效节支降耗，严格控制非生产性水电成本支出。在后勤日常管理过程中，对新站要强化水、电的现场管理，坚持电工每月一次巡查制度，严格水电收缴制度，使公司的非生产性成本有所下降。

（4）加强房屋租赁管理，提高房屋租赁收益。持续稳定增加现有出租收益，采取灵活租赁措施，加强闲置房屋开发利用，增加黄金地段的租赁盈利。

（5）加强员工培训教育，积极开展新增业务。采取多种形式强化员工培训教育，切实提高员工业务素质和业务技能。随着集团公司新业务的增加，物业经营的业务范围势必会不断扩展。除了继续做好主业保障外，还要努力做好集团公司业务拓展所增加的物业新业务，努力为集团公司的增效节支作出新贡献。

第七节　苏北公路客运协同应对策略

高速铁路不可避免地会给公路客运带来一定的影响，但每种运输方式都有自己的优缺点，都不可能完全被替代。传统的公路客运，在高铁的冲击下需要转型升级。在此过程中，需要政府、行业、企业三方的协调与配合，才有可能实现高铁背景下又好又快的可持续发展。

一、政府层面

1. 合理规划建设高铁接驳道路和公路客运场站

合理规划建设与高铁站衔接、接驳道路，不要盲目求多、规模求大修建。应结合当地客运出行需求，特别是重点城区、景点，修建适宜规模的连接高铁场站的线路，并可根据城镇发展方向，沿线布局客运场站。

公路客运场站是连接不同运输方式、不同线路的节点，政府应合理规划与建设公路客运场站。首先，合理规划、务实建设高铁枢纽公路客运站，对公铁换乘量不大、远离城市中心区的高铁站点，不宜配套建设与之衔接的公路客运站。其次，分类推动区县普通公路客运站建设，在城市对外交通便利、内部交通衔接顺畅节点合理规划建设客运站。最后，重点推进农村客运站建设，提高农村简易客运停靠站或招呼站建设密度，为农村公共客运发展提供保障。在实现农村客运站基本服务功能的基础上，可与农村电商、快递、邮政融合建设发展，建成集农村客运、快递、商贸、物流等具有多种服务功能于一体的农村综合服务站。

2. 大力支持农村客运发展，建立农村客运补贴制度

针对农村客运线路难以开通、开通后又难以长久运营的问题，政府应该将农村客运公交视为城市公交同等对待，确定农村客运公交公益属性。各级政府应将其纳入公共服务范畴，建立和完善农村客运公交财政补贴制度，加大对农村客运公交的财政投入和对客运方的补贴力度，从而有效降低农村客运公交票价，保障农村公共交通供给，促进农村客运公交可持续发展。

3. 加快建设高铁站点接驳道路

修建各高铁站点的接驳道路，以及规划修建高铁站点直达城区、景区、重要乡镇等地的接驳道路，可以加快高铁客运与公路客运的周转效率，既减少了旅客出行时间和换乘次数，提升了旅客出行满意度，也可有效增加公路客运客流，利于公铁协同发展局面的形成。

4. 打击客运市场违法行为，维护客运市场秩序

政府和相关执法部门应加强打击客运市场违法行为力度，加强运输生产安全查处力度，维护客运市场秩序，净化客运市场环境，保证公路客运企业能在良好的市场环境中健康发展。

二、行业层面

1. 大力推进城乡客运公交一体化发展

面对高铁运输的挤压，公路客运收益减少，而农村公共客运需求大，市场供应较少，存在很大缺口，所以，发展城乡客运公交一体化一举两得。城乡客运公交一体化要以高铁站、区县客运站为中心，依托乡镇客运为节点、农村招呼站为基础，满足农村居民的进城出行需求，并要以公益化为发展趋势，推动公交化、

一体化、常态化运营，提升农村公路客运服务水平，最大程度为广大农村居民带来实惠和便利。

首先，因地制宜，积极探索适合不同地区特点的农村客运组织模式，采取片区经营（如“一片一企”“一车多线”）、循环运行、冷热线搭配、预约用车以及开行隔日班、周班、赶集车、学生车等多种运营组织模式，在保障农村客运车辆应有运输效率和经营效益的基础上，提高和扩大农村客运的通达深度和覆盖范围。

同时，在保障城乡客运安全的前提下，逐步推进城乡客运公交一体化发展。对一些客源集中、客流量大的农村客运线路，加快推进农村客运公交化运营，加密客运班次、缩短发班时间、增加停靠站点，并统筹城乡客运服务网络，整合城乡客运资源，促进农村客运网络和城市公交网络的合理衔接与有效融合，推动城乡客运公交化、一体化、公益化发展。

2. 推动公路客运同业整合和上下游融合发展

公路客运行业应加快推进道路客运班线经营许可制度改革，扩大企业在线路运营、车型选择、站点变更、班次安排、运力调度、车辆更新等方面的经营自主权。同时，围绕“旅客出行服务需求”，充分利用互联网、移动 APP 等信息技术，构建区域性客运服务网络定制平台，并创新公路客运组织模式和运行机制，探索同业整合、组建线路公司或片区经营公司，开展片区经营、多点接送、多线经营等运营组织新模式，提供以“客户需求为中心”的更灵活、更便捷、更人本化的公路客运服务。

3. 推动公铁联运，加强公铁合作力度

高铁和公路客运都具有各自优势，两者也存在着竞争和合作的关系。所以，公路行业要厘清与高铁的竞合关系，避免或减少直接竞争，抓住和加强公铁协同合作，推动公铁联运，创造条件尽可能开通直达高铁站点线路，提高与高铁站点的衔接效率，为旅客节约换乘时间，吸引更多客流，以求达到互利双赢的目的。

三、企业层面

利用安索夫策略管理矩阵工具，对公路客运进行分析，得到四种发展策略。

1. 市场渗透策略

该策略是以现有产品面对现有市场，强调发展现有的产品市场组合，企业往往通过采取产品差异化战略来加强客户忠诚度，巩固原有的市场份额。同时，当市场份额总体有所下降时，需要采取缩小规模的应对措施。采用该策略时,公路客运企业一方面要提高服务水平,巩固原有的客运市场份额;另一方面要采取集约经营策略,成立公路运输联盟,整合线路资源,统一应对高铁的竞争。

(1) 调整运力结构,合理安排发班班次。在高铁的冲击下,公路客运企业要适当放弃在跟高铁直接竞争中处于劣势地位的客运班线,将运力资源调配至高铁尚未覆盖的区域,积极拓展短途运输业务,减少与高铁在点到点上的直接竞争。而对于优势线路,要结合城市人口分布特点及高铁站点的布局,调整班线的起止点,并根据高铁的运营计划,动态调整发班班次和时刻,对车辆进行合理调度,并积极与本地区其他运输企业合作,采取联合调度发班的措施。

(2) 适当调整票价,提高竞争力。票价是影响客源的一个重要因素,客运企业要合理制定票价及运价结构,以提高自身竞争力。为应对高铁运力增加带来的冲击,客运企业要对票价和发班班次进行优化,还可以灵活采用浮动票价体系,针对学生等群体采取打折销售政策,并且推行月季票、年票等优惠票卡。

(3) 成立公路运输联盟,共同应对高铁竞争。目前城市运输主体比较多,内部竞争激烈,很难形成统一的力量应对高铁的竞争。公路客运企业应采取合作发展的策略,积极采取托管、联营等方式,加强同其他客运企业的合作,走联合经营的道路。一方面,通过成立公路运输联盟统一票价,消除公路客运内部的压价竞争,同时各企业要联合制定应对高铁冲击的方案,提高公路客运的凝聚力;另一方面,客运企业间应整合线路资源,减少线路重叠,采取滚动发车方式,共同排班、调度,提供统一标准服务,更加灵活、机动地应对高铁的挑战。

(4) 通过企业合并的方式整合道路运输资源。目前城市公路客运主体较多且规模较小,没有能制定有利于地区客运行业发展规则的大型客运企业。为响应国家提倡的道路运输资源整合政策,公路客运企业可以积极采取合并收购与自身重复线路较多、规模较小的客运企业的措施,并通过资金、线路、站场和人员等资源的整合,扩大自己的规模,从而提升自己的竞争实力。

(5) 采用 LNG(液化天然气)等新能源车辆,降低运输成本。LNG 车辆具有清洁环保的优点,虽然在购车成本上与现有的车辆差别不大,但由于 LNG 车辆燃气的成本要比汽油低很多,所以采用 LNG 车辆后将节省较多的运营成本。由于 LNG 车辆还未得到大规模的使用,所以使用 LNG 车辆要解决加气不方便的问题。客运企业可以先在运距较短的公交线路上采用这种车辆,同时要配合线路的分布情况,合理布设 LNG 加气站,保障车辆的正常运营。

(6) 加强企业安全管理。安全性对乘客和客运企业都十分重要,安全事故的发生将会造成极其严重的损失。目前很多客运班线都采取承包和挂靠的方式经营,造成安全生产管理控制困难,容易出现运输安全事故。为了保障公路客运的可持续发展,客运企业必须加强安全管理,客运班线尽量采取自营模式,同时要建立健全企业安全生产监督管理机制,严格按照国家最新的客运营运车辆技术标准配置车辆,完善各种安全应急预案,减少安全事故的发生。

(7) 提高服务水平,加强品牌建设。加强企业服务质量的管理,建立企业特有的品牌,实现企业的规范化经营。为应对高铁的竞争,要加强人力资源的建设和开发,通过竞争上岗的方式,提高员工的专业素质从而促使公路客运服务水平的提升。具体措施包括:培养员工的品牌服务理念,建立品牌服务管理标准;利用网站、车身广告等方式加大品牌的宣传力度;建立服务热线、服务网站、企业微博、微信公众号等旅客服务平台,及时了解旅客的需求,处理旅客的反馈意见,从而提升乘客对企业的满意程度。

(8) 建立公路客运信息化系统,提高企业运营效率。目前有些城市公路客运企业的办公设备落后,有些地方甚至还实行手工记账方式,在购票上也只能去客运站或者配客站,办公以及运营效率较低。应对高铁的竞争,客运企业要采用先进的科学技术手段提高运营管理效率。比如企业在售票方式上,既要扩大车票代售点覆盖面,在火车站、城区人口密集地甚至乡镇设车票代售点,又要加快尽快构建新型的网络和移动平台售票系统,采用电话预约、联网售票、自助终端售票等先进的网络订票平台,方便乘客在互联网、手机等设备上采用网银、支付宝以及微信等方式支付购票。同时,企业之间也可打造统一的售票平台,既节省了运营成本,又能实现票务资源和利益的共享,从而提升企业的竞争力。

2. 市场开发策略

该策略是用现有的产品去开拓新的市场,企业必须在新的市场上找到具有相同需求的顾客,此时企业需要调整产品的定位。采用该策略时,公路客运主要是要加强对高铁的"盲点"区域进行网络覆盖和延伸,积极开拓农村客运和公共交通客运市场。

(1) 重视农村客运市场的发展。目前大部分城市公路客运企业运营班线主要以市际和县际班线为主,农村客运班线较少。而随着城乡一体化的推进、农村居民收入水平的提高、农村道路交通条件的改善以及高铁带来的接驳换乘需要,农村居民的出行需求将会大大增加,而高铁由于不能实现门到门的服务,始终无法覆盖这些地区,加上目前国家对农村客运的燃油补贴力度较大,因此这是新的潜在利润增长点,客运企业应该抓住机会占领该部分市场。

(2) 重视公共交通的发展,为自营客运班线输送客源。公共交通具有占用道路资源少和绿色环保的特点,因此国家正积极实施"公交优先"战略,对公共交通采取较高的燃油补贴。目前中小城市因为摩托车、电动车的大量存在,导致公共交通市场占有率极低,发展水平较为落后,但随着经济的发展,以及优先发展公共交通的需要,交通运输主管部门已经逐步在满足条件的中小城市城区实行"禁摩"政策,加上高铁带来的客源聚集效应,公共交通票价低的优势使其在火车站等地存在较多的公交接驳客运需求。此时客运企业应该趁目前公交线路较少,公共交通的发展处于刚刚起步阶段的良机,在火车站、汽车站等客流聚集点开辟公交线、城乡客运班线以及增加出租车运力投放,既拓展了短途道路客运市场,增加了新的收入来源,同时公交线路又可以为企业自营客运站输送客源,增加收益。

(3) 协同发展小件快运市场。小件快运是利用公路客运直达运输和班次密集的优势,将高附加值的小件物品,随同客运班车转交给收件人的服务,发展小件快运可以充分利用公路客运的闲置资源,获得较高的收益。目前快递行业蓬勃发展,市场需求旺盛,因此客运企业应该重视这个市场。在发展小件快运上,要重视配送环节的协调,客运企业一方面可以自己设立小件快运的办理点,另一方面也可以和快递公司合作,与快递公司实现利益共享。

(4) 适当发展包车业务。随着经济的发展,包车业务的市场需求越来越大,近年来出现了大量的旅游包车、学生包车和大型公司通勤包车等包车业务,客运企业要根据这些需求开设相应的市际、县际包车线路。比如有些城市的初中、高中学生群体比较特殊,因为教学条件的差异较大,很多农村或者郊区的学生往往要到离家比较远的城区学校上学,这些学生每月或每隔几周都有从家到学校往返的需求,针对这一需求,此时公路客运企业可以同相关的学校合作,定期接送学生。

3. 产品延伸策略

该策略指推出有潜在利益的新产品给现有的顾客消费,此时企业一般通过延伸现有产品的深度和广度,推出升级产品或是与原有产品相关的新产品的方式来达到吸引原有顾客消费的目的。采用该策略时,公路客运企业要对客运市场进行细分,提供有特色的客运服务来吸引顾客,同时要加强与高铁客运合作,做好高铁客运的集散运输。

(1) 细分客运市场,提供差异化服务。公路客运比高铁客运具有更多的服务形式,客运企业可以通过针对不同的消费群体提供不同的服务来提高自身的竞争力。比如针对时间敏感、品质要求较高的乘客，采用豪华的直达班车，适当提高票价，同时提供免费的无线网络和报纸等资料给乘客使用，乘客在获得良好体验的同时也降低了对时间的敏感性；而针对票价敏感，时间不太敏感的乘客采用普通班车，适当降低票价，同时在重要配客节点停靠上下客，以提高载客量。

(2) 加强与高铁客运的合作，开展转运型节点运输。一般城市的高铁客运站往往设立在郊区，离市区较远，高铁开通后这些站点将会产生较多的换乘客流。公路客运企业要主动安排城乡客运班线和公交线路对接高铁站，开展转运型节点运输和二次转运业务，实现“零距离换乘”。

4. 多角化经营策略

该策略指提供有潜在利益的新产品给新市场，此时企业要利用自己在产品和市场等方面的综合优势，根据新市场的特点，采用使企业不断向纵深发展的一体化策略。采用该策略时，公路客运企业一方面要统筹发展各种客运业务，积极投资建设新的客运商业综合体，形成客运链服务。另一方面，高铁的开通必定会带动当地旅游业的发展，此时公路客运企业应该开发相应的旅游线路，从而获得新的利润增长点。

(1) 客运业务一体化经营，形成客运链服务。客运企业要将自身的客运网络与当地的公交和农村客运网络融合，优化运输网络布局，统筹客运和公交等各类站场规划，实现整体协同，发挥综合交通运输的整体优势，通过集约化经营与内部资源整合，提升企业效能和竞争力，积极应对高铁的客运竞争。

(2) 积极开发旅游班线。随着高铁的开通，中小城市与其周边大城市的联系将更加方便快捷，而很多中小城市都有较多的旅游景点，交通条件的改善会吸引相当一部分的旅游客流。针对旅游乘客的需求，客运企业应该同当地的交通运输主管部门协调，争取相应的线路牌照，开设相应的旅游直达班车，以实现增加收益的目标。

(3) 依托客运网络，积极拓展新业务。城市的客运企业一般都有自己的客运站场，但是这些客运站大都比较破旧，急需改造升级。客运企业一方面可以借助现有的交通等土地资源，联合其他投资方，找专业的地产公司合作，加强自有土地的商业开发，发展酒店、商铺等高利润的业务；另一方面在车身和客运站广告的招租上也应该积极宣传，争取获得新的非客运业务收益。

八、结论

高铁开通不可避免地会对其辐射范围内的公路客运产生一定的影响。课题组通过研究发现：

(1) 短期内公路客运占据客运市场主要份额的现状不会改变。统计数据表明，公路客运市场份额虽然呈现下滑，但依然承担了近80%的客运量，未来一段时期公路客运仍有很大的生存与发展空间。

(2) 在不同的运距范围内，公路客运和高铁客运各有优势。在300公里内，公路客运依然具有很大的优势。双方可以发挥各自的优势，在中短途与中长途、干线与支线、城市与乡村、密集点与空白点、经济发达与欠发达区域等线路上实现相互补充、无缝衔接、全面覆盖。

(3) 高铁对公路客运的影响是多方面的，主要体现在客流量、企业经营效益、客运市场竞争格局以及居民出行等方面，这些影响既有正面的也有负面的，需要辩证看待。

(4) 公路客运发展的SWOT分析表明，尽管公路客运面临包括高铁客运带来的一系列挑战，但在我国居民出行需求不断增长、出行需求多样化的情况下，公路客运仍然具有独到的优势和生存空间。

(5) 苏南十年前就进入高铁时代，面临的冲击比如今的苏北公路客运更大，但通过持续不断的探索，走出了一条新型的发展道路。苏南公路客运成功应对高铁冲击的诸多经验，可供借鉴。

(6) 高铁和公路客运完全可以相得益彰，共生共荣。只要政府部门、行业和企业加强沟通与合作，完全可以实现高铁与公路客运的共赢。

参考文献

[1] 蔡晨光，郭钰，李宝国.高铁快速发展下道路客运的竞合策略[J].山西交通科技，2010(5)：77-80.

[2] 陈宽民，罗小强.城市快速轨道交通合理票价的博弈分析[J].长安大学学报(自然科学版)，2005，25(4)：52-55.

[3] 陈星光，周晶，朱振涛.城市交通出行方式选择的演化博弈分析[J].管理工程学报，2009，23(2)：140-142.

[4] 胡钢.通过公铁竞争浅议公路客运发展[C]//中国道路运输协会.中国道路运输协会道路客运及站场工作2008年年会.杭州，2008：6-10.

[5] 吴成.珠三角区域高速铁路及城际轨道建设发展对汽车客运站的影响与对策探讨[C]//中国道路运输协会.2013 中国道路运输年会论文集.北京,2013:101-107.
[6] 蒋海兵,张文忠,李业锦.京沪高铁影响下的区域公路可达性空间分异特征研究[J].华东师范大学学报(自然科学版),2014,1(1):68-78.
[7] 李青松.高铁时代下湖北省公路客运企业运营现状思考[J].交通企业管理,2013,28(6):17-18.
[8] 刘万明.高速铁路主要技术经济问题研究[M].成都:西南交通大学出版社,2003.
[9] 陆化普.交通规划理论与方法[M].北京:清华大学出版社,2006.
[10] 马红伟.公铁高速客运方式分担率模型研究:以南广高铁为例[D].西安:长安大学,2011.
[11] 覃仕欢.广西高铁运营对公路客运的影响及其对策研究[D].南宁:广西大学,2013.
[12] 唐科.高速铁路快速背景下的高速公路客运应对策略研究:以成渝高速公路客运为例[D].成都:西南交通大学,2008.
[13] 田尔布,王逢朝,孙振华,等.高速铁路对公路客流转移影响[J].大连交通大学学报,2013,34(3):49-52.
[14] 王江涛.运输通道客运分担率预测模型及应用研究[D].成都:西南交通大学,2011.
[15] 王明.高铁影响与高铁时代城际公路客运发展策略研究[D].西安:长安大学,2010.
[16] 王平.现有模式高铁冲击下的高速公路客运形势分析[D].西安:长安大学,2011.
[17] 杨苏楠.公路快速客运应对高铁时代的对策研究[J].北方交通,2014,(1):130-132.
[18] 杨延海.高速通道客流分担率及公路客运应对举措研究[D].大连:大连海事大学,2009.
[19] 张蕊,杨静,雷熙文.城市交通出行方式选择的随机弹性分析[J].交通运输系统工程与信息, 2012,12(2):132-136.
[20] 朱健梅.竞争性运输通道选择的博弈模型研究[J].西南交通大学学报,2003,38(3):336-340.

[21] AHERN A,TAPLEY N. The use of stated preference techniques to model modal choices on interurban trips in Ireland [J]. Transportation research part A: policy and practice, 2008, 42 (1): 15-27.

[22] BUNCH D S. Estimability in the multinomial probit model[J]. Transportation research part B:methodological,1991,25(1):1-12.

[23] FRAR S KOPPLELMANN. Multidimensional model system for intercity travel choice behavior[J]. Transportation research record, 2014:1-8.

[24] KOPPELMAN F S, WEN C H. The paired combinatorial logit model: properties, estimation and application [J]. Transportation research part b:methodological,2000,34(2):75-89.

[25] MONZÓN A,RODRÍGUEZ-DAPEN A. Choice of mode of transport for long-distance trips:solving the problem of sparse data[J]. Transportation research part A:policy and practice,2006,40(7):587-601.

[26] ADLER N, PELS E, NACH C. High-speed rail and air transport competition: game engineering as tool for cost-benefit analysis [J]. Transportation research part B,Methodological,2010,44 (7):812-833.

[27] PARK Y,HA H K. Analysis of the impact of high-speed railroad service on air transport demand[J]. Transportation research part E: logistics and transportation review,2006,42(2):95-140.

[28] KIM T J,SUH S. Advanced transport and spatial systems models [M]. New York,NY:Springer New York,1990.

探索建立淮河生态经济带协调发展新机制

主持人：史修松（苏北发展研究院）

一、引言

2018年10月，《淮河生态经济带发展规划》获得国务院批准，标志着淮河生态经济带进入快速发展期。淮河流经我国中东部地区，全长约1 000公里，是南北方的重要分界线，在我国经济社会发展全局中占有重要地位。淮河生态经济带以淮河干流、一级支流以及下游沂沭泗水系流经的地区为规划范围，跨越五个省份，包括江苏省淮安市、盐城市、宿迁市、徐州市、连云港市、扬州市、泰州市，山东省枣庄市、济宁市、临沂市、菏泽市，安徽省蚌埠市、淮南市、阜阳市、六安市、亳州市、宿州市、淮北市、滁州市，河南省信阳市、驻马店市、周口市、漯河市、商丘市、平顶山市和南阳市桐柏县，湖北省随州市随县、广水市和孝感市大悟县，规划面积24.3万平方公里，2017年末常住人口1.46亿，地区生产总值6.75万亿元。《中共中央国务院关于建立更加有效的区域协调发展新机制的意见》指出，实施区域协调发展战略是新时代国家重大战略之一，是贯彻新发展理念、建设现代化经济体系的重要组成部分。党的十八大以来，各地区各部门围绕促进区域协调发展与正确处理政府和市场关系，在建立健全区域合作机制、区域互助机制、区际利益补偿机制等方面进行积极探索并取得一定成效。同时要看到，我国区域发展差距依然较大，区域分化现象逐渐显现，无序开发与恶性竞争仍然存在，区域发展不平衡不充分问题依然比较突出，区域发展机制还不完善，难以适应新时代实施区域协调发展战略需要。

二、探索建立淮河生态经济带协调的发展定位

规划实施对于建立有效区域协调发展新机制具有重要意义。淮河生态经济带建设将是建立有效区域协调发展新机制的具体实践。

着眼未来建立流域生态文明示范带。把生态保护和环境治理放在首要位置，建立健全跨区域生态建设和环境保护的联动机制，统筹上中下游开发建设与生态环境保护，落实最严格的水资源管理制度和环境保护制度，着力保护水资源和水环境，加强流域综合治理和森林湿地保护修复，加快形成绿色发展方式和生活方式，把淮河流域建设成为天蓝地绿水清、人与自然和谐共生的绿色发展带，为全国大河流域生态文明建设积累新经验、探索新路径。

着眼长远建立特色产业创新发展带。加快实施创新驱动发展战略，加强分工协作，联手推进科技创新，着力培育新技术、新产业、新业态、新模式，推动产业跨界融合发展和军民融合发展，加快传统产业转型升级，壮大提升战略性新兴产业，培育一批先进制造业龙头企业和优势产业集群，巩固提升全国重要粮食生产基地的地位，探索推进资源枯竭城市、老工业基地转型升级的有效途径，促进新旧动能转换和产业转型升级。

着眼城乡建立新型城镇化示范带。构建大中小城市和小城镇协调发展的城镇格局，增强区域中心城市综合实力，促进大中小城市、特色小镇和美丽乡村协调发展，积极推进新型城镇化综合试点，分类引导农业转移人口市民化，实现产、城、人、文融合发展，完善城镇基础设施，增强公共服务供给能力，推进城乡基本公共服务一体化，全面提高城镇化水平和质量，努力在宜居宜业、城乡统筹发展方面探索新模式新路径。

着眼全局建立中东部合作发展先行区。立足上中下游区域比较优势，发挥淮河水道和新亚欧大陆桥经济走廊纽带作用，促进基础设施对接、合作平台共建、基本公共服务共享，全面深化区域合作交流，引导资金技术向内陆腹地转移，营造与国内外市场接轨的制度环境，加快构建全方位、多层次、宽领域的开放合作新格局，形成联动中东部、协调南北方的开放型经济带。

三、探索建立淮河生态经济带协调的发展建议

探索建立区域协调发展新机制，促进淮河生态经济带发展。要按照高质量发展的要求，以供给侧结构性改革为主线，着力推进绿色发展，改善淮河流域生态环境，实施创新驱动发展战略，深化体制机制改革，构建全方位开放格局，推动淮河沿线城市经济发展质量变革、效率变革、动力变革，建设现代化经济体系，增进民生福祉，把淮河生态经济带建成美丽宜居、充满活力、和谐有序的经济带。

加快基础设施建设。坚持规划引导、适度超前的原则，加快构建布局合理、

功能完善、智能绿色、安全高效的现代化基础设施体系，增强支撑保障能力。协同推进交通、水利、信息等基础设施建设，尽快立项建设畅通高效的淮河水道，建设通江达海的航道网络，打通淮河出海通道，推进沿淮河的铁路建设、经济带规划区域内的机场建设。

推动产业转型升级。现有淮河经济带内的区域产业主要是传统的产业，应尽快转向符合高质量发展要求的产业体系。坚定不移深化供给侧结构性改革，加快培育发展新动能，在加强生态环境保护的前提下，立足各地产业基础和比较优势，引导产业集中布局，深化产业分工合作，推进大众创业、万众创新，提高协同创新能力，因地制宜发展壮大特色优势产业，加快构建现代化产业体系。

实现新旧动能转换。培育发展壮大新动能，探索优化存量资源配置和扩大优质增量供给并举的动能转换路径，建立新旧动能转换的体制机制，以全面开放推动新动能快速成长，促进产业发展与生态环境协调共进。支持"双创"发展，鼓励发展新技术、新产业、新业态和新模式，形成一批新的经济增长点，加快建设实体经济、科技创新、现代金融、人力资源协同发展的产业体系。

实施乡村振兴战略。引导特色小镇和小城镇健康发展，形成城乡统筹发展格局。结合产业空间布局优化，循序渐进发展文化旅游、商贸物流、资源加工、区域枢纽、生态宜居等特色小城镇，打造创新创业发展平台和新型城镇化载体。选择一批区位条件优越、基础好、潜力大的小城镇，完善基础设施和公共服务设施，加强生态环境保护，打造成为连接城乡和带动农村地区发展的支点。优化村落布局，突出乡村特色，传承历史文化，加快农村公路、供水、供气、环保、电网、物流、信息、广播电视等基础设施建设，推动农村基础设施提档升级，加强农村社会保障体系建设，形成乡村建设新气象。

构建全方位开放格局。目前，淮河生态经济带大部分地区的开放程度远低于同省份的发达地区，在国内外环境复杂多变情形下要进一步扩大对外开放，大幅放宽市场准入，加快对外开放平台建设，不断深化国内外区域合作，全面融入"一带一路"建设、长江经济带发展，加快形成陆海内外联动、东西南北全方位开放的格局。

（原载《群众》杂志 2019 年第 2 期）

苏北农业特色小镇建设中的农民市场能力培育研究

主持人:刘满成(淮阴工学院)
课题组:陶爱祥　王姗姗　李晓慧　陈兆明　孙晓东　刘巍巍

内容提要:乡村振兴需要人才,苏北农业特色小镇建设过程中更需要大量的农村人才,因此,本课题研究农民市场能力培育问题。课题中的苏北界定为:徐州、连云港、淮安、宿迁和盐城。振兴乡村的各项目标中,核心是让乡村居民的生活富裕起来,特别是让乡村的农业居民富裕起来。苏北农业特色小镇建设是苏北乡村振兴战略的重要内容之一,苏北乡村振兴战略中要着力解决农村、农业、农民的问题。农民市场能力会影响农业特色小镇建设及发展,农民市场能力培育也是解决农民问题的有效办法之一,即培养有文化、懂技术、会经营的农民。当前苏北农民的整体素质,尤其是苏北农民的市场能力还远远落后于社会主义市场经济的要求,还无法应对市场风险。通过分析制约农民市场能力形成的因素,包括历史因素、现实因素和农民自身因素等等,提出培养农民市场能力的途径和方法,以便为切实增强农民的市场能力提供一定的借鉴和指导。本研究以培养农民的市场能力为研究主题,从重要性、制约因素和培养途径方法等方面进行了系统论述,提出通过加快基础设施建设培养农民信息能力、通过加强教育培训培养农民经营和市场参与能力、通过建立各种合作经济组织培养农民竞争与合作能力等多种培养农民市场能力的途径。

第一节　培育农民市场能力的内涵和重要意义

苏北农业特色小镇建设的内涵是多方面的,农民市场能力的培育是苏北农业特色建设的重要内容之一。培育农民市场能力有利于农民整体素质的提高,对苏北农业特色小镇建设有重要意义,具备市场能力的农民是苏北农业特色小镇建设的主力军。要适应农村现代化大生产和社会主义市场经济发展以及构建社会主义和谐社会的需要,农民必须具备较高的思想道德素质和较深的科技文化素养,具备比较科学的环保理念和比较敏感的市场能力。

从历史上看,创新推动了人类的进步,推进了社会的发展。从一定意义上说,人类的发展史就是一部个体创新能力发挥与增强的历史。要完成建设创新型国家的伟大历史任务,就必须重视对人的创新能力的研究。当前背景下,乡村振兴是一项长期而艰巨的任务,农业特色小镇建设是实现乡村振兴战略目标的有效形式之一。在乡村振兴建设中,建设农业特色小镇需要着力解决好农村、农业和农民的问题。其中,培养有文化、懂技术、会经营的农民是农业特色小镇建设工作的重要内容之一。农民市场能力的培养有利于农民整体素质的提高,对建设农业特色小镇具有十分重要的意义。

一、培育农民市场能力的重要意义

农业特色小镇建设离不开人才,尤其是本土人才的提升更为重要,要培养有文化、懂技术、会经营的农民。“有文化”是指农民要有一定的文化素养和知识储备;“懂技术”是指农民要有一定的农业科学技术基础;“会经营”是指农民要有一定的适应市场经济发展的经营管理能力。其中,农民要学会经营,就一定要树立市场驾驭能力,适应农业和农村经济结构的战略性调整,积极培育龙头企业,推进特色农业产业化经营,解决好小生产与大市场的矛盾。因此,培养农民市场能力对于提高农民的整体素质,推进特色农业产业结构调整,提高农业效益和竞争力都有着十分重要的意义。

1. 培育农民市场能力是建设特色农业小镇的需要

农村长期受自然经济和计划经济的影响,经济发展缓慢,农业基础设施建设落后,生产中远远没有实现机械化,还处在粗放经营阶段,农产品的科技含量和生产效益都很低,难以适应现代市场的需要。农民居住分散,生产分散自主进行,个人的文化素质比较低,基本靠长期形成的生产经验来进行生产,以至农业经济效益难以实现,抵御风险能力很低。要解决这些问题,就要大力发展生产力,逐步实现规模经营和机械化经营,用科学技术指导生产,这一切都需要有较高素质的农民去实现。因此,提高农民的自身素质,更新传统观念,培养农民的市场能力就显得十分重要。农民只有在具备市场能力以后,才能以市场为导向，把劳动力和产品的资源优势转变为经济优势，在市场竞争中占据有利地位，实现“生产发展、生活宽裕、乡风文明、村容整洁、管理民主”的农业特色小镇建设要求。

2. 培育农民市场能力是特色农业小镇产业结构调整的需要

社会主义市场经济具备市场经济的一般特征，就是市场在市场经济运行中起基础性作用。市场上的资源按市场的“看不见的手”的支配，从一个生产部门流向另一个生产部门。农村经济受地域或自然条件限制，生产结构单一，往往以传统的种植业为主，造成资源利用的不合理，创造不出理想的经济效益。农民有了市场能力，才能改变单一的生产结构，按照市场需要组织生产，并结合本地实际生产特色农产品，创造出自己的品牌。产品进入市场后，通过市场竞争，形成资源的自由流通和合理配置，发挥资源的最大效益。农业要实现长远发展，必须实行产业化经营。产业化经营把农民与市场紧密结合在一起，对农民的市场适应能力提出了更高要求。另外，农民的市场能力增强了，才能实现特色农业小镇经济增长方式的转变，即由粗放型经营方式转变为集约型经济增长方式。

3. 培育农民市场能力是特色农业小镇精神文明建设的需要

精神文明建设包含两大部分，即科学教育文化建设和思想道德建设。我们不仅要有高度的物质文明、政治文明，而且要有高度的精神文明。建设社会主义精神文明，事关党和国家的兴旺发达，事关中华民族的伟大复兴。精神文明不是物质文明的派生物和附属品，不能把精神文明放在可有可无的位置上。精神文明为物质文明的发展提供思想保证、精神动力和智力支持，对物质文明的发展能够产生巨大的促进作用。在建设特色农业小镇的全过程中，既要大力促进物质文明建设，也要大力促进政治文明、精神文明和生态文明建设，并使三者相互配合、相互促进、相互协调。农村精神文明建设，要特别注重传播先进思想、先进文化和先进适用技术。农民市场能力的培养和提高有利于更好地接受先进思想、先进文化和先进适用技术。

二、培育农民市场能力的内涵

具备市场能力的农民是农业特色小镇建设的主力军。要适应农村现代化大生产和社会主义市场经济发展以及构建社会主义和谐社会的需要，农业特色小镇中的农民必须具备较高的思想道德素质和科技文化素养，具备比较科学的环保理念和较强的市场能力。那么什么是市场能力，农民的市场能力包括哪些内容呢？

市场能力指分析某个组织所面临的细分市场，确定组织在该市场中的战略地位及其所拥有的战略资源和独特能力是否可以满足该细分市场的客户需求。市场细分是市场能力的前提条件。市场能力必须根据细分市场来考虑和分析客户行为，找出哪些组织在该细分市场中同本组织进行竞争。根据这些信息，可以确定组织所拥有的资源和战略能力是否能满足细分市场的需求，以及同竞争对手相比，组织在该细分市场中所处的战略地位。广义上的市场能力通常指以市场或消费者需求为导向或中心来安排和开展企业生产经营活动的能力。狭义的市场能力指市场经济运行过程中的内部的必然的联系在观念形态上的反映，如增加效益能力、竞争能力、信息能力、知识能力、人才管理能力等等能力的总和。

培育农民市场能力主要包含以下几方面：

1. 市场参与能力

农民的市场参与是培育农民市场能力的基础，就是要农民学习和了解市场经济的一般知识和规律，走出传统的自给自足的自然经济思想，参与到市场经济中来。这是培养农民市场能力的基础，只有通过培养农民的市场参与意识，破除他们的小农意识，引导农民走向市场，才能实现农民与市场的充分结合，促进农业特色小镇经济的发展。

2. 市场竞争与合作能力

市场竞争能力是培育农民市场能力的关键。市场中存在着商机，同时也存在着残酷的竞争，任何进入市场的市场主体都要面对技术、装备、人才等各方面的竞争。农民要想参与市场，在市场中发展壮大，实现持续、快速发展，就必须树立锐意进取、敢争第一的市场竞争意识。市场经济的基本要求之一是市场主体要进行公平竞争。培养农民的市场竞争能力，就是培养农民在进行农业生产时，要根据市场需要进行生产，要充分认识竞争的存在，认识到市场竞争是不以人们意志为转移的客观规律，同时又要积极地面对竞争，并通过一定的竞争手段参与竞争，从而使自己的产品具有市场竞争力；另外，还要学会团队合作，有规模生产意识。

3. 市场经济法律意识能力

即让农民学习了解与市场经济有关的法律常识，认识到市场经济是有秩序的规范的经济。现代市场经济在本质上是一种法治经济，市场经济体制的建立和完善需要法治的保障和法治的同步建设。要搞好我国农村社会主义市场经济的法治建设,必须强化农民的法律意识。法律意识是人们关于法律的感觉、要求、期待、评价、认识等精神要求的总和,良好的法律意识是建立和健全法制的必要的思想条件和社会心理条件,因此,农村市场经济能否顺利建立和发展,在很大程度上取决于农民是否具备良好的法律意识。

4. 抵御市场风险能力

农业是一项风险产业。它既是经济生产,又是自然生产,农民既要承担自然灾害风险,同时还得承担市场风险。农民抵御市场风险能力是农民市场能力的重要组成部分。在市场经济条件下,生产、交换、消费越来越社会化,培养农民的市场风险意识,就是让农民自觉地在机会与风险之间进行权衡选择,准确捕捉和利用市场供求和价格信息,在主动寻求市场机会的同时正确对待市场风险,从而减少投资的盲目性、随意性,使社会资源得到合理配置,避免闲置和浪费。

三、培养农民市场能力的紧迫性和艰巨性

培育农民市场能力是农业特色小镇建设的重要基础。培养农民,提高农民素质,使他们成为现代化的农民。只有农民现代化了,才有农业和农村的现代化,才有国家的现代化。农民素质提高的快慢,在很大程度上决定着农业和农村现代化发展的步伐。提高农民素质就需要培养农民市场能力,市场能力的提高会使农民更好地掌握经营管理知识,提高经营管理素质和水平,促进农村社会主义市场经济的繁荣和农村经济社会的协调发展。因此,农民市场能力的培养是农民培养的着力点之一。

第二节　苏北农业特色小镇建设中农民市场能力现状

在乡村振兴战略的实施过程中,农业特色小镇建设是实施乡村振兴战略的重要途径之一,特色小镇也是乡村振兴战略的主要载体。以乡村为重要基地的苏北农业特色小镇建设,必须以农民作为人才基础。特色小镇建设也将成为苏北富民增收、培育新型职业农民和农业供给侧结构性改革的重要载体。同时,也要优化创新创业环境,积极培养各类市场所需人才。在人才培育方面,要积极培育新型职业农民,使其成为特色小镇建设、运营和管理的主体力量。很显然,苏北乡村的农业特色小镇建设也必然要坚定地以农民为主体,以农业技术、经营管理知识和职业伦理为主要培育内容,融入信息技术等现代化元素,培养

一批具备市场能力的职业农民，使特色小镇在职业农民的耕耘下快速、健康和可持续地发展。

一、受教育程度偏低制约农民市场能力的提升

在接受调查的150名农民中，54.04%的人仅仅接受过小学教育，其中甚至一部分人是文盲或者半文盲。农民综合素质不仅包括文化水平，还包括接受新生事物的态度和能力。苏北农民综合素质普遍较低，导致在进行农业市场能力培养的过程中出现听不懂、学不会、做不了等问题，这些都会影响农民对于农业特色小镇建设中科技知识的掌握、运用、判断等，极大地限制了农民使用新型信息媒介获取市场知识。一方面，受教育程度偏低，导致学习市场能力不足。在实践过程中，一些农民表示出强烈的学习欲望，但由于受教育程度不高，造成接受能力弱，学习效果欠缺。即使有听懂的农民，但疏于记录和记忆，还未等到实践就忘记了，市场知识应用能力较低。整体素质偏低，严重阻碍了苏北农民接受新技术、学习新知识、获取新信息的能力。另一方面，受教育程度低，导致投资意识不强。农民的投资意识主要体现在两个方面，一是对于子女教育的投资，受传统"读书无用论"思想的影响以及经济条件的制约，一些农民缺乏对于子女更高层次受教育的思想意识；二是对于农业生产经营的投资，受信息不对称的影响，加之规避风险的心态，许多农民缺乏发现商机、抓住商机的能力和意识。即使有的农民具有投资意识，但由于自身文化素质的限制，经营理念落后，导致产出比例较低，农民信心不足。以上两方面的原因，导致苏北农民在接受新技术、新信息、新产品时受自身条件约束以及传统思想的禁锢，农民市场能力普遍偏低。

二、信息获取渠道单一影响农民市场能力提升

通过对苏北农业特色小镇的农民获取信息渠道进行考察总结，可以得出农民获取信息途径依据选择频数排序依次是各种媒介、口口相传、实践过程和其他获得方式。而在依靠电子媒介获得信息的农民中，通过电视获取信息的人数最多；依靠纸质媒介获取信息的农民中，通过政府部门以及村级组织张贴的信息公告这样的形式获取信息的人数最多。可见，由于农民受教育程度不高、接受能力不强，即便在当下信息技术迅速发展的环境中，绝大多数的农民仍然依靠单一的途径获取信息，且获取方式多为被动的。在农民获取农业技术信息途径中，35.8%的农民表示主要通过电视、广播、网络等媒介获取信息，34.7%的

农民表示通过政府部门的宣传、培训获取信息，28.8%的农民表示通过口口相传的形式获取信息，而通过农民合作社以及农业型企业获取信息的农民分别占4.9%和5.9%。除了传统的电视、广播等媒介之外，农民主要参与政府部门组织的技术培训获取农业技术信息，而农民合作社和农业型企业等新型农业经营主体参与农民获取农业技术信息的份额不高。

三、市场意识淡薄限制了农民市场能力的提升

在自然经济中农民以务农为本，从事自产自销、周而复始的简单再生产，这种生产方式建构了农民“生命循环论”的朴素观念，即在这个世界上的唯一目的只是为了生活下去，使生命得以无限循环。尤其是在经济欠发达的苏北农村地区，农民市场意识相对更加薄弱。由于市场意识薄弱，农民不愿意接收市场经济，也不愿意主动寻求市场能力，限制了他们市场能力的提升。

四、对新技术的观望延缓了农民市场能力的提升

一项新技术的问世，往往需要一定的时间进行推广和应用，同时也能发挥“良币驱逐劣币”的作用，将陈旧的、效率低下的技术挤出市场，对于农业技术来说亦是如此。在实际调研中，49.48%的农民对待新技术采取观望态度，近18%的人选择不支持不学习的消极态度。对新技术持观望心态，就会导致技术培训难以开展或者效果甚微，在信息化快速发展的今天，可能会错失发展的最佳机会。就采取观望态度以及不支持不学习态度的农民而言，其中一部分农民表示对新技术市场前景信心不足，加之出于规避风险的目的，因此选择观察技术应用的效果后再进行选择；另一部分农民则表示曾经应用新技术后产量并未增加或者效果不理想，导致在面对新的技术时已经不再相信可以带来积极效果。综合以上原因，导致农民在面对新技术的推广应用时，往往采用观望甚至抵制的态度。新技术难以推广，农民仍然沿用传统的生产模式和生产方式，不仅会影响农业生产效率和农业科技成果转化率，而且会延缓农民市场能力的提升，进而影响农业特色小镇建设的现代化进程。

第三节　苏北农业特色小镇农民市场能力培养的制约因素分析

受农村传统的自然经济的影响，农民自给自足的小农经济思想很浓，农民

的乡土观念也很深。一般来说，农民更愿意守田地过生活而不愿意承担市场风险谋求市场发展。随着改革开放的深入发展，为了生存需要，部分农民迫于生存压力，逐渐产生了一些市场意识，在实践中也获得了一些市场能力。然而，农民市场意识的产生更多是出于生存需要而非发展需要。因此，在发展过程中，这就制约了农民市场意识和能力的进一步发展，小富即安思想依旧潜藏于农民的思维中，有时候还很牢固。

一、农民市场能力的特点

农民市场能力薄弱的表现呈现出以下几个特点：

(1) 逐渐明白市场能力的重要性，但小农意识仍存在。社会主义市场经济体制初步确立后，广大农民积极投身于市场经济的大潮中，发展商品生产，参与市场生产、交换、流通等各领域，思想观念发生了深刻变化，传统的“重农轻商”观念逐步被摒弃，取而代之的是平等、竞争、效益等与市场经济相适应的观念，有了一定的商品意识和竞争能力，积极性、创造性得到了进一步的发挥。但小农意识仍深深束缚着农民的行为，导致农民的市场风险意识薄弱，市场参与意识低。由于害怕承担风险，农民在生产过程中不从拓宽销售渠道做文章，只停留在小打小闹阶段，有的甚至凭主观意识盲目生产没有市场前景、销售渠道不畅的产品，到头来造成产品积压，增产不增收。

(2) 市场经济法律观念薄弱。大多数农民对基本的法律常识不熟悉，法律观念淡薄，当其自身利益受到侵害时，不会用法律武器保护自己的合法权益。

(3) 信息能力和经营能力弱。市场经济是通过商品交换来获取利润的，因此必须有强烈的经营意识。讲求经营谋略，在经商活动中把握正确的经营方法是市场主体取得成功的基本条件。而广大农民在经营活动中缺乏基本的信息能力和经营能力，不善于审时度势，灵活机动，不重视信息的搜集和分析，不明白信息的重要性。

(4) 竞争与合作意识不强。广大农民没有市场竞争意识，也就没有战胜困难的决心、信心和勇气，不敢去闯市场，患得患失，最终只能被市场所淘汰。

二、制约农民市场能力培养的历史因素分析

是什么制约了农民市场能力的培养？从历史因素上分析，主要有以下几点：

1. 结构单一的计划经济体制

新中国成立以后形成的计划经济体制在所有制结构上过于单一，权力过分集中，分配制度上的平均主义又忽视了商品经济和价值规律的作用，压抑了人的个性化、多样化的内在要求。结果出现了干多干少一个样，这就抑制了农民劳动积极性的发挥，给广大农民的心理造成一定的消极影响，使他们不知求新求变，安于现状，制约了农民市场能力的培养。

2. 高度集权的政治体制

高度集权的政治体制使得党政职能不分，民主和法制建设不够完善，官僚主义问题严重。马克思主义认为，经济基础决定上层建筑，上层建筑又反作用于经济基础。经济是政治的基础，经济决定政治，政治反作用于经济。高度集中的计划经济体制对应的一定是高度集权的政治体制，在这种体制下，农民只有一味顺从，没有参与的积极性和适当的途径，造成经济政治方面意识都比较落后。

3. 环境上是相对封闭的地理环境

相对封闭的地理环境形成了农民传统的安土意识。地理环境作为人类社会生存的必要前提条件和外部因素，与人类社会的发展息息相关，地理环境对生产力的结构和布局、对人的思想意识的形成会产生直接的影响。自古以来，中国农民生活在东亚大陆上，东临太平洋，西有沙漠戈壁，西南则有“世界屋脊”之称的青藏高原。这种一面临海，三面险阻丛生的陆路交通地理状况，一方面造成了农民与外部世界的隔绝，从而形成闭锁内向的思维定式和自足心理；另一方面，又使农民的生产和生活方式基本上是在本土上自生自长，很少受外面世界的影响。这样，在这种地理环境的长期影响下，农民形成了一种安土的封闭思维和意识。这表现在：农民的思想意识都比较保守，眼界狭窄，不愿意接受新事物、新观念；在行为方式上，除了战争、自然灾害等不可抗拒的因素之外，传统农民很少有迁移行为。

三、制约农民市场能力培养的现实因素分析

农民市场能力的培养除受历史因素的影响外，还受现实状况的制约。

1. 教育投入的不足和教育理念的落后制约了农民市场能力的培养

中国教育投资比例仍然偏低，到2018年底，我国财政性教育经费占国内生产总值的比率为4.11%，还远远低于北美和西欧的平均水平5.7%，也低于不发达国家的平均水平。尽管最近几年国家加大了对农村基础教育的投入，但广

大农村地区仍然因为教育投资少，致使教育基础设施建设仍然落后，现代化教学设施如网络教育、远程教育远不能满足农村教育发展的需要。而且，教育理念落后，致使应试教育在我国始终占据主导地位，素质教育难以有效启动。当前，农村教育最大的问题在于其目标的应试性、城市性、离农性，教育目标一元化。教育投入不足和教育理念落后使农村文化事业的发展状况呈现出下列问题：

(1) 我国农村的基础教育、职业教育问题重重。在基础教育方面，到 20 世纪末，农村地区儿童进入小学问题已经基本解决，但县镇及农村初中入学率仅为 91%，仍有 9%、近 180 万农村地区的儿童由于各种原因而无法升入初中，这就失去了从小培养农民市场能力的机会。因此，农村基础教育需要进一步加强。在职业教育方面，目前农民的教育与培训多流于表面，职业教育的管理体制也不顺，资源难以充分利用，不能形成整体优势，办学效率较为低下。

(2) 农村文化建设不稳定，领导者素质不够，政府投入不足。多数基层政府没有充分重视农民教育培训，未把它列入工作日程、制定长远规划、指定具体负责的机构；在政策的制定和舆论宣传上缺乏力度，在人力、物力和财力上投入不足。长期以来，一些党政干部尤其是乡镇、村干部只重视经济建设的成果而忽视对农民的思想意识教育，看不到农民市场能力的提高对农村经济和社会发展的巨大推进。由于认识上的误区，造成农民的培养实际抓得少，道理讲得多，标语口号多，有力措施少，导致这种教育往往停留在口号上、计划中。由于农村师资匮乏，农民夜校、成人技校和职业培训学校办学条件差，教学内容和办学形式陈旧落后，使农民缺乏接受教育的主动性。

(3) 农民教育的内容和方式上也存在缺陷。教育内容缺乏系统性，主要是劳动技能教育，而思想观念方面的教育显得不足；教育方式缺乏灵活性，多是采取传统的办班方式，不能按照农民生产时间作相应调整；教育目的缺乏针对性，教育内容和教育方式几乎相同，没有根据不同群体、不同地域、不同的教育目标而具体调整。

2. 农民自身因素阻碍了市场能力的培养和提高

中国农民的传统生产生活方式使他们对市场经济的认识不多，市场意识淡薄；缺乏主动参与市场、驾驭市场的能力，不懂价值规律，不能通过市场实现自己的利益，无法形成充分的市场经济意识；面对市场没有开拓精神和创新意识，不能根据供需关系的变化决定生产、开发新产品。

从客观条件上看，由于地区经济发展不平衡，不同地区农民的经济水平也不一样。农民的经济条件直接影响了农民市场能力的提高。东部地区农民受市场经济冲击较大,市场能力相对较强,中西部地区还有很多农民没有走出去融入市场经济的大潮中,市场意识薄弱,再加上城乡居民收入差距不断增大,农民缺乏各种社会保障,这些都严重阻碍了农民市场能力的提高。

从主观条件上看,人的思想观念、思维方式也是影响农民市场能力发展不可忽视的因素。农民自身存在着浓厚的小农思想,思想观念保守落后,不思进取,满足现状,小富即安,怕冒风险,只顾眼前的物质利益,对长远利益和整体利益关心不够。这种落后消极的思想观念,使农民对农业发展有利的职业技能培训和相关的科技培训认识不足,认为费时间且用处不大。农民固守传统,对新鲜事物不敏感,甚至持敌视态度,不明白在信息时代获取和占有大量有用信息的重要性。

第四节 苏北农业特色小镇农民市场能力培育的途径选择

如何培育农民市场能力,需要设计一套切实可行的途径办法。我国传统的农村社会是熟人社会,其基本特征表现在:一是村民之间以血缘关系为纽带的联结。熟人社会关系的连接点是血缘,社会关系的密切度以血缘关系的近疏来判断,血缘关系决定了村民活动的网络一般局限在同姓的村庄内,很少与外界发生社会交往。二是家长、族长、乡绅的权威是维系调解村民纠纷、维护村庄秩序的重要力量,是村庄公共产品建设的组织者。他们的权威来自于马克斯·韦伯所说的法理型、传统型、个人魅力型的各种形式。三是社会服从于共同认可的规则,这些规则可能是国家的成文法和家规,也可能是不成文的习惯。这些规则大多是历史形成的,在社会成员中的影响根深蒂固,在行动中有高度的自觉。四是以农业生产为主,自给自足,社会成员流动性不强。熟人社会是宗法制社会,这种社会模式非常适合于以血缘为纽带的家庭、家族内的合作。以上这些农村社会特征会导致对农民市场能力的培育具有较大的阻力。因此,需要设计出一套针对苏北农业特色小镇建设中农民市场能力培育的特有途径办法,以提高农民的市场参与意识及市场驾驭能力。

一、搞好基础设施建设以增强农民的信息能力

加强苏北农村基础设施和环境建设。加强农村公路建设,确保基本实现乡

镇通油(水泥)路,进而普遍实现行政村通油(水泥)路,逐步形成城乡公交资源相互衔接、方便快捷的客运网络。推进广电网、电信网、互联网"三网融合",积极发挥信息化为农服务作用。农村基础设施建设好了,才能使农民走出去亲身感受市场经济的影响,才能调动农民走向市场的积极性和主动性,才能增强农民想获得信息的愿望,提高农民的信息能力。为此,具体做好以下几方面工作:

1. 政府要加快职能转变

政府要做好服务工作,把生产、交换、销售自主权交给农民。注重政策的稳定性,减少波动性。农村基础设施建设是一个长期和系统的工程,政府必须重视此项工作,并充分发挥其组织领导的作用,要从资金投入、政策扶持和管理协调等方面来促进农村基础设施建设的发展,尤其是交通和信息网络基础设施建设。为此,不仅要村村通公路,修通城乡联结的公路,还要加强对通信线路的建设以促进农村网络(包括广播、电视、互联网等)建设,形成城乡结合、相互促进的市场网络,使农民能及时收集和分析市场行情,掌握商品供求、价格涨落的动态和走势。有条件的地方政府还要为农民订阅各种专业报纸、杂志,举办各种学习班为农民致富提供信息保障。要采取多渠道筹资的办法,有计划、有步骤地建立农产品批发、交易市场,或各类专业市场以及包括金融、生产资料、人才、劳务、技术和信息、房地产在内的生产要素市场,并逐步建立发展农村期货市场。我国信息建设虽然起步晚,但发展较快,农业部"中国农业信息网"已经有1 000多个地、县入网,中国农科院建立的"中国农业科技信息网"也初具规模。然而我国基础网络设施还存在着发展不平衡、设备低下、宽带不足、网速慢等问题,因此,有必要采用先进的信息网络技术,建立集多个农业信息网络于一身的高速宽带的全国性的农业信息广域网络。中央政府和地方政府要提供资金支持,由专业公司招标承建,较快地推进基础网络的建设。市级以上的农业部门可以选择性地组建有自己地域特色的农业信息网,比如农业气象信息网、农业地理信息网等。还要加强国际合作,充分吸收利用发达国家的先进信息技术成果,及时获知全球农业信息,使农民对国内市场乃至世界市场行情都有充分的了解。

2. 要充分利用各种信息资源

市场信息对于市场的有效运作是非常必要的。目前,农民信息意识仍较淡薄,使本来就稀缺的信息资源得不到有效利用,不利于农业现代化进程。因此,要通过各种广播媒体,宣传普及农业信息知识,提高全体农民的信息意识,增强农民自觉利用和依靠信息的积极性,把稀缺的信息资源转化为现实的农业生产力。日本在市场信息提供上建立了一套民办为主、官方监督的体制，确保了信息提供的准确性、及时性和全面性。我们应当充分借鉴日本的经验，通过制定相关法律，规定各地的批发市场有义务及时上网公布每天各种农产品销售及进货的数量、价格。市场信息发布工作做得越好，市场交易量就可能越大，就越有利于保护农户的切身利益和整个农业生产的发展。

3. 要注重培养信息技术人才

培养信息技术人才，促进农村电脑的普及与应用，使各种农业信息进村入户。农村资金人才短缺，农户拥有电脑的数量很少，这就制约了农业信息网络作用的发挥，因此，要因地制宜制定有效的解决方案：

(1) 为了促进电脑进入农村家庭，除了国家促进电脑下乡的补贴政策外，有条件的地方政府可以给予个人购买电脑的家庭一定的补助。

(2) 要加快农业信息技术人才的培养。各农业院校应通过设置农业信息专业并开设农业信息技术与管理课程或举办农业信息技术培训班来培养各种水平的农业信息技术人才；有条件的职业中学和农业技术学校也应开设计算机应用基础及农业信息检索课；也可以利用短期培训班等形式对农业科技人员、技术员和文化程度较高的农民进行培训；应充分利用以计算机为核心的媒体优势，大力实施远程教育，用先进的信息科学知识和技术全面提升农民的整体素质。

(3) 培训信息员。基层政府要培训乡镇、村信息部的信息员，每个乡镇要配备几名专职信息员，村级政府应根据需要配备一名专职或兼职的信息员。信息员学会先进的种、养等农业生产技术后，除了教农民农业技术以外，还要承担计算机教学工作，从而促进农村计算机的普及和使用，带动农民增效增收。

(4) 政府还可以选择一些试点地区作为典型，重点扶持这些地区的通讯广播等。基础设施建设及信息人员的配备促进试点地区的逐步繁荣来带动周边地区的发展，起到示范作用。农村信息化有利于提高农村生产力和现代文明程度，增强农民市场意识，为农民更新观念、掌握新的发展模式创造条件；实现农村信息化还可以使农民接受更多的先进理念，从而改变落后的思维方式、价值观念和生活习惯。

二、通过各种教育培训以培养农民的经营和市场参与能力

1. 重视农村社会主义文化建设，促进农民市场能力的培养

推进广播电视村村通、文化信息资源共享、乡镇综合文化站和村文化室建

设、农村电影放映、农家书屋等重点文化惠民工程，建立稳定的农村文化投入保障机制，尽快形成完备的农村公共文化服务体系。扶持农村题材文化产品创作生产，开展农民乐于参与、便于参与的文化活动，建立文化科技卫生“三下乡”长效机制，支持农民兴办演出团体和其他文化团体，引导城市文化机构到农村拓展服务。因此，要广泛深入地普及科学知识，传播科学思想和科学精神，使广大农民树立科学的世界观，从根本上破除迷信。要重视教育，增加对子女的文化教育投资。开展时事政治、国情教育，使广大农民摆脱小农意识，树立大局意识。还要联系农村改革与发展的实际，对农民进行爱国主义和集体主义教育，使农民最大限度地发挥积极性、主动性、创造性，坚定走中国特色社会主义道路的信念。

2. 注重教育培训的内容和形式

要加强农村义务教育，这是培养和造就有文化、懂技术、会经营的农民的必由之路，也是培养中高级科技、教育专门人才的基础和前提。农村基础教育是提高农民素质的治本之策，要确保农村义务教育阶段适龄儿童和青少年学习发展的基础权利。农村中等职业教育是当前大规模提高农民文化素质及技术能力的治标良药。农村职业教育要对未考入大、中专院校的学生，鼓励进入职业中学进行实用技术培训。职业中学应结合当地实际设置专业，开设农业科技知识课程和实用技术课程，以培养农村孩子实用新型技术为主，同时，应培养他们的市场能力和进取精神，使他们成为有技术、善经营、会管理的农民。在农民实用技能培训中，要加强思想观念教育传播，建立农业培训教育中心，顺应市场经济规律，充分开发利用各类教育资源，开展不同形式、不同层次的农民市场能力、产业化意识、科技意识教育和生产技能培训；农村科协和农科所、农技站要适应市场化农业发展的需要，重点对农民进行经营管理和市场经济知识的培训，提高农民的经营管理水平和适应市场经济的能力；利用报纸、杂志、农村广播或印发资料、举办培训班等方式，有意识、有目的、有针对性地向农民宣传讲解市场经济理论，使他们逐渐掌握市场经济基本知识，增强商品经济观念，逐步树立市场意识。苏北农村成人教育要重点培养农村基层干部、农民企业家和青年知识分子的市场能力，农村基层干部、农民企业家及青年知识分子是农村经济发展中的骨干，强化对他们的教育培训工作，做到以点带面，分层次有重点地进行，以带动和影响周围的农民。

3. 政府要加大投入力度，做好服务

(1) 政府要增加教育投入，提供优惠政策鼓励多部门参与，并提供立法支持来加强农民的教育培训。加快建立完善政府组织推动、农民需求拉动、社会参与互动的多元化农民教育培训体系。加大对农民培训的投入，符合 WTO“绿箱”政策，是公共财政的扶持方向。

(2) 要不断完善政策法规。农民培训法立法缺失在很大程度上阻碍了“三农”问题的有效解决。所以，除了依据《中华人民共和国农业法》、《中华人民共和国农业技术推广法》、《中华人民共和国教育法》和《中华人民共和国职业教育法》等国家有关法律法规开展农民培训工作之外，还要根据农业和农村经济发展对农民培训的要求，加大农民培训立法工作，制定专门的法律法规，使之纳入规范化和制度化的轨道。另外还要建立健全各种中国城乡教育均衡化平等化的教育制度，建立健全中国农民教育经费投入足额递增制度，建立健全中国农村教师激励制度，建立健全就业导向型中国农民职业技能全员终身培训教育制度，建立健全中国农村边远地区农民义务教育重点倾斜制度，建立健全中国农民教育法规政策落实情况督查制度。

(3) 要加快在农村建立和谐有序的市场经济体制，完善各种市场机制，让市场经济主导农村和农民。让农民自由经营和竞争，自由发展市场经济。通过参与市场竞争，增强市场经济意识、诚信意识、质量意识、竞争意识和信息意识。建立完善农村的生产要素和生产产品市场，加快农村信用社的发展，鼓励小额贷款，加快农村市场经济的发展，从而拉动农民消费，提高农民的整体素质。目前苏北城乡居民的消费结构不合理，基本资料的消费占家庭消费的大部分，发展资料的消费不足，城乡消费水平差距也很大。可见，要拉动农民消费，扩大农村内需，必须从宏观政策上调整城乡消费结构，建立适合农民的消费信贷，同时拓宽农民增收渠道，切实增加农民收入。在此基础上，才能引导农民进行发展资料的消费，提高自身素质。

三、成立各种农村经济合作组织，提高农民的竞争和合作能力

农民组织化是引导当代农民顺利走进社会主义市场经济的必然的选择。目前，合作经济组织已经成为大多数农村社会经济发展中不可替代的力量。实践证明，合作经济组织的存在和发展是促进农民市场能力的重要手段，也是市场经济发展的必然要求。为此，应在苏北农村建立由农民自己组织起来的新型合作经济组织以降低其专业化分工生产费用，提高农民生产效率，促进农民市场能力的提高和农村市场经济的发展。

从目前的实践来看，可以相应地建立以下三种组织形式：

1. 专业协会型

专业协会型合作经济组织是指由从事专项农产品生产、加工和销售的农民,以产品和技术为纽带建立和发展起来的合作经济组织,包括协会和研究会。多数专业协会属于在民政部门登记注册的社团性组织,专业协会约占专业合作经济组织总数的85%。专业协会组织是比较松散的非实体性组织,对内不以营利为目的,每年向社员收取一定数量的会费,以提供技术、信息、运销服务为主。一些专业协会为扩大经营范围,成立了销售公司,统一收购和外销社员的农产品,销售公司通过为农户提供产前、产中、产后的系列化服务,帮助农户提高产品的产量和质量,使农产品在市场上更具竞争力,从而增加农民的收入。总之,农民专业协会是农民合作经济组织发展的初级形式,由松散型向紧密型、由非实体性向实体性转变。

2. 专业合作社型

相比专业协会,专业合作社是一种管理规范、社员联系紧密的实体性合作经济组织形式,多数专业合作社在工商管理部门登记为企业法人,在管理和决策上实行民主管理,一人一票制,并依据合作社章程建立董事会和监事会。专业合作社约占专业合作经济组织总数的10%,在产业化发展较快地区首先出现,目前主要分布在农产品加工企业多的东部地区。这类组织的主要特点是把公司和农户连接起来,形成"公司+专业合作社+农户"的农业产业化经营模式,实现产、加、销一体化。社员一般缴纳一定数量的股金,年底根据银行存款利率进行股金分红,并按照为社员销售的产品数量返还利润。可以说,专业合作社是农村新型合作经济组织的典型形式。

3. 股份合作型

股份合作社是股份制与合作制的结合。这类组织一般也是实体性和紧密型的,由企业、农技推广单位、基层供销社和少量社员股金组建成股份合作社,在工商管理部门登记为企业法人,这类组织约占专业合作经济组织总数的5%。目前,在经营方式上,大多数股份合作社是按保护价收购农产品,每月结算,年底再按股金分红,而少部分股份合作社除按股金分红外,年底还按交易量进行利润返还。与专业合作社不同的是,股份合作社的特征是实行劳动联合与资本联合的结合,实行按劳分配与按生产要素分红相结合,资本在其生产经营活动和收益分配中占有更为重要的地位。为了更有效地提高农民的竞争和合作意识,在建立各种农业经济合作组织时,应注意以下几点:① 在理论上要系统地全面地认识农村新型合作经济组织。清楚地认识到农民专业合作经济组织的社会价值或利益的重要，合作社一直是人类社会进步的重要组成部分之一。具体地说，要提高对创建农村新型合作组织意义和作用的认识，要加大研究力度。要制定实施相关的社会科学基础理论研究计划和重大课题联合研究计划，对农民合作经济组织课题实行公开招标，加大重大理论问题和现实问题的研究力度；要积极鼓励有实力的高校研究团队参与到全国合作经济相关课题的竞标和研究工作中来，将研究课题分到各学校、科研单位，支持跨学校、跨地区联合研究和跨国学术交流，以期提高国内研究水平，取得一批有重大价值的研究成果；还要开展一些综合调研工作，为高层次研究提供重要资料。② 在实践中政府要提供政策支持，做好服务工作。政府要在宏观上为合作经济组织创造一个宽松、健康、良好的社会环境，规范和引导合作经济组织的发展。政府要统一思想认识，明确政府职能，还要做好相关立法工作，赋予不同类型合作经济组织合法地位，要制定一些优惠政策扶持其发展，具体指要支持农村经济合作组织拓宽经营范围，强化协调管理职能，增加农村合作经济组织的资金与项目支持，还有在税费用地政策上的支持。各类型合作组织应该从微观上入手，如规范组织建设、完善运行机制、提高服务水平、强化协调功能、加强同行业联合等方面，具体指：健全机构设置，完善组织章程；完善内部管理制度；加强合作经济组织之间的联合；积极开展业务培训，培养现代农民，把农村普通劳动力培养成为促进农村合作经济组织健康发展高素质的人力资本；积极拓宽服务领域，从为会员和农户提供信息、科技等环节的服务转向产前、产中、产后系列综合服务；通过帮助发展农村职业教育，提高合作经济组织带头人及其成员的科技文化水平、市场能力及经营管理水平，培养一大批现代农民企业家和合作社管理人才，对普通合作社社员也要严格培训其业务能力，帮助他们把农民合作社尽快建成具有很强市场竞争力的现代企业。政府还要加强农村新型合作经济组织发展中的指导工作。具体指：要掌握区域内农村经济合作组织的发展情况和问题，把握好区域发展趋势；要通过各种经验交流会、专家讲座等形式指导农村合作组织规范发展；要通过各种传媒加强对发展农村经济合作组织意义、相关政策以及先进典型的宣传，为农村合作经济组织创造良好的发展环境；要通过政策文件协调各方面力量共同推动合作经济组织的发展。

总之，农村新型合作经济组织的发展对于农民市场能力的培养有重要的推动作用，要重视推动农村经济合作组织的发展以增强农民的市场能力。诚然，农民市场能力培养的途径还有很多，但真正做到和做好以上几点也不是件容易的事。为此，深入贯彻落实习近平新时代中国特色社会主义思想，把建设社会主义新农村作为战略任务,把走中国特色农业现代化道路作为基本方向,把加快形成城乡经济社会发展一体化新格局作为根本要求,坚持工业反哺农业、城市支持农村和多予少取放活方针,创新体制机制,加强农业基础,增加农民收入,保障农民权益,促进农村和谐,充分调动广大农民的积极性、主动性、创造性,真正提高农民市场能力,以提高农民的整体素质,为苏北农村建设培养合格的人才。

参考文献

[1] 丁雨馨,高雅,孙定东.农民市场参与能力影响因素及其能力刻画:对人才的引进与培养的探索[J].经济研究导刊,2017(30):15-20.

[2] 甘肃省农牧厅农村经营管理处.抓产品销售 提高农民合作社市场竞争能力[J].中国农民合作社,2015(2):10-11.

[3] 刘昱岑,范峻源,郭富菊,等.基于文产融合实践案例研究的特色小镇文创产品设计策略[J].轻工科技,2020,36(1):111-112.

[4] 王乐,王珂,刘晓欢.特色小镇产业链培育策略研究[J].中国集体经济,2020(2):3-5.

[5] 文军.大力培育新型职业农民,提升市场竞争能力[J].农村工作通讯,2019(3):44.

[6] 夏柱智.半工半耕:城市化背景下农民阶层及分化研究[D].武汉:华中科技大学,2015.

[7] 许驰.农民专业合作社市场营销能力的建设:基于福建省A专业合作社的案例研究[J].南方论刊,2019(5):18-20.

[8] 叶敏,贾昆霖,李萌,等.基于“双创+”背景下特色小镇人才体系建设的几点思考[J].教育现代化,2019,6(54):21-23.

[9] 叶姗虹,申屠留芳.特色小镇建设标准化下的设计类应用型人才培养方式研究[J].文化创新比较研究,2019,3(28):183-184.

[10] AGGARWAL R, EREL I, FERREIRA M, et al. Does governance travel around the world? Evidence from institutional investors[J]. Journal of financial economics, 2011, 100(1): 154-181.

[11] AGHION P, VAN REENEN J, ZINGALES L. Innovation and institutional ownership[J]. American economic review, 2013, 103(1): 277-304.

[12] BECKER-BLEASE J R. Governance and innovation[J]. Journal of corporate finance, 2011, 17(4): 947-958.

[13] CHEN C J, LIN B W, LIN Y H, et al. Ownership structure, independent board members and innovation performance: a contingency perspective[J]. Journal of business research, 2016, 69(9): 3371-3379.

[14] FIELDS G S. A welfare economic analysis of labor market policies in the Harris-Todaro model[J]. Journal of development economics, 2005, 76(1): 127-146.

[15] KIM K, UYSAL M, SIRGY M J. How does tourism in a community impact the quality of life of community residents? [J]. Tourism management, 2013, 36: 527-540.

[16] PHILLIPS M, DICKIE J. Narratives of transition/non-transition towards low carbon futures within English rural communities[J]. Journal of rural studies, 2014, 34: 79-95.

苏北特色田园乡村建设研究

主持人：张春龙（江苏省社会科学院）
课题组：唐文浩　田林楠

内容提要：启动特色田园乡村建设，是江苏省委省政府着眼于乡村复兴而作出的一项战略决策，是在全国率先实现农业现代化的一条江苏新路径。苏北优势之一是生态环境优势，凭此优势发展农业、农村具有苏南等地方无可比拟的条件。因此，苏北发展特色田园乡村具有特别的意义和重要性。虽然目前一些试点在全省范围内同步开展，而且一些试点村庄已经取得了明显成效，但是相对于特色田园乡村建设的总体要求及苏南、苏中的推进，苏北田园乡村建设还存在认识尚不到位、特色体现不足、农民利益保障不够、政策支持存在不足、农民主体作用发挥不够等问题。推进苏北特色田园乡村建设，要充分发挥苏北村庄在生态、环保、农业方面的特色和优势，划定“路线图”，重新审视乡村多元价值，探索“三农”问题解决路径，对接乡村振兴的历史命题。具体对策方面，要以土地制度改革为契机为农村新业态的发展腾空间，以区域协同规划为统领实现乡村产业布局差异化，以特色产业培育为依托探索乡村精准扶贫新路径，以保护农民利益为前提构建乡村建设运营管理新模式，以创新创业优惠政策为导向吸引各类人才回流乡村。

第一节　特色田园乡村的内涵与意义解读

一、特色田园乡村的内涵

何为特色田园乡村？我们应该如何理解其内涵？汪晓春、张伟（2018）以

“特色”“田园”“乡村”为关键词对其内涵进行了解读。在他们看来，特色田园乡村建设以自然村为单元，覆盖区域包括自然村周边的自然空间和农业生产空间，通过整合升级现有农村建设发展工作和项目，探索体制机制改革和乡村发展多元路径，优化山水、田园、村落等空间要素，挖掘塑造当代乡土文化特色等方面工作，打造特色产业、特色生态、特色文化，塑造田园风光、田园建筑、田园生活，建设美丽乡村、宜居乡村、活力乡村。

具体来说，“特色”指显著区别于其他事物的风格和形式，具体于村庄而言，是在自然、建筑、产业、文化、空间等方面与其他村庄相比，具有积极的、优势的、可持续的因子，通过适当的挖掘、组合、升级，可以形成村庄独特的吸引力。“特色”可以是显性的让人过目不忘，如丘陵湖泊、古树老屋；也可以是隐性的，但可以挖掘塑造，如生产工艺、民风民俗。“特色”可以是先天的，如秀美的自然景观、老祖宗留下来的丰富物质文化遗存；也可以是后天形成的，如具有品牌价值的农产品、建筑乡土空间景观。总而言之，特色体现的是村庄的吸引力、竞争力，在特色田园乡村建设中应准确理解特色内涵，将特色资源活化为发展依托，通过发展带动各类生产要素向村庄集聚，实现乡村的繁荣振兴。

“田园”是对乡村的意境描述，乡村与城市最大的区别就是乡村根植于广袤的田园景观，形成了各具特点的田园意境。陶渊明的《桃花源记》描绘了一幅优美的田园画卷，成为千百年来人们追求“诗意栖居”的美好寄托。因此，田园意境是乡村最具有吸引力的地方，在乡村建设发展时应保护山水环境及自然基底，“不挖山、不填塘、不砍树”，着力塑造田园风光，协调好村庄空间形态、尺度和建筑风貌，营造村野和谐共融的田园意境。

“乡村”是村民生活的家园，特色田园乡村建设中要营造安居、宜居、乐居的乡村。“安居”体现在着力提升村庄人居环境，根据村民实际需求，完善基本公共服务配套，让村民住得安心、舒心。“宜居”体现在村庄绿化生态优越、布局形态与自然共融、地域建筑文化得到彰显等方面，让村庄成为村民们引以为豪的共同家园。而“乐居”体现在创造安居致富的环境，吸引青壮年回乡，让职业农民能够扎根、创业，使乡村成为事业兴旺、产业兴旺、人丁兴旺的活力村庄。

韩冬青（2018）则从生产、生活和生态的角度对特色田园乡村进行了界定。他认为，特色田园乡村的基本内涵很丰富，对每一个自然村而言，产业、生态、文化、风光、建筑、生活等，都有自己特定的内容。特色田园乡村需要从生产、生活、生态几个方面综合去看。从生活方面来看，农民要过上现代生活，首先就要富口袋，需要发展一产二产三产，有完整的产业链。如果产业链不健全，劳动力没办法在本地安置，农村就变成了老年人和留守儿童的世界，还何谈“振兴”？没有一个好的现代化生产体系，也就没办法获得好的生活。而这些，又都是建立在生态基础上的。某种程度上来说，生态还是第一位的。如果生态这个大环境守不住的话，农村也就没有了吸引力，也没办法去谈生产和生活。

刘海健(2018)从人类学的视角出发，对特色田园乡村的内涵进行了解读和界定。在他看来，特色田园乡村建设应坚持多种理念并做好整体设计，需要多学科的共同参与。因此，从生态学的视角来看，特色田园乡村建设要契合生态优先、绿色发展的理念；从美学和旅游学来看，特色田园乡村是赏心悦目的；从经济学视角来看，特色田园乡村又必然是农民的生计保障。同时，因为特色田园乡村不同于开发区和旅游景区，不同于“新农村”，也不同于“美丽乡村”，而是以农为本的整体性生产生活空间，因此，还需要纳入人类学的视野对其进行解读。就此出发，他认为特色田园乡村画卷可从以下三个角度加以描绘。首先，特色田园乡村是一个集经济、社会和文化于一体的生产生活空间，而不只是一种山水田园景观。也就是说，特色田园乡村既是一种乡村经济转型载体，又是一种乡村治理和文化再造的重要媒介和机遇。其次，要辩证地看待特色田园乡村与城市社会的关系，在城乡融合发展的理念下充分发挥田园乡村的各种优势，使特色田园乡村融合地方性知识和现代性因素。第三，要站在主位立场上审视特色田园乡村的独特价值与发展方向，使特色田园乡村建设能留住乡村社会的精魂和特色，转化为“新农村”和“美丽乡村”的升级版，成为实现苏北乡村振兴的重要推力与载体。因此，从某种意义上来说，特色田园乡村建设绝不是一个乡村美化行动，而是现代化建设新阶段的一场深刻革命。

二、特色田园乡村建设的意义

为什么要推进特色田园乡村建设？其意义与必要性何在？《江苏省特色田园乡村建设行动计划》指出，乡村不仅是传统的农业生产地和农民聚集地，还兼具经济、社会、文化、生态等多重价值和功能。经过多年不懈努力，江苏省乡村建设发展不断迈上新台阶，环境面貌显著改善，公共服务得到加强，综合改革深入推进，现代农业建设步伐加快，农民增收渠道全方位拓宽，农村社会治理取得良好成效。但从总体上看，乡村仍然是高水平全面小康的突出短板，特别是在新型城镇化快速发展进程中，乡村面临着资源外流、活力不足、公共服务短缺、人口老化和空心化、乡土特色受到冲击破坏等问题和挑战。因此，迫切需要重塑城乡关系，遵循发展规律，坚持走符合乡村实际的路子，努力建设立足乡土社会、富有地域特色、承载田园乡愁、体现现代文明的特色田园乡村，加快实现乡村的发展与复兴，推动农业现代化与城乡发展一体化互促共进。

就此而言，扎实有序推进特色田园乡村建设不仅对于传承农耕文明、保护传统民居、培育消费新增长点、增强乡村经济发展新动能、推动农业供给侧结构性改革、带动农民就业增收和促进新型城镇化和城乡一体化发展具有重要作用，而且有助于加快实现乡村的发展与复兴，重新认识乡村文明的价值和使命，推动农业现代化与城乡发展一体化协调融合互促共进。

汪晓春、张伟(2018)以更宽广的历史视野并结合江苏的实际对特色田园乡村建设的意义进行了阐释。自古以来中国“以农立国”，乡村是这个伟大文明古国的基本细胞单元，催生了灿烂的中华文明，成为古代中国社会经济发展的决定性力量。同时乡村也是人们的精神家园，承载着美好生活的寄托，是人们从未停止追寻的诗和远方。但是迈入城市时代，乡村面临着诸多发展困境，乡村空心化、环境脏乱差、乡土特色丧失、传统文化式微等等，俨然是城乡关系中的“弱势群体”，并由此催生了新世纪的“三农”问题，引发政府、学界、商界广泛关注。自 2004 年起连续十五个“一号文件”均聚焦“三农”，在乡村发展、人居环境改善、基本公共服务提升等方面均投入了大量的政策和资金，大幅提升了乡村产业发展水平和农村人居环境。党的十九大提出乡村振兴战略，为本世纪中叶实现“农业强、农村美、农民富”吹响号角。江苏是全国经济最为发达的省份之一，城镇化水平一直高于全国平均水平 10%左右。伴随着高速的城镇化进程，城乡发展的不平衡提前在江苏显现，因此江苏也是在全国率先推动乡村建设发展的省份之一，在镇村空间优化、村庄建设、人居环境改善、历史文化保护、基本公共服务配套等方面持续开展了大量工作，取得积极成效，在全国处于领先水平。但是反思这段历程，还存在种种不足，例如：工作以政府推动为主，多元参与不足；各自分散发力，聚焦聚合不足；关注物质环境改善，乡土特色彰显不够；建设发展为主，体制机制创新不足等，乡村仍然是高水平全面小康的突出短板，因此 2017 年江苏省委省政府开展了特色田园乡村建设行动，力图在新时期、新要求下探索乡村振兴之路。这具有深刻的历史与现实意义，并在实践上价值重大。

总结而言，既有研究对于特色田园乡村建设意义的共识是：特色田园乡村建设是对于当下中国尤其是江苏乡村诸问题的一个系统性解答，是在新时代对乡村发展、乡村振兴之路的有力探索，对于实现城乡一体化、新型城镇化和江苏率先实现现代化意义重大。

第二节 国内外典型乡村建设的简要分析

一、国外经验

1. 日本的"造村运动"

第二次世界大战后,日本经济遭到严重打击,经济发展重心聚焦在东京、大阪和神户等大都市,物力财力人力资源向大都市集聚,城市和工业得到快速发展。但是,农村经济日益下滑,青壮年人口集中到城市,人口疏密失衡,农村出现"空心化"。为了进一步缩小城乡差距,增强地方经济活力,日本实行了多轮新村建设计划,经过了一个渐进的、长期的过程。1955—1965 年是基本的农村环境改造阶段,推进农业生产环境整治,从而提高农民的生产积极性,提升农村生活水准。1966－1975 年是传统农业的现代化改造和提升发展阶段,通过调整农业生产结构和产品结构的思路,增加产品的附加值。其中,20 世纪 70 年代末,日本推行了"造村运动",以振兴产业、促进经济社会持续发展、振兴逐渐衰落的农村为出发点,强调对乡村资源的综合化、多目标和高效益开发,以创造乡村的独特魅力和地方优势。"造村运动"涵盖了乡村基础设施建设、生态环境改善、古村落古建筑的保护、农业技术人才培养等诸多方面。大分县前知事平松守彦于 1979 年开始提倡的"一村一品"运动是"造村运动"时期的经典产物,是一种面向都市高品质、休闲化和多样性需求、自下而上的乡村资源综合开发实践。以开发、振兴农特产品为目标,培育各具优势的产业基地和品牌,同时制定有效合理的融资制度,提供农业低息贷款,将农业纳入补贴等方式来推动区域特色产业的发展。通过政府扶持和农协引导,发展农业产业化和农村城镇化,各方共同努力使得日本全面实现城乡一体化,走可持续发展道路。

2. 韩国的"新村运动"

20 世纪 70 年代,为改变工农业发展、城乡之间和区域之间发展失衡的现状,实现"富裕的农民、富足的故乡、繁荣的祖国"的目标,韩国政府倡导和推动了"新村运动"。"新村运动"是政府主导下以农民为主体、以农民脱贫致富为内在动力、以项目开发为纽带、以政府低财政投入、技术支持引导和农民自主建设为主要形式的社会实践。其发展演变历程主要分为五个阶段,第一阶段为启动推进阶段(1970—1973 年),主要是改善落后的农民生产生活条件和加大农村基础设施建设,由中央内务部直接领导和组织实施。第二阶段为拓展阶段

(1974—1976年)，旨在调整农业结构，推广良种和先进技术，促进农业机械化，提升农村产业化水平，促使农民脱贫增收。第三阶段为充实提高阶段(1977—1979年)，政府鼓励发展专业化经营和合作生产，发展畜牧业、农产品加工业和特产农业，推动农村保险业的发展，还积极推动乡村文化的建设和发展。第四阶段为国民自发运动阶段(1980—1989年)，政府大幅度调整新村运动的政策和措施，大力发展农村金融业、流通业等，改善农村文化环境。同时韩国政府为“新村运动”立法，制定城镇建设的相关法案。第五阶段是自我完善发展阶段(1990年以后)，拓展城乡一体化发展的领域。“新村运动”以农村基础设施建设为重点，包括道路桥梁建设、农地整理、农业用水开发等，积极对农民进行教育培训，结合激励机制，吸引农民自主参与，引导发展养殖业(蚕、蜂、鱼)、畜牧业和果树种植业等特色都市农业，从而拓宽农民增收渠道。

3. 德国的“村庄更新”

德国是一个强调整体均衡、协调发展的国家，20世纪50年代早期，其城镇化水平就已经高达60%。第二次世界大战后德国大兴建设之风，由于乡村廉价的劳动力和富余土地资源以及国家财政补贴政策，大量工业建设在乡村拔地而起，使得乡村地区原有风貌被严重破坏。20世纪50—60年代进行农地整理，改善乡村土地的拥有结构，实现农业现代化，其中，1954年正式提出“村庄更新”的概念，颁布了《土地整理法》，明确“村庄更新”的任务以乡村规划建设和农村公共基础设施建设为主。20世纪70—80年代，重视村庄内外道路交通规划，关注村庄传统聚落形态、生态环境整治和文化脉络传承，并且强调农村自身特色和发展潜力。20世纪90年代，村庄更新融入可持续发展理念，强调生态、文化、旅游和休闲价值的重要性及其与经济价值的融合发展。其思路是侧重乡村规划和布局，保护区域风貌特征、资源和文化特色，有限度更新和保护传统建筑，完善农村基础设施；遵循生态优先的原则，注重环境保护，强调村庄更新与周边自然环境协调统一，推动农村地区产业结构调整和改善，鼓励发展现代特色农业，实现乡村可持续发展。在政策上，多次制定及修订相关法律制度，由政府出资修建农村基础设施，统一收费管理，并对经济欠发达地区给予补助。21世纪后，村庄更新融入可持续发展理念，着力发展生态、休闲、旅游等绿色产业，转变传统农业发展模式，发展现代科技农业，主要方向有环境农业、原料农业、基因农业。

4. 美国的“都市化乡村”

美国通过工业化的发展，利用扩散效应影响和带动城市周围的农村发展，是以城市化带动农村发展的典型模式。20世纪60年代,美国政府开始进行"生态村"建设。20世纪70年代初,美国的乡村旅游开始迅速崛起,并成为带动乡村经济发展的有力武器。20世纪80年代提出建设"都市化的村庄"。为保护村镇原有景观和风貌,20世纪80—90年代,美国政府把"振兴乡村经济"纳入农村可持续发展的总体战略,并出台各项优惠政策措施。1984年,于马萨诸塞州成立"乡村中心",对农村地区发展问题进行专题研究。美国政府对乡村整体布局要求严格,统一规划建设全国城乡道路、水利和能源等基础设施。但由于国力有限,政府通过融资(发行国债)手段实现对基础设施建设的投资,开发商负责乡镇社区内交通、水电和通信等配套设施建设。乡村拥有与城市一样的最重要的基础设施条件,为城乡一体化快速发展奠定必要的物质基础,为工业反哺农业、城市带动乡村发展提供支撑条件。

二、国内经验

1. 浙江造就万千"美丽乡村"

2003年,浙江启动"千村示范、万村整治"行动,拉开了农村人居环境建设的序幕。到2008年,浙江全省已创建美丽乡村先进县58个、示范县12个,一大批"脏乱差"的村庄变得"水清、路平、灯明、村美",焕然一新。浙江美丽乡村的崛起,靠政府"有为之手"与"有力之手"十余年不懈接力助推。一张蓝图绘到底,一任接着一任干。浙江依托"三改一拆"、"五水共治"、小城镇环境综合整治等抓手,从人居环境、基础设施、公共服务建设起步,不断拓展建设内容,形成了整体推进美丽乡村建设的格局。浙江"千万工程"经历了三个阶段:2003—2007年"示范引领",1万多个建制村率先推进农村道路硬化、垃圾收集、卫生改厕、河沟清淤、村庄绿化;2008—2012年"整体推进",主抓生活污水、畜禽粪便、化肥农药等面源污染整治和农房改造建设;2013年以来"深化提升",启动农村生活污水治理攻坚、农村生活垃圾分类处理试点、历史文化村落保护利用工作。2003年以来,浙江历届省委省政府把美丽乡村建设作为统筹城乡发展和党委政府抓好"三农"工作的"牛鼻子",坚持党政一把手亲自部署、亲自推动。期间,每年召开一次全省性现场会,省委省政府主要领导做工作部署,表彰工作先进县、示范县。截至2017年底,浙江省累计约2.7万个建制村完成村庄整治建设,占浙江省建制村总数的97%;生活垃圾集中收集有效处理建制村全覆盖,11 475个村实施生活垃分类处理,占比41%;90%的村实现生活污水有效治理,74%农户的厕所污水、厨房污水和洗涤污水得到治理。

2. 台湾的“富丽乡村”

20世纪40年代中期，台湾为加快工业化进程，提出“以农补工”的发展思路，因此，工业产业得到快速发展，但出现了工农业发展不均衡、城乡差距过大等问题。台湾乡村运动建设起源于20世纪50年代；80年代末，随着经济国际化、自由化的升级，农业生产效益低，农村发展滞后；90年代，台湾进入工业化中期，提出“富丽乡村”政策，首次提出农业、农民、农村“三位一体”理念，追求“三农”协调发展，同时还提出生产、生活、生态“三生农业”概念，大力发展精致农业，强调“三生”均衡发展，并相继出台产业发展、科技研发、农村金融和农民组织建设等方面的有关政策。“富丽乡村”政策是以乡(镇、市、区)为单位，充分考虑自然、人文资源条件与发展潜力，规划乡村未来发展方向及重点，主要涉及产业发展、公共及公用设施、生活环境改善、文物设施和环境保护等方面。基于农村自然环境、山水资源、田园风光等得天独厚的优势，台湾当局鼓励乡村现代化农业与休闲旅游业的融合发展，深入挖掘乡村内涵，融合可持续发展理念，创新“农业＋旅游”发展模式，并且予以资金和政策支持。台湾注重规划的先行，有效落实“富丽乡村”政策，从根本上改变了农村发展滞后的现状，缩小了城乡差距，推动了乡村经济的蓬勃发展，尤其是以乡村休闲旅游业为代表的特色产业发展，从而创造“富丽乡村”。

目前，浙江已全面形成以县域美丽乡村建设规划为龙头，村庄布局规划、中心村建设规划、农村土地综合整治规划、历史文化村落保护利用规划四项专业规划为基础的“1＋4”县域美丽乡村建设规划体系。乡村振兴战略全面实施之际，浙江美丽乡村建设步入新阶段。目前，浙江有40多个市县提出全域旅游发展战略，探索促进城乡关系、人与自然关系不断改善，历史文化传承与现代文明发展有机融合。浙江省也在研究实施“大花园”建设行动纲要，谋划在浙江全域建成美丽大花园。

第三节　江苏特色田园乡村建设的持续推进

“望得见山，看得见水，记得住乡愁”。党的十八大以来，党中央以高远的历史眼光和文化胸怀，提出重构新型城乡关系、人与自然的关系。越来越多的地方加入寻找梦中田园、留住记忆乡愁的探索实践。江苏较早就提出了“乡村复兴”的概念。2017年3月29日，江苏邀请全国各地院士，组织专家及相关部门人员一道发出“当代田园乡村建设实践·江苏倡议”，先后三批次确立了特色田园乡村试点。

一、江苏的整体推进

2017年6月28日，江苏省政府办公厅印发《江苏省特色田园乡村建设试点方案》，指出了特色田园乡村试点总体要求、选择、进度安排，明确了其工作重点和保障措施，并公布了首批试点地区和试点村庄候选名单。特色田园乡村建设以自然村为单元。“十三五”期间，省级规划建设和重点培育100个特色田园乡村试点。首批试点村庄总数40个左右。其中，在全省选择3个县(市、区)，每个县(市、区)开展5个左右特色田园乡村建设试点，侧重于县域的工作推进和机制创新；在全省选择5个县(市、区)，每个县(市、区)开展相对集聚的3个左右特色田园乡村建设试点，侧重于试点的关联性和互动性；在全省选择10个左右村庄，通过田园、产业、文化、环境等的联动塑造，培育创建“特色田园乡村建设范例村庄”，形成“3县、5团、10个点”即“351”的格局。启动特色田园乡村建设，是江苏省委省政府着眼于乡村复兴而作出的一项战略决策，是在全国率先实现农业现代化的一条江苏新路径。与党的十九大报告提出的实施乡村振兴战略，坚持农业农村优先发展，以及与产业兴旺、生态宜居、乡风文明、治理有效、生活富裕的总要求相契合。

二、建设行动计划

2017年6月，江苏省委省政府作出重大决策部署，提出建设立足乡土社会、富有地域特色、承载田园乡愁、体现现代文明的特色田园乡村，努力走出一条符合规律、契合实际的乡村发展与复兴的新路子。随着党的十九大报告中乡村振兴战略的提出，乡村振兴成为全党全社会的共同行动，解决好“三农”问题成为各级政府工作的重中之重。江苏省委、省政府举全省之力建设特色田园乡村，展现了“生态优、村庄美、产业特、农民富、集体强、乡风好”的江苏农村新风貌，是对乡村振兴战略“产业兴旺、生态宜居、乡风文明、治理有效、生活富裕”总要求的率先实践，特色田园乡村建设，是省委省政府贯彻落实中央乡村振兴战略的有力抓手和必然要求。2017年6月20日，江苏省委省政府印发《江苏省特色田园乡村建设行动计划》(苏发〔2017〕13号)的通知。推进特色田园乡村建设，是江苏省委省政府在新农村建设领域谋划布局的一篇“大文章”。各试点地区要把特色田园乡村建设作为一项全局性工作来看、来抓，跳出原有的思维定式和习惯，准确理解和把握目标内涵，坚持以增强农民获得感为根本，坚持建设、发展、改革齐头并进，突出规划引领、抓好整体设计，突出以农为本、抓好产业发展，突出文化传承、抓好特色彰显，突出补短补软、抓好公共服务，突出机制创新、抓好难题突破。要在“整合”和“聚焦”上下功夫，集中力量推进，发挥整体联动效应。江苏省将在项目资金、用地保障等方面给予倾斜支持，在技术和工作指导上实行定人定点全过程跟踪，共同研究解决重点问题。

三、第一、二、三批试点

围绕“特色”“田园”“乡村”这三大内涵，2017 年以来，江苏省在原有乡村建设工作整合、融合基础上实践创新，挖掘人心底的乡愁记忆和对桃源意境田园生活的向往，开展特色田园乡村建设行动，以此重塑乡村魅力和吸引力，从而带动乡村的综合振兴。2017 年 8 月 24 日，在全省特色田园乡村建设试点工作推进会上，公布了省特色田园乡村建设首批试点村庄名单，全省 45 个村庄纳入首批试点名单。2018 年 4 月，江苏省公布了第二批省级特色田园乡村建设试点村庄名单，标志着江苏特色田园乡村建设试点进入了从“方案”走向“实施”、从“设计”走向“实践”的新阶段。2019 年 2 月，第三批试点名单公布。2017 年 6 月，江苏省委省政府在印发的《江苏省特色田园乡村建设行动计划》中，明确要求实现“生态优、村庄美、产业特、农民富、集体强、乡风好”的行动目标。

当前特色田园乡村建设进入了从“试点示范”转入“试点深化”与“面上创建”并轨的新阶段，要进一步培育特色产业、建设活力乡村；改善人居环境、建设宜居乡村；注重塑形留魂、建设特色乡村；加强乡村治理、建设和谐乡村，确保特色田园乡村建设取得实效。

第四节 苏南、苏中特色田园乡村建设的经验

历史沿革、地理区位、经济发展、自然条件的不同造成了江苏内部的苏南、苏中、苏北地区间的差异化发展，它们的乡村空间特征也因为各地的经济社会条件的不同而存在差异，特色田园乡村建设的推进路径、方式等也存在一定的差异。

一、区县特色田园乡村建设的推动

1. 南京江宁

近年来，以特色田园乡村建设为示范引领，江宁区在试点村庄陆续开展了

规划建设、产业发展、文化文明、乡村治理、党建引领、富民强村等项目,村庄的基础设施不断完善、风貌整体提升,让田园风光得到有效还原。试点建起来后,江宁通过以点带面,发挥集群连片效应,全域铺开特色田园乡村建设,经过综合分析全域农村山水肌理、人文传承、产业体系等资源禀赋,划定4个特色田园乡村片区、20个特色田园乡村组团、316个特色田园乡村点,进一步放大乡村之美,打造一个美丽乡村"大花园"。南京市江宁区明确在"四个特"上下功夫。即特色产业业态、特优宜居生态、特质文化形态和特别幸福心态。产业上,更多为农业注入生态、科技、文化、创意、旅游、互联网等内涵,真正留住乡村的"根";生态上,不搞大拆大建,因地制宜地开展乡村建筑、田园景观的改造,真正留住乡村的"形";文化形态上,梳理全区94个传统文化村落的民间文化资源,组建本土专家团队,对传统文化村落建设进行严格把脉,真正留住乡村的"魂";而通过培育职业农民和农民"老板",让农民在家门口就能奔上致富路,增强幸福感。按照"420316"全域特色田园乡村建设目标,2018年已完成23个培育打造类点建设,创建市级美丽乡村示范村21个;完成59个完善提升类点建设,创建5个省级特色田园乡村试点村,同时全面启动田园综合体建设。

2. 无锡江阴

江阴市在2017年印发了《江阴市农村人居环境整治提升三年行动计划》,就提升农村人居环境、统筹城乡发展、建设美丽宜居乡村作了详细的工作部署。在目标方面,江阴提出到2020年,全市农村人居环境质量全面提升,村民环境与健康意识明显增强。按照国家和省、市相关建设标准,实现:规划发展村庄改善提升全覆盖,农村生活垃圾处置体系全覆盖,农村户用厕所无害化改造全覆盖,村庄生活污水治理全覆盖,农村人居环境整治全覆盖,长效管护机制全覆盖。其重点任务包括:① 加强村庄规划设计引导。坚持科学规划,推动多规合一,加快优化镇村布局,分类有序推进规划发展村庄的规划编制工作。通过规划和实施方案的引导,将规划发展村庄作为城镇向农村延伸的中心节点,在保全村庄原有格局、形态和肌理上提升基础设施建设水平。② 推进村庄生活垃圾治理。深入推进农村垃圾就地分类减量和资源回收利用,深化"组保洁、村收集、镇转运、市处理"的生活垃圾收运处置体系。在生活垃圾无害化处理的基础上,积极开展生活垃圾分类处置,确保日产日清、无积存,及时清运建筑垃圾,加强餐厨垃圾的资源化利用。③ 加大村庄生活污水治理力度。因地制宜采用污染治理与资源利用相结合、工程措施与生态措施相结合、集中处理与分散处理相结合的建设模式和处理工艺,推动城镇污水管网向周边村庄延伸覆盖,积极推广低成本、低能耗、易维护、高效率污水处理技术。采取综合有效的治理措施,逐步消除农村黑臭水体,逐步恢复农村水生态。④ 开展村庄厕所粪污治理。普及不同水平的卫生厕所,推进“厕所革命”。全面推进户用卫生厕所建设和改造,同步实施厕所粪污治理。加强改厕与村庄生活污水治理的有效衔接,深入开展露天粪坑和旱厕“清零行动”,扎实推进卫生村、镇建设工作。⑤ 全面提升村容村貌。抓好绿色村庄建设,实现村旁、路旁、河旁、屋旁绿化基本覆盖,建成一批林木覆盖率和绿化美化水平较高的村庄。抓好村庄环境改善提升,突出特色风貌塑造,保护历史文化资源,凸显乡村美景和田园风光。

3. 苏州昆山

近年来,昆山积极响应中央号召,围绕省市工作主线,在政府、社会和一批规划设计大师的共同推动下,先行先试田园乡村建设,突出生态底色、文化底蕴,大力改善乡村人居环境,推动乡村产业与文化融合发展。2016 年 12 月 1 日,住建部公布了 46 个入选第二批田园建筑优秀实例的乡村建筑名单。昆山西浜村昆曲学社和祝甸砖窑改造两个项目被评为“田园建筑一等优秀实例”,是江苏省唯一被评为一等优秀实例的两个项目。2017 年 3 月 28 日,省住建厅和有关单位主办的中国当代田园乡村规划建设实践研讨会在昆山市锦溪祝甸砖窑文化馆举行,会议发起了“当代田园乡村建设实践倡议书”,昆山迎来了特色田园乡村建设的契机。2017 年 8 月 23 日,江苏省特色田园乡村建设工作联席会议办公室正式公布了江苏省特色田园乡村建设首批试点村庄名单。其中,张浦镇金华村北华翔、周庄镇祁浜村三株浜和锦溪镇朱浜村祝家甸携手入选。2017 年 8 月至 12 月间,昆山市按照省委省政府工作部署,从乡土气息、个性特色、多元价值、内生活力等四个方面深入认识理解建设、发展、改革“三位一体”要求,坚持“政府主导、村民主体、市场参与”的原则,突出“四个一”工作机制,全力推动特色田园乡村建设。未来,昆山市将认真贯彻落实乡村振兴战略,按照省委省政府和苏州市的统一部署,结合昆山实际,重点推行“三级试点”,加大工作力度,打造“三色载体”,复育乡村文明,加强政策扶持,推动村级发展,探索“三产融合”,发展特色产业等方面的工作中加大推进力度。

二、部分特色田园乡村建设试点

1. 钱家渡村(南京江宁区)

南京市江宁区钱家渡村是特色田园乡村建设首批 45 个试点村庄之一。村庄现状产业以水稻为基本作物的种植农业和水产养殖业为主,蔬菜种植为辅,没有工业。耕地面积有 5 790 亩,设施农业 600 亩,此外还有精养水面 800 亩。乡村旅游开发处于初步阶段,其优势在于有着明显的江南水乡特质且未经大力开发建设。与大多数资源条件优异的美丽乡村不同,钱家渡是以传统农业为基础的原始村,在生态、产业文化等方面都比较贫乏,具备极大的发展空间,而这正是大多数乡村地区的普遍情况。因此,钱家渡在特色田园乡村建设中首先通过将农业与二、三产业融合来为农民创造更多的就业机会和收入来源,也即"产业强化留住人";其次,钱家渡村整体结构以水陆肌理为背景,以乡村聚落景观为核心构成乡村整体环境构架,形成"桥畔一庭,渡边一院,一泓碧水穿百亩良田,乡间小路连十里人家"的空间结构,支撑特色产业和乡村旅游的建设与发展,也即"家乡美化留住形";最后,钱家渡村通过合理的产业规划和旅游策划,唤醒沉睡的资源,力图发展适宜的新业态,并探索有效的实现形式。在资金和制度的保障下,依托企业研发机构的创新创造能力和对乡村的深刻理解,建立"政农研"协作下的长效、高效运营管理机制,在乡村的生态建设、形态优化、业态创新,文脉再生等方面形成可持续性的发展更新模式,也即所谓"政策优化守住魂"。

2. 树山村(苏州通安镇)

苏州通安镇树山村占地面积 5.2 平方公里,位于苏州市西部、大阳山国家森林公园北麓,东接姑苏古城,西邻浩瀚太湖,400 余户农家散落在青山怀抱中。该村在特色田园乡村建设中开展了一种"陪伴式的规划和实践",进展显著。主要包括两个维度,一是以平台建设与人才培育为抓手,大力开展乡村双创活动,二是打造特色文化。对于第一点,该村一方面联合政产学研多方力量在树山村创建全国首个"乡村双创中心",通过"乡创+文创"的模式,组织双创活动、培养双创人才、孵化双创企业,激发乡村活力;创建"乡村规划建设研究与人才培养协同创新中心",指导学生以树山村真题真做,先后举办"首届海峡两岸联合毕业设计"和"第二届长三角高校乡村规划竞赛"并结集出版,同时通过平台化运作召开面向全国的乡村创客大会,招募创客,促进项目落地,借助外力助推乡村复兴。另一方面,对内做好"绿领人才"和新型农业经营主体的培育。由政府主导成立了树山返乡创客联盟——"树盟"。其成员单位涵盖了餐饮、住宿、游乐、农业、文创等领域的 20 余家单位,基本上都是树山村和通安镇返乡创业青年。通过权利义务的约束,形成"树山共同体",加强资源互补,打通产业链,实现全域联动、抱团发展。在特色文化方面,首先对传统农耕文明进行挖掘传承,让乡村承载乡愁,传承乡情。规划依托树山村深厚的古吴文化积淀、众多名人遗迹和神话传说，深入挖掘和修复当地历史文化遗存，深挖历史古韵，弘扬人文之美，再现“大石山十八景”，编撰《通安传说》，建立了村级历史文化展厅，成为记录、展示、传承树山历史文化的鲜活载体，培育村落的独特气质。其次对乡土文化遗产进行活化与文化创新，让乡村增加活力，凸显特色。项目组深度挖掘地方文化，以树山村里面一尊“年兽”石像为起点，主持研发“树山守”乡村文创产品，打造乡土文化 IP。目前，“树山守”已经从树山村走向了全国，文创产品已达三大系列近百种，拥有 3 个实体店并在全村完成了线下布点和 O2O 布局。

3. 东罗村(泰州兴化市)

东罗村地处兴化市缸顾乡南首，由原东罗、西罗两个自然村合并而成，耕地面积 2 239 亩，水面 1 272 亩，户籍人口 2 538 人，于 2017 年入选江苏省特色田园乡村建设首批试点村庄。东罗村邀请了专家团队高水平编制规划设计方案，全力打造“千垛之乡、碧水东罗、乡村旅游目的地”。目前，已完成整体工作量的 85%以上，投入项目资金近 9 000 万元，村入口主广场、东罗秋实乡村发展展览馆、村民服务中心、村民食堂、大会堂已建成并投入使用；老街渔乐馆、茶吧、书吧、酒馆、茶馆已建成开放，正在鼓励村民合作经营；游客服务中心和 11 个民宿单体建筑已完成主体建设。东罗村特色田园乡村建设的经验就在于，一是以合作发展为关键，探索多方营建模式。致力“全省样板、创造经验”的目标，东罗村探索出政府平台(文旅公司)＋社会资本(万科集团)＋村集体(东罗村)三方营建的新模式，三方成立合资公司(兴化市万兴商业管理有限公司)，其中东罗村集体以土地折价入股，政府平台公司负责基础设施建设，万兴公司负责东罗特色田园乡村的经营与管理，南京万科成立 20 多人的专业团队长期驻村工作。二是以产业发展为支撑，加快强村富民步伐。东罗村大力发展以国家示范农业合作社——千垛果园为代表的特色高效设施林果产业，启动实施水润莲花太空莲子观赏采摘、龙虾垂钓、万科有色水稻基地等项目。同时，南京万科深度介入东罗的产业发展规划，建设互联网农业中心，实施兴化农产品万科定制销售计划，“八十八仓”兴化大米、大麦青汁礼盒已经在万科物业系统内销售。三是以生态文化为本底，彰显试点乡村特色。做足做活“水”文章，统筹推进东罗水生态修复、开敞空间、滨水景观打造等各项工程，大力实施“生态护坡”“岸边步道”“清水平台”“生活码头”等河岸治理，重塑水清岸绿的水乡风貌。

4. 青山村垄上(南京高淳区)

高淳区东坝街道青山村垄上是省首批特色田园乡村建设试点村，全村共 51 户 141 人，地处丘陵地貌，周边有大面积茶园和稻田，农房依地势布置其中，原生态环境和山地特色明显。规划通过打理村落水系，充分利用众多农民闲置住房，结合现有一产良好的基础和生态、交通条件，打造智慧茶园示范基地和茶艺文创基地。通过培育新型职业农民，促进智慧茶园种植、观光“互联网＋”茶产业推广，兼具特色文旅、茶文化展示、文创艺术基地，推动一产三产互动发展，实现乡村活力复兴和农民致富增收目标。

三、苏南、苏中部分区县的试点经验

在农业现代化的道路上，如何留住独特的田园牧歌，防止乡村景观“城市化”、乡村建筑“西洋化”、乡村生活“空心化”？江苏苏南部分区县的试点给出的答案是抓住三个要素：在风貌塑造上留住乡村的“形”，在文化传承上留住乡村的“魂”，在宜居宜业上留住乡村的“人”。这三大要素，正是要发挥乡村独特禀赋，以田园生产、田园生活、田园生态为核心组织要素，促进乡村经济社会的整体进步，形成更有生命力的“乡村美学”。具体包括：① 散发乡土气息，需在风貌塑造上留住乡村的“形”。“中国要美，农村必须美”。离开了门前屋后的半亩方塘、邻里乡亲的淳朴乡风，乡村就会变成既不像农村也不像城镇的“四不像”。因此，在探索乡村复兴的路径中，要遵循乡村外在形象和精神内质的有机统一，呈现原生的田园风光、原真的乡村风情、原味的历史质感。② 彰显个性特色，要在文化传承上留住乡村的“魂”。工业化进程中，我们常常把振兴乡村当成改天换地的舞台。然而，“万物有所生，而独知守其根”。斑驳的庄台祠堂、儿时的民间故事、传统的非凡技艺等等，乡村蕴含着社会变迁中的一切基因，通联着我们民族的文化血脉。充分发掘乡村的个性和特色，融入生态文化、历史文化、民俗文化等元素，才能根牢魂定，孕育出村落的独特气质与性格。③ 提升多元价值，要在宜居宜业上留住乡村的“人”。乡村的核心是人，乡村复兴的目的也是为了人。在“产业、创业、就业”富民渠道上着力，焕发田园的活力；在“土地、公共服务、村民自治”三项改革上使劲儿，提升村民的动力；在“生态、风貌、文化”三个层面建设上下功夫，展现乡村魅力，让农民重新认识家园，过上更有品质的生活，才能防止农村“空心化”。

在具体做法方面的经验：一是围绕特色农业产业，打造农产品品牌。各地积极发展根植于本地、经济效益好的农业特色产业，打造特色农业品牌。无锡市阳山镇坚持用现代科学技术改造农业，当地种植水蜜桃 23 000 亩，阳山水蜜桃被认定为中国驰名商标、中国名牌农产品。二是振兴乡土文化，发展农村新产业新业态。各地在保护传统文化、传承乡土文脉的基础上大力推动三产融合

发展，发展精品民宿、体验农业、生态旅游等新业态，培育乡村经济发展新动能。无锡阳山将农业产业融入文化、艺术、康养、田园等多种元素，引进花间堂等十余家知名品牌民宿，打造葫芦谷等民俗文化村。南京市江宁区钱家渡以水乡特色为基调发展乡村旅游，建成6.8公里生态旅游环线以及滨水民宿等项目。三是壮大新型经营主体，创新产业经营模式。各地积极创建农业产业化示范基地，发展家庭农场、合作社、龙头企业、社会化服务组织等新型经营主体，培养壮大职业农民群体。

这些地方的经验，正印证了习近平总书记所指出的，乡土文化的根不能断，农村不能成为荒芜的农村、留守的农村、记忆中的故园。乡村复兴的本质不是简单的自上而下，更需要自下而上的内生动力。这一进程不可能是迅即的，而是渐进的，需要全社会的共同努力。希望乡村复兴的“江苏实践”能让更多地方获得启发，推动更多的人重新认识古老乡村文明的价值和使命，让我们的城镇化成为记得住乡愁的城镇化，让我们的现代化成为有根的现代化。

第五节　苏北特色田园乡村建设进展与问题

江苏区域发展不平衡不协调具有一定的客观性和历史性。反映经济发展的多个指标，如经济总量、人均占有量、工业发展等，都体现了苏北与苏南、苏中地区的发展状况的差异。但是，正是因为经济特别是工业发展的滞后性，在一定程度上苏北早就在自然、生态、农业方面具有优势，特别是当前阶段，这些优势更加突出和明显。这也为苏北地区特色田园乡村建设能够在全省范围内同步发展和推进创造了条件。

一、各市推进情况

1. 宿迁市

宿迁聚焦“活力”，在“产业、创业、就业”三个富民渠道上着力，比如，因地制宜发展高效水产、精品花木、生态畜禽、绿色果蔬等特色产业，深化与京东、阿里等综合型电商平台合作，纵深推进“一村一品一店（网店）”提档升级助农民创业，并招引和发展一批无污染、门槛低、见效快、易经营的项目，为农民提供便利灵活的“家门口”就业岗位。宿迁激发“动力”，在“土地、公共服务、村民自治”三项改革上下功夫；并展现“魅力”，在“生态、风貌、文化”三个层面建设上下功夫。

第一批：宿迁市——泗阳县：新袁镇三岔村、新袁镇灯笼湖村堆上组、卢集镇郝桥村时杨组；宿豫区：新庄镇振友村。

第二批：宿迁市——泗阳县：卢集镇薛嘴村薛嘴。

2. 连云港市

从 2017 年至今，连云港市已有赣榆区黑林镇芦山村小芦山、灌南县李集乡新民村新民、灌云县伊山镇川星村周庄等 8 个村庄被评为省级试点。这些村庄围绕特色、田园、乡村三个要素，挖掘人们心底的乡愁记忆和对桃源意境田园生活的向往，重塑乡村活力、魅力与吸引力。特色田园乡村建设也成为乡村振兴战略在连云港市的率先实践、探索和有效抓手。灌南县李集乡新民村里的农田被打造成稻鱼果复合种养基地，小鱼儿自在地畅游于稻茬间，稻田边栽植的杏树、桃树竞相吐蕊。特色田园乡村，通过文化传承留住乡村的“魂”；特色田园乡村，还要以宜居宜业的环境留住“人”。新民村建立了占地 4 100 亩的稻虾混养产业园，产业园投入运营后，该村集体经济年增收 30 万元，30 多名贫困村民基本脱贫。

第一批：连云港市——赣榆区：黑林镇芦山村小芦山、班庄镇前集村前集；灌南县：李集乡新民村新民。

第二批：连云港市——赣榆区：班庄镇前集村前集；灌云县：伊山镇川星村周庄、杨集镇小乔圩村刘庄。

第三批：连云港市——连云区：高公岛街道黄窝村黄窝；经济技术开发区：朝阳街道韩李村韩李；海州区：浦南镇太平村太平。

3. 盐城市

盐城市立足乡村实际，因地制宜整合升级现有农村建设发展项目，充分利用村落、田园、河流等空间要素资源，推进乡村经济、政治、文化、社会和生态文明建设，打造立足乡土社会、富有地域特色、承载田园乡愁、体现现代文明的特色田园乡村。在特色田园乡村建设上，盐城市以行政村为单元，从打造特色产业、特色生态、特色文化，塑造田园风光、田园建筑、田园生活，建设美丽乡村、宜居乡村、活力乡村入手，依托农村自然村落，高标准做好空间要素、生态环境、基础设施、公共服务和特色产业规划，注重历史文化挖掘、传统肌理保护，塑造村庄整体特色风貌，发展壮大有优势、有潜力、能成长的特色产业，推动农民扎根特色农业发展，促进民富村强。盐城市大力实施“水林田湖”生态保护和修复工程，构建生态廊道，提升乡村自然环境。加强农村环境综合整治，严格管控和治理农业面源污染，加快农业废弃物源头减量和资源化利用，实施农村河道疏浚、河岸整治，加强村庄垃圾、污水等生活污染物治理，推动农村生活垃圾分类和资源化利用，着力营造优美和谐的田园景观。盐城市还积极探索新型农村集体经济有效实现形式，创新农业农村发展新方式，加强农耕文化、民间技艺、乡风民俗的挖掘、保护、传承和利用，推动基本公共服务在城乡之间合理布局，完善村民自治机制。

第一批：盐城市——东台市：三仓镇兰址村、三仓镇联南村、三仓镇官苴村。

第二批：盐城市——东台市：五烈镇甘港村甘港中心村，新街镇方东村1、2、3、5、7组。

第三批：盐城市——大丰区：大中镇恒北村2号村庄；盐都区：大冈镇佳富村朱杨庄；建湖县：恒济镇建河村谢庄、范庄、小俞庄；射阳县：特庸镇王村村五组。

4. 淮安市

淮安市将特色田园乡村试点建设作为美丽乡村建设的重要抓手，全市全力统筹推进这项工作。金湖县塔集镇高桥村黄庄列入首批省级特色田园乡村建设试点，试点建设由南京大学建筑与城市学院丁沃沃团队负责规划设计，24个建设项目全部完成。盱眙县黄花塘镇茶场一队列入省级特色田园乡村第二批建设试点，试点建设聘请东南大学规划院段进教授作为项目负责人。涟水县黄营镇朱桥村、高沟镇扁担村列入省级特色田园乡村第三批建设试点。市级特色田园乡村建设方面，14个试点村庄规划设计方案已全部通过市田园办组织的专家评审，试点建设正按照评审后的方案组织实施。其中，清江浦区和平镇越闸村古庄牛、淮安区流均镇都梁村、淮阴区高家堰镇高堰村、盱眙县天泉湖镇陡山村、涟水县高沟镇扁担村和红窑镇夏楼村等试点建设进展较快，效果明显。2019年6月，淮安市出台《淮安市特色田园乡村考核验收评价标准(试行)》。

第一批：淮安市——金湖县：塔集镇高桥村黄庄。

第二批：淮安市——盱眙县：旧铺镇茶场一队四组。

第三批：淮安市——涟水县：高沟镇扁担村一组、二组、五组、七组、八组；黄营乡朱桥村朱桥河边、汤马、南庄、前进。

5. 徐州市

为了贯彻落实省委省政府的《江苏省特色田园乡村建设行动计划》，徐州市将铜山区倪园村和邳州市授贤村定位省特色田园乡村建设的试点，从2017年起用3年左右的时间，徐州市联动新建改建30个、以市为主完善提升100个左右体现徐州乡村风貌的特色田园乡村建设方案。方案将保护、开发一批自然、文化遗产来丰富传统的村庄，努力改善当地的生态环境，营造和谐的文化氛围，塑造具有徐州特色的活力田园乡村。

第一批：徐州市——邳州市：官湖镇授贤村；铜山区：伊庄镇倪园村倪园。

第二批：徐州市——贾汪区：潘安湖街道马庄村马庄；邳州市：铁富镇姚庄村姚庄、港上镇北西村北西；沛县：张寨镇陈油坊村陈油坊。

第三批：徐州市——铜山区：汉王镇汉王村紫山；经济技术开发区：徐庄镇山黄村圣人窝；贾汪区：茱萸山街道才沃村独湖；丰县：大沙河镇二坝村西陈庄；沛县：大屯街道安庄村挖工庄；睢宁县：魏集镇湖畔槐园，王集镇洪山村鲤鱼山庄、风虎山庄；新沂市：高流镇老范村范南。

二、部分试点的情况

1. 淮安区都梁村

近年来，该村根据城乡发展一体化的要求，加快推进美丽乡村建设，多方筹资改善农村生产生活条件和人居环境，让农民群众普遍过上宽裕安康的生活。自 2017 年 10 月份都梁村被列入第一批市级特色田园乡村建设试点以来，该村坚持规划先行，紧紧围绕“产业兴旺、生态宜居、乡村文明、治理有效、生活富裕”的总要求，力求高标准、高质量完成特色田园乡村建设任务。未来，都梁村将依托良好的绿草荡湿地资源，大力开发湿地观光休闲旅游项目，通过对都梁村空间提升、土地整理、完善设施等体系构建来实现发展目标和总体定位，把都梁村打造成荷藕和龙虾种养基地、藕制品深加工基地、水乡风貌特色农庄、乡村旅游度假目的地。

2. 盱眙新华村

新华村是第二批淮安市特色田园乡村建设选试点。新华村坐落在盱眙县城北郊淮河岸边天龙山脚下，辖区面积 8.9 平方公里，居住着 789 户 2 829 人。村庄青山环绕，山水相依，历史文化遗存丰富，是一个环境宜居、生态宜游、出行便利、富裕和谐的美好家园。新华村能够入选作为特色田园乡村试点项目候选，其特色主要体现在石构建筑、果园产业和田园风光三个方面。新华村先后获得农业部中国村社发展促进会授予的“中国农业公园”称号及中国城市竞争力研究会发布的 2017 年中国十佳特色田园综合体排行榜第九位。新华村依托区位优势，推动传统农业向现代农业、高效农业、旅游农业迈进，辖区内形成以“三农”生态乐博园、奇石园、城市桃园为主要框架的生态旅游园区。全村森林绿化覆盖率达69.6%，集体经济年收入 720 万元，居民人均收入 37 500 元。

3. 沛县挖工庄村

多年前，这个以挖河工依湖西大堤而建的村庄，还是靠湖田种植、湖产养殖和沿湖砖瓦窑厂谋生。响应京杭大运河"清水走廊"号召，挖工庄村完成生态修复，附近水域也成为沛县饮用水源地。沛县聘请江苏城乡设计院，按照省级特色田园乡村标准，高标准规划设计，同时根据挖工庄历史文化、交通区位、产业基础等实际情况，整合提升原有渔家乐体验区、民风民俗展示区、森林氧吧休闲区和东部景观区等四个休闲观光区，积极打造千亩花海基地、百果采摘园，大力发展生态旅游产业；依托农村电商和出口贸易，不断壮大杞柳工艺品、裘皮工艺品等传统特色产业，拓宽强村富民路径。

4. 灌云县周庄

灌云县伊山镇川星村周庄是江苏省特色田园乡村建设第二批试点村庄，其特色田园乡村建设时间从2018年4月至2019年10月，为期一年半。在规划层面，由江苏省建筑设计研究院对伊山镇川星村周庄的特色田园乡村进行了规划设计。伊山镇川星村周庄项目已完成资金投入586.8万元（计划投资总额1 326.9万元），实施了村级公共服务中心、民宿、农家饭店、花园护栏、道路硬质化改造3 780平方米、太阳能路灯82盏、生态停车场1 190平方米、体育文化广场和果园采摘慢道2 334平方米、水畔垂钓平台3 253平方米、观景天桥174平方米、休憩亭10座、观景塔、污水泵站，铺设村庄内给水管网1 300米、污水管网1 830米、道路污水沟1 230米、雨水旱溪232平方米，购置了垃圾箱20个、垃圾收集车2辆，整理了架空电力线，建立邮政网点，互联网+"云果园"平台，改善果树品种，引进大棚梨、大棚桃，补植梨树和桃树，整治河塘沟渠，水岸景观绿化，提升村口、道路、204国道景观界面、高铁景观界面，改造院落环境等。川星村初步形成了江苏独有的"乘着高铁赏梨花、看花海、采百果、居民宿、体农耕"特色生态村。

5. 宿豫的堆上村与杨集村

首批省特色田园乡村建设试点村之一，新袁镇灯笼湖村堆上组紧密结合村组实际，立足传统抓产业、立足村情抓建设、立足文化抓治理、立足劳力抓富民，不断放大自身特色。堆上村特色田园乡村建设紧扣"乡村振兴"这一主线，坚持运用系统化思维，突出创新性、探索性、引领性，重点在基础设施完善、村庄环境改善提升、特色产业发展、农民增收致富、基层社会治理等方面下功夫，努力实现"生态优、村庄美、产业特、农民富、集体强、乡风好"的建设目标。

众兴镇杨集村坚持用好政策，完善配套，发展产业，强化治理，着力建设水优宜居生态村、村强富民幸福村、社会稳定和谐村；众兴镇界湖村通过统筹土地位移、环境综合整治、危旧房改造等工作,致力打造聚特色、齐功能、惠民生的农村新型社区;卢集镇郝桥村以土地增减挂钩为抓手,高标准规划建设新型农村社区一期、二期,实现350户集中居住。在推进新型农村社区建设过程中,杨集村要因地制宜,充分尊重民意,坚持规划先行、稳步推进,积极利用各项政策,整合各类资源要素,探索创新工作机制,完善公共服务配套,强化产业支撑,拓宽农民增收渠道,全面提升农村新型社区群众的获得感和满意度。

三、面临的主要问题

1. 认识尚不到位

部分地区对于特色田园乡村建设与城镇化发展的关系认识不到位,基层反映的用地问题较多。基层普遍反映村庄发展的地理空间不足,希望土地政策能够松动,甚至希望耕地红线能够突破。事实上,市县可以在地区范围内进行用地指标调配,但从目前来看,这些指标大多被用于城镇化和工业化建设项目,地方政府主要以经济效益为导向考虑土地资源配置,对于特色田园乡村建设和乡村振兴战略的重要性认识还不够深刻,规划部门和国土部门在涉及特色田园乡村建设用地方面的业务衔接还不够流畅,协调统一还存在一定程度的问题。不可否认城镇化是国家实现现代化的必由之路和强大动力,但振兴乡村绝不是不要城镇化,也不是要把城乡发展对立起来,而是我国人口规模巨大的基本国情决定了乡村不能衰败,要在城镇化、乡村振兴和城乡融合的大背景下去思考特色田园乡村建设问题,要勇于解放思想,以改革的思路破解发展过程中的难题,科学引领我国现代化进程中的城乡格局及其变化。

2. 特色体现不足

部分规划对乡村风情和农业特色体现不足,项目招投标效率较低。部分规划设计对乡村的风情体现不够,苏北东台市三仓镇的特色田园乡村建设主要依托20世纪90年代发展起来的蔬菜瓜果产业,村容村貌方面缺乏统一规划,在乡村特色风貌塑造、田园建筑设计方面还存在较大提升空间。一些区县的特色田园乡村产业规划主要定位于休闲农业和乡村旅游,但是经过这些年来相关产业的发展,遍地都是农家乐,村庄缺乏特色农业方面的规划。另外,农村的有些工程建设难以办理适用的土地规划手续进而造成无法进入招标中心进行招标,并且现有的招投标管理办法操作流程较长,而符合乡村实际情况的工程管理制度缺位,造成招投标周期长、效率低的现象较为普遍。

3. 利益保障不够

不同建设运营模式并存，部分模式对农民利益的保障不够充分。目前特色田园乡村的建设运营模式主要有三种：一种是以村民为主、市场参与的模式，一种是以市场为主、村民参与的，一种是政府主导的模式。这三种模式是当地在结合自身特点的基础上探索出来的，各有一定的合理性。比如自身已经具备一定的特色产业基础的村庄（东台市的三个村庄）采用了村民为主导的模式，而那些特色产业不是非常明显、需要进行大量投资的村庄采取了市场为主或者政府主导的模式。比如一些村庄村由公司加政府投资打造，但是，当市场主体或者政府进行投资时，部分地区采取了将村民搬离原村庄的方式，但这些农民搬迁之后，如果出现失业而原来的村庄又回不去时，可能会成为影响社会稳定的隐患。

4. 政策支持普遍不足

乡村的空心化问题较为严重，农村创业的政策支持不足。乡村的空心化已经成为我国农村的普遍性问题，即便在农特产业非常鲜明的苏南农村也不同程度地出现空心化的问题，更不用说苏北农村的空心化问题了。苏北很多农村地区，90％以上都是 18 岁以下青少年和 55 岁以上老人，真正从事农业的几乎都是老年人，年轻人不愿意学习种植技术。

5. 主体作用发挥不够

乡村治理中农民的主体作用发挥不够，农民的幸福感和获得感有待进一步提升。农民是农村的主体，特色田园乡村建设必须要维护农民群众的根本利益、促进农民共同富裕，必须要真正提升农民的幸福感和获得感。在调研过程中我们发现，个别特色田园乡村建设存在“干部热情高，群众冷眼瞧”的现象，部分村民对于很多建设项目的认识参差不齐，采取观望态度，参与热情不足，这一方面说明了很多项目的长远收益可能并未和村民利益直接挂钩，另外也从一定层面反映了乡村治理方面存在问题，在日常的村级事务决策过程中未能积极发挥村民自治的作用。

第六节　苏北特色田园乡村建设思路与对策

当然苏南、苏中、苏北乡村发展还存在较大的差异性，各地区面临的机遇和挑战也各不相同，特色田园乡村推进需要积极思考创新、扎实稳步推进，才能形成各具特色的经验与模式，对其他乡村的发展起到示范引领作用。

一、主要路径

1. 划定“路线图”：重新审视乡村多元价值

省级层面，江苏先后制定了《江苏省特色田园乡村建设行动计划》，印发了《江苏省特色田园乡村建设试点方案》，整体的推进正在有计划、有步骤地推进。苏北地区各市应该在新思路指导下，针对不断申请成功的一批试点乡村形成比较系统的工作举措，同时，各地要深入开展田野和社会调查，形成一批高质量的乡村规划设计成果。创新实践的过程，实则是重新审视乡村在生态、文化、产业、观赏等方面多元价值的过程。相对于苏南和苏中，苏北的特色和优势非常明显，需要在一些特色方面发挥优势。一是塑造特色产业业态、特优宜居生态、特质文化形态和特别幸福心态。产业上，更多为农业注入生态、科技、文化、创意、旅游、互联网等内涵，真正留住乡村的“根”；生态上，不搞大拆大建，因地制宜地开展乡村建筑、田园景观的改造，真正留住乡村的“形”。二是塑造特有的文化形态，要注意梳理苏北地区传统文化村落的民间文化资源，组织专家团队，对传统文化村落建设进行严格把脉，真正留住乡村的“魂”。通过培育职业农民和农民“老板”，让农民在家门口就能奔上致富路，增强幸福感。

要注意增强农村的活力。这方面宿迁的一些作为值得参考。比如宿迁在“产业、创业、就业”三个富民渠道上着力，因地制宜发展高效水产、精品花木、生态畜禽、绿色果蔬等特色产业，深化与京东、阿里等综合型电商平台合作，纵深推进“一村一品一店（网店）”提档升级助农民创业，并招引和发展一批无污染、门槛低、见效快、易经营的项目，为农民提供便利灵活的“家门口”就业岗位。特色田园乡村建设，需要有好看的外观，更需要有鲜明的特色，有一个“有趣的灵魂”，展示个性、各美其美。按照新经济发展规律，未来发展一靠创新驱动，二靠特色和魅力，特色就是竞争力，魅力就是软实力。要注意用系统的观点，对城乡人居环境再认识。

2. 从现有工作看，需要探索“三农”问题解决路径

新世纪以来，“三农”问题被作为“全党工作的重中之重”，举国上下均着力于探索解决之道，各项工作有条不紊持续推进。苏北作为农业、农村、农民问题相对突出的地区，在特色田园乡村建设方面可分为三个层面。一方面是基本面工作，主要是针对所有村庄，通过农业税费减免及补贴、基本人居环境改善、危房改造等方面工作，确保农业生产处于基本盈利水平，解决“脏乱差”等基本人居环境问题。二是提升面工作，主要是针对条件成熟、有一定基础的村庄，通过

现代农业发展及“接二连三”产业链延伸、美丽乡村建设、基本公共服务配套等方面工作，重点在于进一步提高农村产业发展水平、提升村庄人居环境品质。三是突破点工作，在基本面和提升面工作深入开展的基础上，农村体制机制改革成为破解“三农”问题的关键点，国家提出农村集体经营性建设用地入市、“三块地”“三权分置”等方面的深层次改革，使城乡之间要素能够双向流动和优化配置，让农村资产合理体现价值，充分激活农村内生活力并吸引社会力量普遍参与。

苏北地区的一些农村，要借助特色田园乡村建设对一些自然村庄的人居环境进行提升，要在村庄环境整治基础上，开展了美丽乡村建设、特色田园乡村建设，带动乡村旅游的发展，促进了农民收入水平提升。同时农业、环保、交通、水利等部门也要从各自工作角度，在政策、资金、项目等方面对农村地区特色田园乡村建设持续投入。同时在工作层面的体制机制方面要有突破性进展，解决苏北一些乡村面临的资源外流、活力不足、公共服务短缺、人口老龄化和空心化、乡土特色受到冲击破坏等问题和挑战。各地部门要通过体制机制的改革和创新提高综合、整合、融合的程度。

3. 从发展阶段看，需要面对乡村振兴的历史命题

参照发达国家发展历程及在乡村发展建设中的成功经验，乡村发展建设的重点与城镇化所处的阶段存在一定的相关性。在城镇化中期阶段，工业化和城市化进程较为快速，乡村人口、土地、资源迅速流入非农产业和城市，农村出现衰败、农业发展缓慢，因此该阶段一般以人居环境改善、基础设施建设为核心任务，主要目的是解决城乡差距拉大产生的社会矛盾和冲突。从苏北地区目前的城镇化水平来看，城乡之间的融合发展显得尤为重要，乡村不仅仅是需要“反哺”的短板，也要成为高质量发展的生力军。苏北地区在“十三五”期间致力于乡村人居环境的提升和设施配套的完善，普遍提高了农村居民的生活质量。进入“十四五”之际，苏北应该将乡村振兴作为核心任务，也是把握大势、顺应大势的必然之举，有必要、有能力探索出一条乡村振兴之路，破解这一历史命题。

解决“三农”问题，通过“城市反哺乡村”的“输血”工作非常重要，但是培育乡村自身的“造血”机能更加迫切，习近平总书记提出“让农业成为有奔头的产业”，希望通过“产业兴旺”来增加乡村的“造血”机能。特色田园乡村建设从基本面、提升面和突破点工作同时入手，在乡村空间品质提升、设施配套完善、体制机制创新和乡村治理健全等多方面进行探索，建立乡村“造血”机能，探索“三农”问题解决路径。

二、对策建议

1. 以土地制度改革为契机，为农村新业态的发展腾空间

深化农村土地制度改革，建立健全土地要素城乡平等交换机制，加快释放农村土地制度改革红利，把土地增值收益这块“蛋糕”切出更大的部分用于支持乡村建设；在保证总耕地面积不变的前提下，鼓励土地置换，改进耕地占补平衡管理办法，按照新增耕地指标和城乡建设用地增减挂钩节余指标进行跨地区调剂，积极推进土地确权和土地综合整治，为农业设施用地、集体经营用地提供空间，加快推进土地和宅基地的三权分置改革，通过城乡规划和土地利用规划等“多规合一”优化空间资源配置，为特色田园乡村新产业新业态的发展提供支持，从而开创农业农村发展新局面，推动江苏乡村振兴走在全国前列。

2. 以区域协同规划为统领，实现乡村产业布局差异化

随着特色田园乡村试点范围的进一步扩大，如何保证特色是个大问题，各地要进行区域协同规划，因地制宜，合理调整发展侧重点，在产业定位上要注意差异化，防止区域内部的同质化恶性竞争，坚持走农业农村高质量发展之路。在村庄规划和产业规划方面要体现以农为本，没有农业的村庄不能叫作农村，缺少乡民的村庄也不能叫乡村。要遵循乡村发展规律，警惕那种把村民全部搬迁出来集中搞旅游和商业开发的做法，要结合农业供给侧结构性改革的目标，花大力气在涉农的特色产业上做文章，然后在此基础上进行三产融合发展。按照“四化同步”理念，引进农产品深加工企业，通过产业链延伸来提高农产品附加值，同时在都市圈辐射范围内适度发展休闲农业和乡村旅游，形成工农互促、城乡互补、全面融合、共同繁荣的新型工农城乡关系。

3. 以特色产业培育为依托，探索乡村精准扶贫新路径

乡村振兴要抓重点、补短板、强弱项，因此特色田园乡村建设要与农村扶贫攻坚任务相结合，在特色田园乡村建设试点中进一步加大对贫困村的倾斜力度，对其进行特色产业培育和专项资金支持。同时，引导社会资本参与脱贫攻坚，既要做到老特色的“有中出新”，也要做到新特色的“无中生有”，着力推动贫困村的特色产业发展，通过产业振兴进行精准扶贫，激活贫困村发展的内生动力。另外，调研发现苏北地区农村以分散居住为主，整体居住条件较差，同时也不利于土地资源的集约利用和公共服务的集中供给，可以结合特色田园乡村建设，推进苏北地区农村集中居住，塑造具有当地特色的田园建筑，打造苏北地区农房建设的样板工程。在特色田园乡村建设的过程中，要积极探索符合农村实

际情况的工程建设管理制度，提高招投标的审批效率，同时建议将特色田园乡村建设的验收时间从一年延长到三年，为特色产业的培育提供较为充裕的时间保障。

4. 以保护农民利益为前提，构建乡村建设运营管理新模式

在特色田园乡村建设前期试点过程中，各地探索出了不同的模式，这些模式在一定程度上都促进了农村的发展，但各种模式对农民的收益保障存在较大差异。要结合土地确权和三权分置改革，以保护农民利益为前提创新特色田园乡村建设运营管理模式，鼓励农民通过土地和房屋入股、股份合作等多种形式参与特色田园乡村的产业化经营，构建农民和新型经营主体之间的利益联结机制和长期合作分红机制，使得农民、村集体和市场主体都能够从特色田园乡村建设中获得长期收益，调动各方参与的积极性和主动性。

5. 以创新创业优惠政策为导向，吸引各类人才回流乡村

乡村振兴，人才是魂，要加大对返乡下乡人员创业创新的政策扶持力度，支持返乡下乡人员通过承包、租赁、入股、合作等多种形式创办新型农业经营主体，鼓励返乡下乡人员组建创业团队，与其他经营主体合作组建现代企业、企业集团或产业联盟。减少农村创业创新审批事项，并给予新创企业一定的税收减免，各类涉农财政支农项目和产业基金尽可能将符合条件的返乡下乡人员纳入扶持范围。对返乡下乡大学生自主创业的，给予一定的创业补贴和资金扶持，积极探索创业培训与技能培训、创业培训与特色产业培育相结合的培训方式，提高创业创新成功率，同时完善返乡下乡人员的社会保障政策，解决其后顾之忧。

6. 以农民满意为根本，打造共建共治共享的乡村治理新格局

完善特色田园乡村建设的考核标准，避免建设当中重硬件轻软件的趋向，以农民满意为根本，引入第三方机构定期进行村民满意度测评，调查村民在乡村建设过程中的幸福感、获得感和安全感。在特色田园乡村治理过程中，既要充分发挥基层党组织的作用，以党的领导统揽全局，还要积极推动村民自治，培育富有地方特色和时代精神的新乡贤文化。通过文化振兴和组织振兴推动乡村振兴战略，组建村民自治理事会、村民自治监事会等机构来进行村民日常事务自决，发挥其在乡村治理中的积极作用，打造共建共治共享的乡村治理新格局。

总而言之，江苏苏北推进特色田园乡村具备“天时、地利、人和”。响应国家乡村振兴战略要求，积极探索“三农”解决之路，此为“天时”；顺应城乡发展规律

和江苏特点，由易到难稳步推进乡村建设发展，此为“地利”；回应乡村价值凸显和村民发展实际需求，此为“人和”。当然，苏南、苏中、苏北乡村发展还存在较大的差异性，各地区面临的机遇和挑战也各不相同，特色田园乡村推进需要积极思考创新、扎实稳步推进，才能形成各具特色的经验与模式，对其他乡村的发展起到示范引领作用。

[附] 江苏先后推出的三批特色田园乡村试点名单

一、首批特色田园乡村建设试点村庄

南京市——江宁区：谷里街道张溪社区徐家院、林陵街道元山社区观音殿、湖熟街道和平社区钱家渡、东山街道余村社区王家；高淳区：东坝镇游子山村小茅山脚、东坝镇青山村垄上。

无锡市——惠山区：阳山镇桃园村冯巷、阳山镇桃源村前寺舍、阳山镇阳山村朱村。

徐州市——邳州市：官湖镇授贤村；铜山区：伊庄镇倪园村倪园。

常州市——溧阳市：溧城镇八字桥村礼诗圩、上兴镇余巷村牛马塘、别桥镇塘马村塘、戴埠镇戴南村杨家村；武进区：雪堰镇城西回民村陡门塘。

苏州市——吴中区：临湖镇灵湖村黄墅；昆山市：张浦镇金华村北华翔、周庄镇祁浜村三株浜、锦溪镇朱浜村祝家甸；吴江区：震泽镇众安桥村谢家路。

南通市——如皋市：如皋工业园区（如城街道）顾庄社区顾家庄、如皋工业园区（如城街道）大明社区大镠马、如皋工业园区（如城街道）钱长村夏家庄。

连云港市——赣榆区：黑林镇芦山村小芦山、班庄镇前集村前集；灌南县：李集乡新民村新民。

淮安市——金湖县：塔集镇高桥村黄庄。

盐城市——东台市：三仓镇兰址村、三仓镇联南村、三仓镇官苴村。

扬州市——广陵区：沙头镇沙头村；仪征市：月塘镇四庄村。

镇江市——丹徒区：世业镇世业村还青洲、世业镇世业村永茂圩、世业镇先锋村一组。

泰州市——兴化市：缸顾乡东罗村东罗、海南镇刘泽村、陈堡镇唐庄村唐堡；姜堰区：桥头镇小杨村；泰兴市：黄桥镇祁巷村祁家庄。

宿迁市——泗阳县：新袁镇三岔村、新袁镇灯笼湖村堆上组、卢集镇郝桥村时杨组；宿豫区：新庄镇振友村。

二、第二批试点村庄名单

南京市——江宁区:淳化街道青龙社区东龙;高淳区:东坝镇游子山村大仁凹;溧水区:白马镇石头寨村李巷。

徐州市——贾汪区:潘安湖街道马庄村马庄;邳州市:铁富镇姚庄村姚庄、港上镇北西村北西;沛县:张寨镇陈油坊村陈油坊。

常州市——新北区:西夏墅镇梅林村龙王庙;溧阳市:上黄镇浒西村南山后。

苏州市——吴中区:横泾街道上林村东林渡、东山镇杨湾村西巷;常熟市:支塘镇蒋巷村蒋巷。

连云港市——赣榆区:班庄镇前集村前集;灌云县:伊山镇川星村周庄、杨集镇小乔圩村刘庄。

淮安市——盱眙县:旧铺镇茶场一队四组。

盐城市——东台市:五烈镇甘港村甘港中心村,新街镇方东村1、2、3、5、7组。

镇江市——句容市:茅山风景区管委会李塔村陈庄、天王镇唐陵村东三棚。

泰州市——姜堰区:溱潼镇湖南村湖南、沈高镇河横村河横;兴化市:大垛镇管阮村管阮、新垛镇施家桥施家。

宿迁市——泗阳县:卢集镇薛嘴村薛嘴。

三、第三批试点村庄名单

南京市——江宁区:汤山街道阜庄社区石地、禄口街道溧塘社区铜山端;浦口区:星甸街道后圩社区后圩;高淳区:漆桥镇茅山村胡家坝、固城镇游山村陈村、固城镇游山村邢家村;溧水区:晶桥镇水晶村水晶;六合区:程桥街道金庄社区肖王盛。

无锡市——锡山区:鹅湖镇鹅湖村摇塘圩(含蒋塘坝、北荡角小组);锡北镇周家阁村周家堂(含庄里、沈家巷小组);江阴市:顾山镇红豆村红豆树坞;宜兴市:太华镇乾元村乾元、张渚镇南门村新征村、西渚镇白塔村薛家桥。

徐州市——铜山区:汉王镇汉王村紫山;经济技术开发区:徐庄镇山黄村圣人窝;贾汪区:茱萸山街道才沃村独湖;丰县:大沙河镇二坝村西陈庄;沛县:大屯街道安庄村挖工庄;睢宁县:魏集镇湖畔槐园,王集镇洪山村鲤鱼山庄、凤虎山庄;新沂市:高流镇老范村范南。

常州市——天宁区：郑陆镇查家村查家湾；新北区：西夏墅镇东南村大薛家、韩村，西夏墅镇梅林村夏家村；金坛区：薛埠镇仙姑村仙姑；溧阳市：竹箦镇陆笪村陆笪。

苏州市——吴中区：甪直镇湖浜村田肚浜；吴江区：同里镇北联村洋溢港；高新区：通安镇树山村树山；相城区：黄埭镇冯梦龙村冯埂上；昆山市：千灯镇歇马桥村歇马桥；常熟市：常福街道中泾村汤巷。

南通市——通州区：东社镇东平村东平；如皋市：城北街道平园池村藕池庄、长江镇田王村王家庄；海门市：常乐镇颐生村颐生。

连云港市——连云区：高公岛街道黄窝村黄窝；经济技术开发区：朝阳街道韩李村韩李；海州区：浦南镇太平村太平。

淮安市——涟水县：高沟镇扁担村一组、二组、五组、七组、八组；黄营乡朱桥村朱桥河边、汤马、南庄、前进。

盐城市——大丰区：大中镇恒北村2号村庄；盐都区：大冈镇佳富村朱杨庄；建湖县：恒济镇建河村谢庄、范庄、小俞庄；射阳县：特庸镇王村村五组。

扬州市——邗江区：方巷镇沿湖村沿湖；仪征市：枣林湾旅游度假区管理办公室长山村头王村、马集镇合心村丁三魏；高邮市：菱塘回族乡清真村清真；宝应县：柳堡镇团庄村团庄。

镇江市——丹徒区：上党镇上会村东宝庄、毛家榨；扬中市：八桥镇利民村六圩埭；丹阳市：延陵镇柳茹村柳茹、延陵镇九里村九里；句容市：茅山镇丁庄村丁庄、后白镇西冯村西冯。

泰州市——高港区：许庄街道蔡庄村蔡庄；姜堰区：淤溪镇周庄村周庄；兴化市：千垛镇徐圩村圩岸；泰兴市：曲霞镇印达村印达；靖江市：新桥镇德胜村王家湾、弯刀圩、新义圩、义新圩、倪家圩。

宿迁市——宿豫区：曹集乡双河村双河、顺河街道林苗圃居林苗圃；沭阳县：新河镇双荡村山荡、庙头镇聚贤村仲楼。

参考文献

[1] 常江，朱冬冬，冯姗姗. 德国村庄更新及其对我国新农村建设的借鉴意义[J]. 建筑学报，2006(11)：71-73.

[2] 陈东湘. 国外及我国台湾地区的乡村建设评述[J]. 科技经济市场，2009(11)：85-86.

[3] 韩冬青. 市场营销风险在农业企业技术创新中的分析[J]. 农民致富之

友,2018(7):223.

[4] 胡文丽.新媒体如何塑造农村社会新生活[J].传媒论坛,2018(5):64.

[5] 黄如中.关于推进美丽乡村建设的思考:以江苏省宝应县为例[J].现代经济信息,2018(17):487-488.

[6] 黄杉,武前波,潘聪林.国外乡村发展经验与浙江省“美丽乡村”建设探析[J].华中建筑,2013(5):144-149.

[7] 刘海健.人类学视野下的特色田园乡村发展进路[J].安徽农业科学,2018,46(32):106-108.

[8] 路璐.城镇化进程中农村受众新媒体消费研究:基于一项江苏农村的实证调查[J].视听界,2013(5):57-62.

[9] 彭翀员.乡村田园综合体的实现策略[J].管理观察,2018(18):80-81.

[10] 庹永.从马克思的世界历史视角看社会主义新农村建设[J].知识经济,2009(6):53-54.

[11] 汪晓春,张伟.浅议特色田园乡村内涵、背景及特点[J].小城镇建设,2018,36(10):5-12.

[12] 王卫星.美丽乡村建设:现状与对策[J].华中师范大学学报(人文社会科学版),2014,53(1):1-6.

[13] 王伟强,丁国胜.中国乡村建设实践的历史演进[J].时代建筑,2015(3):28-31.

[14] 魏依林,邵超峰.国际典型地区美丽乡村建设经验分析及启示[J].可持续发展,2016,6(3):189-195.

[15] 熊诗韵.新媒体视野下当代大学生思想政治教育研究[J].湖北开放职业学院学报,2019,32(1):112-113.

[16] 闫朋辉.浅析新媒体如何有效参与乡村治理[J].新闻研究导刊,2018,9(17):24-25.

[17] 闫一川,董金玲,龚志成.徐州特色田园乡村建设现状及发展路径研究[J].金融经济,2019(8):39-41.

[18] 颜毓洁,任学文.日本造村运动对我国新农村建设的启示[J].现代农业,2013(6):68-69.

[19] 袁艳华,朱跃华,王晶,等.国内外乡村建设分析及其对特色田园乡村建设的启示[J].改革与开放,2018(21):85-89.

[20] 张家莉,孔金.新型城镇化背景下的美丽乡村建设策略研究[J].滁州

职业技术学院学报,2018,17(3):36-38.

[21] 张杰丽.新媒体视域下乡村文化的传播与发展[J].新闻研究导刊,2018,9(15):26-27.

[22] 张金歌.基于田园思想的美丽乡村建设思考[J].文化创新比较研究,2018,2(29):43-44.

[23] 张敏.创新生态系统视角下特色小镇演化研究[D].苏州:苏州大学,2018.

[24] 赵金波.扎实推进特色田园乡村建设 积极探索乡村复兴江苏路径[J].改革与开放,2017(24):74-75.

[25] 郑芳,饶传坤.日韩农村建设的比较与借鉴[C]//规划创新:2010中国城市规划年会论文集.重庆,2010:2658-2663.

[26] 周书全.建设特色田园乡村 探索乡村振兴路径[J].江苏农村经济,2018(7):55-56.

[27] 周逸先,宋恩荣.中国乡村建设运动及其历史启示[J].河北师范大学学报(教育科学版),2006,8(2):18-23.

[28] 邹甜.公共政策导向下特色小镇差异化构建策略研究:以环巢湖地区特色小镇建设为例[D].合肥:安徽建筑大学,2018.

乡村振兴战略下苏北田园综合体与养老产业的对接融合

主持人:杨文秀(盐城市委党校科研处)
课题组:袁　安　何彬斌　张小林　吉颖晨

内容提要:在人口老龄化背景下,养老产业的供求市场越来越大。党的十九大报告提出乡村振兴战略和健康中国战略,面对我国人口老龄化严峻形势以及城乡不平衡发展问题,田园综合体建设在国内掀起热潮,这对我国实现美好生活有着重要意义。本研究基于田园综合体和乡村养老融合发展的必要性,基于现阶段存在问题,对实现田园综合体和乡村养老融合发展进行路径优化,以期对苏北田园综合体的养老产业发展提供借鉴意义。

第一节　引　　言

习近平总书记在党的十九大报告中指出:中国特色社会主义进入新时代,我国社会主要矛盾已经转化为人民日益增长的美好生活需要和不平衡不充分的发展之间的矛盾。老有所养是美好生活的一个重要组成部分,城乡协调发展是实现人民美好生活的基础。为实现美好生活这一目标,党的十九大报告一方面提出实施健康中国战略,积极应对人口老龄化,构建养老、孝老、敬老政策体系和社会环境,推进医养结合,加快老龄事业和产业发展;另一方面也提出了乡村振兴战略和精准扶贫系列措施,改善我国在工业化进程中城市和乡村发展不均衡问题,改变城市对农村的虹吸效应而导致的城市人口密集、农村空心化现状。

田园综合体是乡村振兴战略下发展农村经济、实现城市与乡村互动融合的社区生活方式与商业运作模式,是在美丽乡村、特色小镇和现代农庄建设成果基础上的乡村发展 4.0 版，是以企业和地方合作的方式，通过挖掘乡村自身文化、生态和劳动力资源，在乡村社会进行大范围整体、综合的规划、开发、运营所形成的“农业＋文旅＋社区”综合体。这种“农业＋文旅＋社区”的综合发展模式，既可以缓解城市居民旅居养老资源的不足问题，又可以成为带动城乡融合、实现乡村振兴的新路径。

2017 年底，江苏省 60 周岁以上老年人口达到 1 756.21 万，占户籍人口的 22.51%，比全国高 5.21 个百分点；65 周岁以上老年人口 1 199.9 万，占比 15.38%，比全国高 3.98 个百分点。江苏老龄化率仅次于上海、北京，居全国第三，是老龄化程度最高的省份。国际人口学会定义：65 岁以上老年人口比例超过 14%，或 60 岁以上人口比例达到 20%，就是“深度老龄化”。按这一标准，江苏已进入深度老龄化社会。苏北由于人口一直净流出的因素，人口老龄化情况比苏南地区严重很多，可以说苏北地区的养老消费需求非常大，但是，日益增长的养老需求却遭遇优质养老产品供给不足的现实。城市老年群体希望在乡村旅居养老中体验到农耕文化元素，而苏北现有的农家乐、民宿客栈、生态农庄等休闲度假产品结构单一、功能雷同，缺乏针对中老年群体的体验设计，无法满足城市中高端收入群体的养老消费需求。顺应城市居民养老消费结构升级的现状，乡村旅游需要积极转变思路，进行乡村旅游产品供给侧改革，围绕消费者需求调整现有乡村旅游产品结构，真正形成结构合理、保障有力的旅游和养老有效供给体系，从根本上解决养老产品结构性矛盾。

田园综合体可以作为旅居养老的一种高端形式。2017 年中央一号文件中明确提出了田园综合体的概念和大力发展富有乡村特色的养生养老基地的要求。与政府引导、村民参与提升的新农村建设模式不同，田园综合体的发展模式可谓独树一帜。尽管是以市场主体的身份参与建设，但是田园综合体并不是一个单一的项目，综合体本身就是在参与新城镇建设、美丽乡村建设，把乡村的基础设施发展起来，把生态打造起来，为一、二、三产业融合提供新的思路。从这个角度说，田园综合体是契合城乡一体化发展的历史产物。在沿海经济发达地区，新农村新农业新城镇建设探索的步伐也在不断加快，新的样本和模式不断涌现，一种城乡互动新格局正在逐步确立。田园综合体为城乡的互动格局搭建了新的模型。

田园综合体是国家在实施乡村振兴战略过程中，融合乡村农业和休闲度假为一体的一种新模式，其宜业、宜居和宜家的定位，使之成为城市居民旅居养老的一种新选择。但是，在乡村田园旅居养老发展过程中，也出现了供需不平衡、市场定位错位、医疗和土地配套政策滞后等问题。本课题通过设计调查问卷进行调研，分析乡土文化内涵、资源配置方式、旅游营销方式和田园综合体与城市中高端养老产业融合之间的关系并得出政策建议。深化养老医疗体制改革、扩大异地医疗结算制度、完善土地配套政策，是田园综合体与中高端旅居养老产业融合的政策保障；借助田园综合体实现城镇居民旅居养老和乡村居民就业增收，是打好精准脱贫攻坚战、实现乡村振兴战略的新路径。养老产业和乡村旅游都是国家未来重点打造的民生产业。顺应民生和市场需求，优化创新旅居养老的形式，合理利用国家政策是实现养老经济与田园综合体等融合对接的基本思路。

第二节　文献综述

一、关于田园综合体的研究综述

“田园综合体”概念在国外并无出现，最为著名的是 Ebenezer Howard（埃比尼泽·霍华德）(1898)提出的“田园城市”理论，该理论核心在于优美的乡村环境与热闹的城市生活相融合。其余研究集中于乡村旅游，20 世纪 70 年代欧洲发达国家在农村地区兴起了一种欣赏当地风光、体验农作和当地生活的活动，称为乡村旅游。由于乡村旅游对农村经济发展具有显著的推动作用，因此得到各国青睐，在东亚和东南亚以“农业观光旅游”所熟知。1994 年，欧盟和世界经济合作与发展组织首次对乡村旅游进行界定，一切在乡村地区发生的旅游活动和行为都是乡村旅游，其核心在于彰显“乡村”。Inskeep(1991)认为农业旅游、农庄旅游以及乡村旅游代表的含义一致。Briedenhann and Wickens(2004)提出乡村旅游不仅可以促进当地经济，还有助于提升当地生活质量，因此乡村旅游可使得居民增强协作能力，从而促进旅游项目发展。Deller(2010)以1990—2000 美国乡村地区的贫困率变化数据，深入说明乡村旅游的经济促进功能。Nielsen(2010)对乡村旅游发生后的文化趋势进行分析，Kneafsey(2001)认为乡村旅游促进经济发展不止物质经济，更是一种文化经济，因此应该加大当地特色文化保护。

2017 年中央一号文件提出要支持田园综合体试点示范工作，在此背景下，国内学界对其进行了探析，主要集中于以下几方面。一是内涵界定，张梓墨(2017)提出田园综合体要体现以农民为主，充分调动农民的参与性，且发展产业时既要有创意还要体现可持续发展。丁歆(2016)提出田园综合体的发展基础是生态农业和旅游综合体,是农村旅游发展的新模式。张诚和徐心怡(2017)以新田园主义理论为背景,指出田园综合体是发展新型城镇化的一种新模式,既可以推动旅游业发展,也能促进城乡一体化进程。二是建设理论研究,于小琴(2016)认为田园综合体要将农业、工业和服务业有机组合;孤鹜(2017)提出田园综合体是集产业、文化、旅游和地产于一体的综合发展模型,一方面要充分利用现代技术,加强基础设施建设;另一方面要重视品牌打造,以文化为核心,打造有特色的旅游产品和服务。

二、关于乡村生态养老的研究综述

国外对乡村生态养老的研究方向主要是旅游养老。最早以 Warnes(1991)为代表对老年人的旅游经历进行研究;Kim 等(2003)以西澳 200 名老年游客为研究对象,通过人工神经网络模型分析老年决策影响因素;有学者对老年人移居养老的影响因素进行研究;Haug(2007)以连续性模型研究发现,旅居养老是观光旅游和迁徙的中点节点,能够同时向二者切换;Warnes(2006)认为旅游养老既有助于当地经济发展,又不会产生就业挤出,因此是区域经济发展的重要战略。

国内研究乡村养老的起步较晚,主要集中于需求和模式研究。王玉(2007)认为在面对人口老龄化加剧的形势下,由于子女负担和空巢化的现象,传统的居家养老、机构养老以及社区养老都有局限性,而生态养老能够打破这种局限。苏乃坤(2013)认为养老养生产业由第一、二、三产业派生出来的综合产业,能够促进产业结构优化升级。李甜甜、姜辽(2016)从各方面分析发现生态养老具有广阔的前景,养老旅游将会成为新的市场发展方向,有助于社会性养老需求解决。谭志蓉(2017)认为农业休闲结构简单化、低层次旅游产品和服务同质化、养老设计项目无对象性,因此生态养老是休闲农业市场多样性发展的需求。

综上所述,国外学者集中于乡村旅游和旅游养老的研究,一致认为二者都能推动当地经济发展;国内学者从不同角度从田园综合体和乡村养老进行研究,具有丰富的理论指导意义,但是还存在以下不足:一是国内外学者都很少对田园综合体和乡村养老的融合发展机制进行研究;二是很少有学者对两者对接的必要性进行阐述。因此本研究从乡村振兴战略下田园综合体和乡村养老融合发展的必要性出发,以共同促进当地经济发展和解决社会需求为目标对两者融合发展路径进行优化,提出相应的对策建议。

第三节 乡村田园旅游与养老产业对接的矛盾

在国家各种政策的支持推动下，乡村农家乐、田园民宿和农业生态园等形式的乡村旅游资源日益丰富。但是，这些乡村旅游产品结构单一、功能雷同、整体质量不高，造成乡村旅游产品需求淡旺季落差过大。许多苏北乡村旅游企业要么转型做地产或农场；要么入不敷出，挣扎在倒闭边缘。而城镇许多低龄老人，却在为改善自己的老年生活质量，为寻求一处放松身心的养老之地而苦苦寻觅。这种情况导致当前乡村旅游需求和供应两旺但对接不力的尴尬现状。

一、乡村旅游资源供给与城市养老需求的矛盾

（1）现有苏北乡村旅游服务标准与旅居养老需求不符。乡村旅游经营者多为当地居民，服务接待人员也以家庭成员为主，往往缺乏基本的服务技能和先进的管理经验，服务意识淡薄、安全意识欠缺、管理漏洞较多，与规范化、标准化的旅游接待水平存在较大差距。同时，乡村民宿受投入资金限制，大多配套设施标准较低，达不到商业住宿中消防、卫生和治安标准；房间缺乏专业的洗涤和消毒设施，厕所简陋脏乱，生活垃圾和生活污水随意排放；住宿登记不与公安部门联网。这些情况对于那些停留时间较长的旅居养老客人来说是不能容忍的。

（2）现有乡村旅游产品缺乏文化内涵，无法满足旅居养老者的精神需求。现有苏北乡村旅游投资建设多处于自发状态，缺乏历史文化元素的设计和植入；相互模仿和抄袭的现象严重，停留在“吃农家饭、摘农家果、做农家事、住农家屋”的“农家四套路”上。这种简单的经营方式不适合那些见多识广的城市旅居养老消费者，从而很难形成乡村旅居养老品牌。

（3）现有乡村旅游营销理念与旅居养老者旅居目的地选择习惯不符。现有的苏北乡村旅游大多严重依赖旅游景区或旅游目的地城市的客源供给，没有自己独立的细分市场。在营销渠道上主要依靠旅行社团队营销平台，这就会造成旺季一房难求、淡季大片闲置的问题。而旅游养老群体一般不会借助旅行社来选择旅居目的地，大多会借鉴自己已有的认知或亲友们的推荐。

二、乡村田园休闲旅游定位与城市居民旅居养老需求错位

当前乡村旅游定位为观光休闲旅游，在其经营过程中，希望能最大程度地吸引客源、拉动人气，创造一种热闹的气氛，以获得更好的经营效益。养生养老

则希望闹中取静、动静分离。养生养老与乡村旅游的功能定位既有重合，又有不同，两者都希望在日常生活中有一定的旅客流量来提升人气。但是，旅居养老群体更希望看着别人热闹，而自己适度参与；既希望大部分时间能安静地享受自己的田园时光，又能在节假日看到自己的家人，享受天伦之乐。然而，目前苏北乡村旅游企业在经营过程中，还是将大部分精力放在休闲娱乐方面，缺乏亲子主题和养老功能板块的统筹设计。在空间布局上很少做到区域隔离、动静分离。在房屋的建筑风格上很少考虑不同职业背景和情趣的养老客户对装饰风格与文化元素的不同喜好，缺乏对养老人群在房屋租金方面不同承受能力的调查，导致旅游功能定位错位和偏离。

三、养老医疗需求和乡村医疗服务不匹配

基于生理和心理的需求，养老群体大都希望养老场所有比较好的医疗配套，或者就医比较方便。但是，当前城市与农村医疗资源分配不均，乡村医院医疗水平和设备都还有待于提升。而乡村旅游资源一般偏离城市，难以保证较高的医疗服务能力。同时，当前异地医疗保险联合结算还有待深化，一些乡镇医院仍没有纳入异地就医结算体系，这给异地养老带来许多障碍。

四、养老规划用地标准与田园综合体用地需求存在矛盾

与农家乐养老利用农村现有住宅资源进行养老居住而不需考虑土地问题不同，田园综合体是对乡村土地的综合开发利用，要满足旅居功能，必然涉及土地问题。按照《城市用地分类与规划建设用地标准》(GB 50137—2011)，乡村旅游用地一概不能改变当前土地性质，基本上不能硬化处理，旅游用地最高年限为 40 年。养老产业用地参照 2014 年 4 月国土资源部下发的《养老服务设施用地指导意见》，其中对养老服务设施用地进行了极其严格的规定：土地使用规模方面，单一的养老护理机构用地最大不超过 3 公顷，医养结合的最大不超过 5 公顷。养老服务设施用地最高使用年限为 50 年，不能分割转让。乡村田园综合体作为一种旅游业态，需要大面积的土地资源，才能实现其旅游功能和展现其旅游主题。而作为医养养老用地其上限为 5 公顷，这种规模又很难满足旅游功能。这些情况都提高了在乡村田园综合体中开展养生养老的成本。

第四节 田园综合体与高端旅居养老产业的融合对策

苏北乡村田园旅游现有资源与城市高端旅居养老需求之间的矛盾，需通过建立一种新的乡村旅游模式来解决。田园综合体虽然在定位上与城市居民旅居养老需求相匹配，但是其在发展过程中，也需要按照旅居养老客户的特点和需求设计相应的功能和产品，真正做到功能布局的综合性、市场对接的融合性、政策利用的充分性。

一、优化资源结构，平衡供需矛盾

1. 引入地产，对接旅居养老市场需求

要做到与市场需求对接，首先就应在田园综合体中实现住宿条件满足城镇居民旅居养老的主要需求。国家在《关于开展田园综合体建设试点工作的通知》中，只是提出了田园综合体的总体建设理念，没有对田园综合体中土地的开发结构进行详细的规定和阐述。随后，许多学者对田园综合体建设框架展开了不同阐述，提出“农业＋文旅＋地产”主体架构，并阐述了“五区”建设，即农业产业区、生活居住区、文化景观区、休闲聚集区和综合服务区。一方面，这种架构与田园综合体的以农业为核心功能一致；另一方面，也明确提出了田园综合体布局地产和生活居住区的观点。田园综合体突出了地产板块功能和旅居功能，产业定位也提升到文化旅游层面，这与城市居民对田园旅居的要求不谋而合。这些位于田园综合体中且交通方便、绿色和特色明显的住宅建筑可以有效满足城镇中高端收入居民的旅居养老需求。据江苏省旅游统计调查显示，苏锡常（苏州、无锡和常州）3 个城市中有 78％的老人愿意去附近建设比较完善的田园综合体旅居养老，并希望这些田园综合体不仅拥有亲子娱乐区，而且是具有民宿或分时度假性质的住宅或别墅。因此，在田园综合体开发过程中，结合养老产业，通过整体的装修设计，植入养老地产板块，是融合城市居民养老需求的必然趋势。

2. 增加商业模式，对接旅游养老者多层次需求

那些计划乡村旅居养老的城镇老人，一方面有社会保障体系下固定的退休金和自身一定的积蓄，另一方面还有子女的全力支持，他们希望在乡村旅居过程中既能体验田园风光，也能享受到类似“城市综合体”中的便利。田园综合体是集农业产业区、生活居住区、文化景观区、休闲聚集区、综合服务区“多元化”

功能于一体的模式,这种“乡村多元化”功能布局与城镇旅居养老的“综合需求”相适应。针对这部分城镇旅居养老群体,田园综合体在进行建设构建时,可以在“五区”建设中融入他们的旅居养老需求:① 打造生态农业产业区。开展农业体验和农业科普活动,营造返璞归真的田园气氛,这既是田园综合体的核心定位,也是满足旅居养老者的吸引核。② 建设文化景观区。为吸引城镇养生养老人群,必须提升田园综合体后期土地价值和旅居养老群体的精神体验层次。③ 构建生活居住区。在田园综合体中引入住宅地产,这一方面是田园综合体开发企业盈利的核心,另一方面也是旅居养老者安居的基础。④ 完善休闲聚集区。通过在田园综合体中引入主题建筑、街区及亲子园等来丰富旅居养老者的休闲体验需求。⑤ 丰富综合服务区。综合区更像一个社区,包括美食、日用品、医疗、安保、物业等商业功能。这些功能既是构建田园综合体的需要,也是旅居养老者的需要。

二、科学设计田园综合体的功能区域

1. 实现养生养老与休闲度假的融合

田园综合体虽然定位为高端的乡村旅游形式,但是也属于周末观光旅游,工作日游客不多,周末人满为患。养老旅居这种融合养老功能和休闲功能于一体的方式,可以对冲这种旅游的峰谷不平衡。休闲功能完备的田园综合体,一方面能满足老年城市居民身归故里、情归田园的中国传统文化情结;另一方面也能满足城市居民周末举家体验田园生活的愿望。旅居老人在工作日旅居田园综合体中,周末家人、亲友前来探访游玩,一方面在乡村田园体验农事,另一方面带领孩子在亲子乐园享受天伦之乐。这种旅居养老形式把养生养老与休闲度假自然地融合起来,缓解了乡村旅游的季节落差,保证了田园综合体的日常基本游客量。

2. 实现“知识下乡”与农民市民化的融合

田园综合体形式为产业融合提供了契机。在田园旅居养老的过程中,农村的产业形态实现了从农业向休闲养老服务经济的转变,从自然经济向商品经济的转变,从单一的一产向一产与三产融合的转变,包括独立创业的转变,这与国家对田园综合体的发展初衷相一致。农民参与保姆、保洁、餐饮等养老服务获取薪酬。如果农民将自己的部分土地经营权和使用权转让给田园综合体企业,还可以每年获得土地使用权转让分红;一些住宅条件好的农户还可以与田园综合体合作,将自己的宅院作价入股投资田园综合体企业,与其共同经营,获得股权分红。因此，当地村民既可以获得宅院租金、劳务薪酬与股利分红，也可以实现“转型不离农、离农不离乡”的就地职业转型。

城乡文化融合还是乡村旅居养老产品持续健康发展的另一个关键。田园综合体旅居养老模式中会出现一种新时代下的“知识下乡”，那些有一技之长的养老者通过举办一些绘画、医疗、声乐讲座或演出活动，为乡村增添旅游和娱乐项目，密切城乡和乡邻关系。这种城区市民的旅居养老，不仅可以增进城市旅居养老者与乡村居民的相互了解，还可以深层次地弥合历史形成的城乡鸿沟。

三、顺应需求、供给侧改革

1. 产业链融合，供应渠道改革

在“互联网＋”与“旅游＋”的大背景下，乡村旅居养老要想做强，只有整合产业链条，整合线上线下资源，变革供应方式。首先，拓宽乡村旅游产业链，不仅供应住宿、农家餐饮，还可以增加对购物、休闲、文化、娱乐、康体、医疗等环节供给的投入，增加交通、照明、卫生等乡村旅游配套基础设施的投入，提升乡村旅游产品的品质，优化延伸乡村旅游产业链。其次，加速布局在线业务。现在许多乡村旅游企业还是守株待兔，缺乏与时俱进的营销手段。结合当前国家城乡智能化建设，运用多种在线传播媒体，可以对田园综合体旅游产品进行整体形象的策划、包装和推广。

2. 企业联合，供应模式改革

田园综合体中的养老模式应该是一种中短期的旅居养老，这就要求养老机构之间相互联合，通过组建养老联合机构，实现异地循环养老模式。所谓异地循环养老是指服务商在一定区域范围内，建立多个连锁养老基地，统一标准、统一品牌，实行会员制，不管会员在哪一个连锁基地都可以得到同样的优质服务，其特点重在提供“一卡在手，处处是家”的服务。因此，田园综合体可以充分利用前期国家在美丽乡村建设中已建好的田园小镇，与其进行联合，开启旅居养老模式。基于田园综合体、特色小镇的各自特点和优势，发展异地循环养老基地总部经济，尤其是在发展比较成熟的城市群，应加快连锁养老基地建设，实现循环养老。

四、深化异地医疗保险结算制度

在异地乡村旅居养老中，旅居养老者最关心的是医疗保险的异地使用问题。政府卫生部门需继续深入推进医疗保险异地合作，鼓励医疗机构连锁经营，解决老年人异地休闲养老的后顾之忧。早在2009年初，长三角地区江苏、浙江、安徽和上海3省1市中就有多个城市医保部门签订了异地结算协议。在协议城市中的居民，只要在自己户口所在城市办理异地转移报备手续，就可以在旅居地医保部门结算报销。紧随其后，2009年底，海南、山西、黑龙江、广东、广西、贵州6省区也签署了异地就医结算合作协议。

在地方政府的探索、发展和实践中，2017年9月，人社部按照“三步走”的程序（备案、选定点、持卡就医），开通了全国联网和跨省异地就医结算工作，国家异地就医结算系统联通各地。凡是符合条件的参保人员跨省异地就医住院费用都可以借助联网系统实现直接结算，不必先自己垫资再回参保地报销。截至2017年9月25日，已全面联通所有统筹地区，覆盖城镇职工、城乡居民各类医保制度，服务异地安置退休、异地长期居住、常驻异地工作和异地转诊四类跨省就医人群，开通了7 226家跨省异地就医住院医疗费用直接结算定点医疗机构。国务院办公厅发布的《关于制定和实施老年人照顾服务项目的意见》中明确要求“加快推进基本医疗保险异地就医结算工作，2017年底前基本实现符合转诊规定的老年人异地就医住院费用直接结算”。这些利好政策为解决一直约束养老发展的瓶颈问题提供了便利。但是，由于城市之间医疗资源的不同，跨省异地就医直接结算并不意味着瓶颈问题的彻底解决。推进跨省异地就医直接结算，主要是为了解决参保就医人员异地就医时碰到的跑腿垫资问题，并不能从根本上解决当前存在的异地就医难问题。田园综合体只有积极改善医疗条件，争取各种医疗政策，才能使异地旅居养老者更安心进行旅居养老。

五、完善相关土地配套政策

田园综合体开发企业要遵循现在的土地管理政策，利用田园综合体发展旅居养老，需要高超的技巧。首先，创新土地开发政策，保障增量，激活存量。通过依法推进土地经营权有序流转，利用田园综合体区域内的现有民宅，构建农村新型养老载体。在坚持农村土地集体所有的前提下，促使承包权和经营权分离，形成所有权、承包权、经营权三权分置，经营权流转的格局。2017年中央一号文件专门强调提出，要完善新增建设用地的保障机制，将年度新增建设用地计划指标确定一定比例，用于支持农村新产业、新业态的发展，允许通过村庄整治、宅基地整理等节约的建设用地，通过入股、联营等方式，重点支持乡村休闲旅游、养老等产业和农村三产融合发展。其次，充分利用田园综合体与养老用地的政策，通过企业联合—分别进行建设用地的申请—联合开发的形式，进行土地的开发和利用，实现建设成本和利润的平衡。最后，政府也要优先安排养老土地利用计划，给那些具有养老功能的田园综合体、特色小镇配套良好的交通、通讯、供电、供水、排水等基础设施，减免税收，为田园旅居养老助力。

第五节 结 论

在日益加剧的人口老龄化趋势和庞大的养老需求下，养老市场规模巨大。"健康养老"上升至国家战略，社会各界都在寻求养老产业的转型和优化。但是，养老产业属于社会公益性质，具有利润薄、周期长的特点，使得单纯的养老产业发展遇到层层阻碍，此种形势下实现养老产业与其他产业融合具有非常现实的意义。田园综合体作为我国乡村振兴战略下提出的重点工作，与健康养老有非常大的契合性。因此，充分利用国家政策，创新养老模式，实现养老经济与田园综合体融合对接是苏北地区加快传统产业转型升级的基本思路，既促进了乡村经济发展，又探索出缓解苏北养老问题的新路子。

参考文献

[1] 埃比尼泽·霍德华. 明日的田园城市[M]. 金经元，译. 北京：商务印书馆，2010.

[2] 陈辰. 近二十年国外乡村旅游研究进展：《Tourism Management》和《Annals of Tourism Research》文献分析[J]. 东南大学学报(哲学社会科学版)，2011，13(S1)：69-73.

[3] 丁宏. 依托"互联网＋"提升江苏智慧健康养老服务供给水平[J]. 唯实，2017(12)：49-51.

[4] 丁歆. 田园综合体乡村景观规划设计发展新模式[J]. 现代装饰(理论)，2016(5)：66.

[5] 方荣辉. 田园综合体建设存在的问题、对策及模式探析[J]. 长沙民政职业技术学院学报，2018，25(4)：59-61.

[6] 龚娜，董潘敏，刘芬. "互联网＋"时代下智慧养老的创新发展[J]. 经济研究导刊，2018(36)：42-43.

[7] 孤鹜. 田园综合体(上)[J]. 湖南农业，2017(4)：10.

[8] 蒋晓岚，孔令刚. 田园综合体发展背景、产业特质及建设模式选择研究：以安徽省为例[J]. 安徽行政学院学报，2018(6)：48-54.

[9] 孔丹丹.区域养老文化产业集聚区探索研究:以皖北地区为例[J].赤峰学院学报(汉文哲学社会科学版),2016,37(12):69-70.
[10] 李会联,崔彩云,曾佳.PPP模式推动养老机构建设供给侧结构性改革的实现路径研究[J].价值工程,2017,36(36):69-72.
[11] 李尚.新时期成都市养老产业发展中若干问题探讨[J].成都行政学院学报,2018(6):89-93.
[12] 李甜甜,姜辽.杭州市老年人休闲活动类型与管理对策[J].当代经济,2016(16):106-107.
[13] 苏乃坤.立足秦岭生态优势发展养老养生产业[J].产业与科技论坛,2013(24):33-34.
[14] 谭志蓉.成都市休闲农业发展研究[J].中国农业资源与区划,2017,38(2):231-236.
[15] 王艳雪.经济新常态下智慧养老服务供给侧改革研究[J].经济研究导刊,2017(34):60-61.
[16] 王玉.旅游养老市场需求与模式分析[J].商业经济,2007(4):106-107.
[17] 王子飞.供给侧结构性改革背景下广东养老服务业发展对策研究[J].特区经济,2017(12):34-37.
[18] 魏玉栋.田园综合体建设要与乡村振兴战略“对好表”[J].人民论坛,2018(35):105.
[19] 温锋华,吕迪.转型期中国养老产业基地系统规划框架初探[J].中国人口·资源与环境,2013,23(S2):484-487.
[20] 杨靖旭,万翠英.推进京津冀协同发展应对地区人口老龄化研究[J].经济研究参考,2018(69):43-46.
[21] 于小琴.规划设计中的“田园综合体”模式[J].中国林业产业,2016(10):280.
[22] 张诚,徐心怡.新田园主义理论在新型城镇化建设中的探索与实践[J].小城镇建设,2017(3):56-61.
[23] 张会君,孙鹤.基于SWOT分析法M机构护理服务价值分析[J].管理世界,2016(9):182-183.
[24] 张郧,吴振华.产业链视角下养老产业发展研究[J].科技进步与对策,2015,32(24):62-64.

[25] 张梓墨. 这个综合体，为什么叫田园？[J]. 中国生态文明，2017(3):86.

[26] BRIEDENHANN J, WICKENS E. Tourism routes as a tool for the economic development of rural areas: vibrant hope or impossible dream? [J]. Tourism management, 2004, 25(1): 71-79.

[27] DELLER S. Rural poverty, tourism and spatia lheterogeneity[J]. Annals of tourism research, 2010, 37(1): 180-205.

[28] HAUG S. Soziales kapital als resource im kontext von migration und integration[J]. Soziale netzwerke und soziale ungleichheit, 2007: 85-111.

[29] INSKEEP E. Tourism planning: an integrated and sustainable development approach[M]. US: Van Nostrand Reinhold, 1991.

[30] KNEAFSEY M. Rural cultural economy: tourism and social relations [J]. Annals of tourism research, 2001, 28(3): 762-783.

[32] KIM J, WEI S, RUYS H. Segmenting the market of West Australian senior tourists using an artificial neural network [J]. Tourism management, 2003, 24(1): 25-34.

[33] NIELSEN N C. Rural tourism development—Localism and cultural change[J]. Tourism management, 2010, 31(5): 693-695.

[34] WARNES A M. Migration to and seasonal residence in Spain of Northern European elderly people[J]. European journal of gerontology, 1991, 1(1): 53-60.

[35] WARNES A M, WILLIAMS A. Older migrants in Europe: a new focus for migration studies [J]. Journal of ethnic and migration studies, 2006, 32(8): 1257-1281.

高铁经济背景下淮安产业体系转型研究

主持人:张璟(苏北发展研究院)
课题组:刘海健　仇桂旦

内容提要:高铁枢纽型经济是指交通枢纽型地区利用交通枢纽的集散效应以及运输通道的极化、连带功能,一方面将各种生产要素在该地区进行交汇,另一方面将该地区的自然资源、半成品、产成品进行扩散,从而大力发展第二、第三产业的经济模式。依托综合交通枢纽建设,发展枢纽型经济,是拓展经济发展新空间、培育经济增长新动力、增创经济发展新优势的重要路径。淮安地处苏北中心,是南下北上、承东启西的重要综合交通枢纽,具备发展枢纽型经济的重要支撑条件。随着苏北重要中心城市的建设,淮安加快构建现代综合交通体系,区域枢纽地位进一步凸显,为淮安发展枢纽型经济、打造经济新的增长极提供了契机。

第一节　绪　　论

一、研究背景

铁路是我国国民经济的大动脉、重大民生工程。我国已经进入高铁时代,根据官方数据,截至2018年底,中国高速铁路营业里程已达2.9万公里,超过全世界总里程的2/3,成为世界上高铁里程最长、运输密度最高、成网运营场景最复杂的国家。根据国家《中长期铁路网规划(2016—2030)》,到2020年,全国高速铁路3万公里,覆盖80%以上的大城市。

苏北铁路建设正全面"提速",江苏高铁网络"三纵四横"中重要的一"横"即徐宿淮盐铁路与另一条沟通苏南苏北的交通"大动脉"连淮扬镇铁路已全线通车。徐宿淮盐铁路、连淮扬镇铁路与未来的淮高铁通车后互联成网，将成为连云港、淮安、盐城、宿迁等市直达南京的最为快捷的高铁出行方式，实现苏北各设区市至南京1.5小时交通圈。

高铁缩短了苏北城市与苏南的空间距离，带来了人流、物流、资金流，城市也能得以进行内部空间布局及产业结构的优化。然而高铁红利绝非普惠制，机遇之下潜藏着挑战。中小城市在高铁开通以后能够加速其与高层级城市的资源与要素流通；有利于承接高层级城市的产业转移，提升经济实力；同时也面临着失去高端产业及服务功能集聚的可能性。高铁机遇绝非普惠制，中小城市既要依靠大城市借力发展，也要警惕自身的优质资源和高端利润被中心城市“虹吸”而去。

淮安是苏北区域重要中心城市，江苏省委书记娄勤俭提出要将淮安要打造成中国东部航空货运枢纽。淮安产业如何借高铁“东风”顺势加速高质量发展，更好地避免“虹吸效应”，是本课题思考和积极应对的重大课题。

二、淮安铁路发展情况

根据《淮安市城市总体规划(2009—2030)年》和《淮安市中长期铁路网规划(2030年)》文件，淮安市铁路规划建设分三阶段：现有铁路、在建铁路及规划铁路。淮安市现有铁路有新长铁路和宿淮铁路。新长铁路是我国铁路网主骨架“八纵八横”之一的沿海通道中的重要组成部分，是一条贯穿江苏南北的干线通道，是连接东北、环渤海和长江三角洲三大经济区域的沿海大通道的组成部分。宿淮铁路位于苏皖两省北部，线路自京沪铁路符离集站南端引出，向东经由安徽省的宿州市、灵璧县、泗县至江苏省，经泗洪县、宿迁市、泗阳县、淮安市至袁北站北端接入新长铁路，是一条以货运为主，兼顾客运的区域性铁路干线。

为了适应淮安市发展规划，强化淮安作为江苏北部交通枢纽的功能，淮安市正构建快速高效的铁路系统，缩短与发达地区的时空距离。被誉为江苏高速铁路网的“脊梁骨”和江苏铁路“金腰带”的连淮扬镇铁路和徐宿淮盐铁路已开通。连淮扬镇铁路是连接苏北、苏中、苏南地区的南北纵向主通道，并具有京沪高速铁路辅助通道的重要功能，在国家铁路网和江苏省综合运输体系中具有重要地位。徐宿淮盐铁路与京沪铁路、陇海铁路、京沪高铁、连淮扬镇铁路、沪通铁路、沿海铁路相连，并与连淮扬镇铁路无缝对接，形成徐宿淮扬镇铁路通道，具有京沪高铁第二通道的重要功能。淮安作为江苏省内重要的交通枢纽城市，对综合交通基础设施产生了更高的需求。

第二节 淮安发展高铁枢纽型经济的机遇

“十三五”时期,淮安积极对接国家新一轮对外开放布局,抓住“一带一路”“长江经济带”“沿海大开发”等机遇,力促沿淮河生态经济带建设上升为国家战略,提出了“东融西拓、南联北接”思路,推动向东向西双向开放、向南向北全面对接,形成东西互济、南北互通、多向开放的新格局。这一系列国家和省级重大经济发展战略向纵深推进,为淮安的经济发展提供了重要机遇,同时也对枢纽型经济发展提出了更高要求。

一、苏北重要中心城市建设机遇

2011 年江苏省委省政府出台了《关于加快淮安苏北重要中心城市建设的意见》(苏发〔2011〕23 号),正式从省域层面确立了把淮安“打造成为辐射周边地区 2 000 万人口的苏北腹地重要中心城市”的发展定位,为淮安新一轮跨越发展创造了难得的机遇。在实现全面建成小康社会和苏北重要中心城市两大发展目标中,交通必须要发挥基础性、先导性作用,予以支撑。当前,淮安紧抓中心城市发展机遇,全面对接南京、徐州、盐城、连云港等周边城市,加强与周边城市相关基础设施衔接,加强区域交通一体化建设,依托快速铁路、公路、机场、干线航道网打造铁路枢纽、公路枢纽、航空枢纽和水运中枢,为淮安建设苏北重要中心城市提供有力支持。

二、融入江苏沿海开发战略机遇

2009 年 6 月 10 日,国务院常务会议通过《江苏沿海地区发展规划》,正式将江苏沿海发展列为国家战略。根据规划,江苏沿海地区发展的定位是立足沿海、依托长三角、服务中西部、面向东北亚,建设我国重要的综合交通枢纽,沿海新型的工业基地,重要的土地后备资源开发区,生态环境优美、人民生活富足的宜居区,成为我国东部地区重要的经济增长极和辐射带动能力强的新亚欧大陆桥东方桥头堡。

促进沿海与周边地区一体化发展是江苏省委省政府着眼“十三五”发展提出的重大战略举措,在省沿海办的关心支持下,淮安全域融入沿海开发战略已被纳入省“十三五”规划纲要,这将为淮安市提供十分难得的发展机遇、开辟更加广阔的发展空间。淮安参与沿海开发的总体目标是把淮安打造成为江苏沿海开发重要增长极、产业合作先行区、新型城镇化示范区，也是淮安枢纽型经济发展的重要战略机遇。当前，淮安进一步强化沿海意识，主动策应、积极参与，以更加开放的胸怀、更加坚定的步伐、更加精准的举措全面融入沿海开发建设发展大潮，在更高平台上参与经济分工与合作，力争在基础设施建设、重大产业布局等方面获得更多合作和支持，这为淮安加快交通设施互联互通，对接江苏沿海港口群，加快实现河湖海联运、海港内移、借港出海等提供了重要机遇。

三、淮河生态经济带上升为国家战略机遇

淮河流域是我国唯一缺少国家层面全流域的整体发展战略的区域，建设淮河生态经济带可以弥补这一空缺，可以实现淮河中下游城市“借港出海”，能有效促进长三角经济带、沿海开发、皖江经济带和中原经济区的有效对接。淮河生态经济带是指地处淮河干流沿线，以追求生态文明与社会经济协同发展，实现淮河上中下游区域协调发展的“走廊型”区域。

2016 年“淮河生态经济带建设”列入国家“十三五”规划纲要，要把淮河流域打造为继珠三角、长三角、环渤海地区之后的第四增长极。在构建理念上，将淮河建设成为连接东、中部地区的黄金通道，贯通上下游“经济流”，形成以淮河为“带”，淮安、蚌埠、信阳为“核”，运河与淮河交汇的物流枢纽淮安、大宗商品储运中转加工交易中心和国际物流枢纽滨海，河南的桐柏、淮滨、安徽的霍邱、颍上、寿县、淮南和江苏的盱眙、阜宁、响水、宝应、滨海、大丰、宿迁为节点的“一带三核两枢纽多节点”的空间开发格局和跨省域生态经济共同体。

该区域涉及的三个核心城市有淮安、蚌埠和信阳，无论从社会经济发展指标还是交通运输基础设施等指标看(根据各市 2015 年国民经济和社会发展统计公报)，淮安具有显著的优势，也就是说淮安在淮河生态经济带建设中将起到引领作用。对于淮河生态经济带整体发展而言，东西向的重要运输通道建设势在必行，此运输通道将与淮安目前的京沪通道和宁连通道相交，进一步凸显了淮安枢纽地位。因此，不论从区位条件还是从地理位置来看，淮安在淮河生态经济带建设中将起引领作用，这给淮安发展枢纽型经济提供了重要的战略机遇。

四、“一带一路”建设和长江经济带战略机遇

长江经济带是中国新一轮改革开放转型实施新区域开放开发战略，而推进“一带一路”建设是中国扩大和深化对外开放的需要。淮安处在江苏北部的地

理中心，可作为淮安对接“一带一路”和“长江经济带”的跳板。

淮安南部有苏南现代化建设示范区、南京江北新区和中国的经济中心城市——上海，这是我国目前经济最发达的地区，也是淮安承接产业转移需要重点关注的地区。淮安正抢抓长江经济带建设、苏南现代化建设示范区和南京江北新区规划建设机遇，加强与长三角地区、南京都市圈紧密联动、深度合作，主动承接经济辐射和产业转移。

淮安北部有徐州和连云港，在江苏对接国家“一带一路”的实施方案中，这两个城市被定位为“一带一路”沿线上的节点城市。徐州、连云港、淮安、盐城、宿迁等城市一起打造“沿东陇海线经济带”，并成为国家“一带一路”建设总体布局的新经济增长极。淮安正加速对接丝绸之路经济带、沿东陇海线经济带和徐州都市圈，进一步密切与徐州、山东临沂等北方近邻城市连接，实现淮安与新亚欧大陆桥经济走廊的有效联动，这也为淮安加快对外开放、发展枢纽型经济提供了重要的战略机遇。

总之，淮安市地处“一带一路”建设、长江经济带、淮河生态经济带和沿海大开发等国家战略交汇叠加、密集实施区域，可兼得“三向辐射”之慧。淮安承接南北、连接东西，对中西部的开发具有很强的支撑作用，具有参与新亚欧大陆桥经济走廊建设，融入长江经济带建设、淮河生态经济带和沿海大开发的独特优势，这些国家战略的实施给淮安枢纽型经济的发展提供了重要机遇。

第三节　淮安发展高铁枢纽型经济的总体思路

一、总体思路

深入贯彻落实党的十九大和十九届二中、三中、四中、五中全会精神以及习近平总书记系列重要讲话精神，紧紧围绕“四个全面”战略布局，牢固树立并自觉践行创新、协调、绿色、开放、共享的发展理念，以“打造增长极、共筑崛起梦”为统揽，按照市委市政府关于“全面小康社会和苏北重要中心城市”的目标定位，抓住国家淮河生态经济带、“一带一路”建设、长江经济带建设和江苏沿海大开发战略机遇，以“交通枢纽”向“经济枢纽”、“交通走廊”向“要素走廊”、“流量”向“留量”转变为主线，以深化改革为动力，以载体建设为抓手，进一步发挥综合枢纽优势，大力发展枢纽型经济，加快建设空港、海港、高铁三大枢纽经济区，抢抓战略机遇，推进转型升级，切实将综合枢纽优势转化为转型发展优势和产业竞争优势，把枢纽型经济打造成新时期淮安加快发展的重要经济品牌。

二、功能定位

(1) 建设华东区域性航运物流中心，打造航运产业集聚区。

构建以多式联运为特征的港口物流通道，建设临港商贸交易市场，提升临港大宗物资储备能力，拓展增值物流服务功能。重点规划建设淮安新港物流园区，借助公铁水联运和港口集装箱优势，打造一个集装卸、仓储、多式联运和物流服务功能于一体的航运产业集聚区。

(2) 建设长三角北部高铁重要节点城市，打造高端商务商贸集聚区。

连淮扬镇铁路、徐宿淮盐铁路及规划的合淮、沂淮、宁淮、蚌淮及沿淮等铁路将逐次引入淮安地区，这些在建及规划铁路将与既有新长铁路、宿淮铁路共同构成地区的铁路运输系统，将淮安建设为区域铁路枢纽、重要铁路节点城市，并将临铁区域打造成高端商务商贸集聚区。

(3) 建设苏北区域航空物流枢纽，打造临空经济示范区。

积极推进顺丰物流、邮政速递、中外运等物流企业项目落地空港产业园，争取将淮安打造成区域航空快递物流枢纽中心。引导发展苏报、恒莱国际等已入驻知名物流企业，进一步提升空港产业园物流服务能力，助推临空经济的转型升级，并将其打造成临空经济示范区。

三、推进步骤

结合枢纽型经济的内涵，总结分析枢纽经济大体存在三个阶段。

第一阶段(起步阶段)，此阶段重点是加强基础设施建设，枢纽城市依托自身优越的区位交通条件，成为区域性枢纽节点，承担物质流、资金流、人才流、技术流和信息流等经济要素的专递功能，对经济要素的“搅拌器”和“放大器”的功能还比较缺乏或未充分发挥，枢纽只是区域经济社会发展的重要条件，未与经济深度融合。

第二阶段(转型阶段)，此阶段重点是在继续加强基础设施建设的同时，逐渐加强与枢纽条件相匹配的要素平台、载体建设，进而增强枢纽城市对经济要素的“搅拌器”和“放大器”的功能，实现枢纽条件向枢纽经济转型。

第三阶段(腾飞阶段)，在完成枢纽经济转型阶段这一关键时期后，枢纽城市将迈入枢纽型经济发展的腾飞时期，这一时期，枢纽城市将成为核心增长极，对周边区域的辐射带动作用明显增强。

四、实施路径

(1) 抓住向枢纽型经济转型阶段过渡这一机遇期，加强建设五大平台（载体），促进“流量”变“留量”。

当前，淮安市枢纽经济正处于起步阶段向转型阶段过渡的时期，在这一时期，淮安枢纽主要承担物质流、资金流、人才流、技术流和信息流等经济要素的专递功能，对经济要素的“搅拌器”和“放大器”功能还没有充分发挥，导致各要素的经济价值未充分体现。因此，应加强五大平台（载体）建设，增强淮安枢纽功能，促进经济要素由“流量”向“留量”转变。

一是加强物质流平台（载体）建设。结合综合交通体系，优化布局物流园区、配送点、专业市场，增强物质流截留能力，加强电子商务平台建设，提升物流服务现代化水平，加强商贸流通产业融合发展，加强物流园区、专业市场区的功能互补，增强展示、博览功能，提高物质流转化经济流的能力。二是加强资金流平台（载体）建设。深化国资改革，由国资委组建资本运营平台，为境内外资本搭建桥梁，提高资本利用效率，促使资金流更好地为地区经济建设服务。三是加强人才流平台（载体）建设。定期召开高质量人才洽谈会，畅通人才流通渠道，围绕淮安市战略产业，搭建产学研交流平台，鼓励企业与高校院所建立人才联合培养机制，完善人才引入政策，实施专业化人才培养工程，在市域建立多个专业化人才小高地，实现人才截留。四是加强技术流平台（载体）建设。淮安应以企业为核心，加强技术创新和科技成果孵化，基于云计算和物联网，搭建苏北科技成果共享平台，成为苏北技术流交换与共享的首脑。五是加强信息流平台（载体）建设。积极应用大数据理论，建立经济信息、招商引资信息、公共服务信息、防灾减灾信息等多领域信息平台，加强信息挖掘和分析，实现信息截留。

(2) 调整经济结构，优化枢纽型经济发展布局。

调整经济结构、促进产业升级，是整合区域经济资源、加快发展枢纽型经济的重要基础。只有充分发挥枢纽优势，不断优化产业布局，依靠市场规律配置生产要素，让生产要素有效流动，实现资源的最优配置，才能把潜在的区位优势转变为现实的经济优势。依托淮安枢纽型经济城市的建设，以铁路物流园、内河枢纽港、临空产业园为核心，重点发展节能环保、新材料、高端装备制造等战略性新兴产业。建设华东区域性航运物流中心，打造航运产业集聚区；建设长三角北部高铁重要节点城市，打造高端商务商贸集聚区；建设苏北区域航空物流枢纽，打造临空经济示范区。

(3) 推进城镇化进程，增强枢纽型经济发展动力。

城市是集聚资金、产业、物流、人才、技术等经济要素的重要平台。发展枢纽型经济必须把推进城镇化建设作为基础，按照推进城镇化发展总体部署，加快城市化步伐。特别要把淮安周边城市群有关县市纳入同一生态圈、旅游圈，在为周边提供服务过程中实现区域共同发展。要以生态淮安建设引领发展方向，用战略眼光和战略思维谋划淮安国家级高新区发展，改善基础设施条件，完善公共服务功能，抓好工程项目建设，创新开发体制机制，加快建设步伐，打造集教育科研、商务会展、旅游休闲、生态居住于一体的城市新区，努力培育枢纽型经济发展的新支撑；利用统筹城乡试点城市的优势，坚持以城带乡、以乡促城，统筹城乡协调发展，科学规划中心城市和小城镇功能定位及产业布局，不断完善基础设施和公共服务设施，增强中心城镇辐射带动作用，加大区域中心小城镇开发建设力度，走出一条城乡互动、产业互动、区域互动、共融发展的新路子，推进城乡一体化进程。

(4) 创新体制机制，优化枢纽型经济发展环境。

发展枢纽型经济要有良好的发展环境做支撑。必须进一步完善各项体制机制，营造良好的投资环境、政务环境、科技和人才支持环境及信息环境，吸引更多域外资金、技术、人才等生产要素向淮安聚集，并使投资者获得更具吸引力的收益。要依托区位优势，利用淮安和周边地区丰富的水电和矿产品资源，积极探索建立商贸物流和工业加工合作区，加强与周边地区资源的转化外运，为枢纽经济的落实培育多元化的市场主体；要进一步完善服务政策体系，在项目申报、土地征用、融资服务、财政税收、人才支持等各方面制定更加宽松、更加优惠、更加务实的政策，吸引周边的资源、资金、技术和人才到淮安投资创业，扩大投资领域，促进跨区域投资的迅速增加，带动区域间贸易发展，推动区域间的经济整合，进而推动更高层次上的区域开放，构建区域中心城市。

(5) 大力引进高端科技人才。

适应枢纽经济发展需要，积极培养和引进高层次、复合型和紧缺型急需人才，为枢纽经济发展提供强有力的人才支撑。重点围绕地区行业、产业发展方向，以“淮上英才计划”为统领，依托国家“千人计划”、省“双创计划”、重点科技平台，面向国内外重点引进一批高层次人才，特别是加大引进掌握核心技术、拥有自主知识产权，能够推动高新技术产业和战略性新兴产业发展急需紧缺的高层次创新创业人才。

完善用人机制，积极引进现代商务、航运、贸易、高铁、物流与供应链管理等人才，促进淮安综合交通运输枢纽的打造，提高综合交通运输体系运输效率。

淮安市高校、商务局、物流办、高教园区管委会、临港产业园等部门应在枢纽经济、物流研究和人才培养、培训等方面继续发挥积极的引导作用。

(6) 加强组织协调。

成立淮安市枢纽型经济建设领导小组，由市委、市政府主要领导任组长。枢纽型经济建设领导小组下设空港枢纽经济区、港口枢纽经济区、高铁枢纽经济区三个专项推进小组，分别由分管副市长任组长，负责各个枢纽经济区建设推进工作。枢纽经济区内符合城市总体规划和土地利用总体规划的项目用地，优先安排用地计划。按照枢纽经济区项目建设情况，在全市每年下达土地利用计划指标工作中，单独安排三个枢纽经济区土地指标，保障枢纽经济区开发和建设用地需求。

参考文献

[1] 毕学成，谷人旭，苏勤. 制造业区域产业专业化、竞合关系与分工：基于江苏省市域面板数据的计量分析[J]. 长江流域资源与环境，2018，27(10)：2201-2213.

[2] 戴俊骋，孙东琪，张欣亮. 中国区域文化产业发展空间格局[J]. 经济地理，2018，38(9)：122-129.

[3] 姜博，初楠臣，薛睿，等. 高速铁路对沿线城市土地经济价值的影响及驱动力：以东北地区为例[J]. 工业技术经济，2017，36(12)：130-139.

[4] 李俊，王仲智. 江苏省非农产业集聚格局及其演变趋势[J]. 资源与产业，2019，21(1)：63-68.

[5] 李涛，王宝平，张伊娜. 2000—2013 年长三角地区产业价值区段的时空演化：从地级市到区市县空间单元[J]. 经济地理，2016，36(4)：113-119.

[6] 李欣泽，纪小乐，周灵灵. 高铁能改善企业资源配置吗?：来自中国工业企业数据库和高铁地理数据的微观证据[J]. 经济评论，2017(6)：3-21.

[7] 林晓言. 高铁经济研究成果述评及基础理论走向[J]. 北京交通大学学报(社会科学版)，2018，17(4)：20-37.

[8] 马海霞. 高铁经济带区域合作相关理论内涵及特点[J]. 理论与当代，2017(10)：28-30.

[9] 渠爱雪，孟召宜，杜霖，等. 中国城市动画产业时空格局及其成因研

究[J]. 地理科学,2018,38(12):1961-1969.

[10] 唐子来,赵渺希. 经济全球化视角下长三角区域的城市体系演化:关联网络和价值区段的分析方法[J]. 城市规划学刊,2010(1):29-34.

[11] 王春杨,孟卫东,周靖祥. 高铁时代中国城市群空间演进:集聚还是扩散[J]. 当代经济科学,2018,40(3):103-113.

[12] 王雨飞,倪鹏飞. 高速铁路影响下的经济增长溢出与区域空间优化[J]. 中国工业经济,2016(2):21-36.

[13] 吴丹丹,马仁锋,张悦,等. 杭州文化创意产业集聚特征与时空格局演变[J]. 经济地理,2018,38(10):127-135.

[14] 吴康,方创琳,赵渺希,等. 京津城际高速铁路影响下的跨城流动空间特征[J]. 地理学报,2013,68(2):159-174.

[15] 徐廷廷. 长江经济带产业分工合作演化研究[D]. 上海:华东师范大学,2015.

[16] 杨礼. 发展城际高铁对产业结构优化影响[J]. 黑龙江交通科技,2013,36(11):187-188.

[17] 郑海燕. 高速铁路与沿线区域经济一体化[D]. 广州:暨南大学,2014.

[18] 朱华友. 空间集聚与产业区位的形成:理论研究与应用分析[D]. 长春:东北师范大学,2004.

[19] WANG X,HUANG S,ZOU T Q,et al. Effects of the high-speed rail network on China's regional tourism development[J]. Tourism management perspectives,2012,1:34-38.